GUOJIA PEICHANG BANAN ZHINAN

国家赔偿办案指南

2015年第4辑（总第14辑）

主编　陶凯元　柯汉民

法律出版社
LAW PRESS·CHINA

《国家赔偿办案指南》编辑委员会

国家赔偿智库研究学者名单

王贵松　中国人民大学法学院 教授
沈　岿　北京大学法学院 教授
傅郁林　北京大学法学院 教授
黄　卉　北京航空航天大学法学院 教授
叶名仪　上海财经大学法学院 教授
周　翠　浙江大学光华法学院 教授
张　红　北京师范大学法学院 教授

刘哲玮　北京大学法学院 副教授
孙维飞　华东政法大学法律学院 副教授
杜仪方　复旦大学法学院 副教授
傅广宇　对外经济贸易大学法学院 副教授
初殿清　北京航空航天大学法学院 副教授
李　昊　北京航空航天大学高等研究院 副教授
韩思阳　上海师范大学法学院 副教授
李泠烨　上海师范大学法学院 副教授

贺　剑　北京大学法学院 助理教授
任　重　清华大学法学院 助理教授

黄　河　中国政法大学中德法学院 讲师
王海涛　北京航空航天大学法学院 讲师
王天凡　北京航空航天大学法学院 讲师
王永茜　北京航空航天大学法学院 讲师
刘　权　中央财经大学法学院 讲师
王　钰　浙江大学光华法学院 讲师
金　晶　中国青年政治学院法学院 讲师

史明洲　日本一桥大学法学院 博士候选人
孙新宽　北京大学法学院 博士候选人

加强典型案例研究　统一国家赔偿法律适用

（代　序）

一、国家赔偿典型案例制度的现状

从20世纪50年代初开始，最高人民法院就通过编选案例来总结审判经验，指导法院审判工作。1985年开始，最高人民法院公报刊登具有指导意义的案例。《人民法院第二个五年改革纲要（2004－2008）》中首次提出：建立和完善案例指导制度，重视指导性案例在统一法律适用标准、指导下级法院审判工作、丰富和发展法学理论等方面的作用。2010年11月26日，最高人民法院发布了《最高人民法院关于案例指导工作的规定》。

从现有的司法实践而言，案例指导制度最重要的案例为两类：第一类是由最高院按照规定程序发布的指导性案例，要求各级人民法院在审判类似案件时必须参照，具有类似于法律规则的权威性，也是中国目前最接近判例法的案例制度。第二类是最高人民法院各审判业务庭组织编写的案例，我们称之为典型案例，也有同志称为参考性案例，并不具有指导性案例的约束力，但代表着最高法院业务部门的法律观点和主张，对各级人民法院和法官具有事实上的影响力，具有示范和指引作用。典型案例具有两个不可忽视的优势：一是更好地回应实践关注；二是弥补指导性案例数量不足。

2010年国家赔偿法修正以后，人民法院就国家赔偿典型案例开展的工作主要有三个方面：

第一是最高人民法院办公厅分别于2012年12月14日和2013年12月24日发布了《关于印发国家赔偿典型案例的通知》（法办〔2012〕481号）和《关于印发非刑事司法赔偿典型案例的通知》（法办〔2013〕158号）。两个通知是为了总结经验，充分发挥典型案例的示范引导作用，是在最高人民法院审结和各级人民法院推荐案件的基础上,选取的国家赔偿案例。这些案例涉及诉权保护、举证责任倒置、法律适用规则、正当法律程序、精神损害赔偿、确赔合一司法审查新模式以及非刑事司法赔偿等内容,具有一定的典型性和示范性。

这些典型案例的梳理与总结,为各级人民法院在审理国家赔偿案件时提供了指引。尤其是当人民法院在司法实践中遇到国家赔偿疑难案件,无法确定赔与不赔以及怎样赔的问题时,如果典型案例中有类似的,这将会为法官审理案件提供参考,对法官行使自由裁量权提供一个指引基准。也正是由于这些案例具有较强的指引性和典型性,部分案例已经被选入最高人民法院指导性案例,如指导案例42号"朱红蔚申请无罪逮捕赔偿案"、指导案例43号"国泰君安证券股份有限公司海口滨海大道(天福酒店)证券营业部申请错误执行赔偿案"、指导案例44号"卜新光申请刑事违法追缴赔偿案"等。

第二是最高院赔偿办组织编写了《国家赔偿法指导案例评注》《国家赔偿法律实务操作全书》等书籍。其中,《国家赔偿法律实务操作全书》将国家赔偿法律立法以来所有的具有指导意义的请示案件都进行了编撰。

第三是各高级人民法院组织编写了相应的典型案例选,将经常出现的案例进行类型化,供本辖区法官审理案件时予以参考。浙江、甘肃、山东等地都开展了相应的工作,如浙江省高级人民法院2014年4月编写的《国家赔偿典型案例选》。

人民法院就典型案例开展的工作,至少有以下几点重要意义:是因为案例在审判实务中发挥着统一法律适用标准、简化法律适用过程、有效填补法律漏洞、规范法官裁判活动、强化裁判的说理论证这些功能。

一是有助于弥补法律漏洞。受认识水平和立法技术的限制,法律法规存在缺陷不可避免,如何弥补法律漏洞是长期以来困扰立法和司法的难题。典型案例通过公布先例判决的方法,使法律规则不断适应发展变化的社会需要,本身就是"弥合法律织物的漏洞"。

二是有助于统一裁判标准。同样的法律应当得到同样的理解和执行,这是司法公信力的内在要求。然而,由于受法官认识能力的制约,审判实践中案件相似而裁判结果相差较大的案例比比皆是,这在很大程度上影响了司法公信力。通过案例发布,能够为今后审理同类案件提供参考,能够有效解决这一问题。通过对刊发案例的遵循,使相同或大体相同的案件获得类似处理,以统一法律适用,规范法官自由裁量权,实现公平正义。其实质上是一种法律适用活动,而不是法官造法。例如,指导案例42号"朱红蔚申请无罪逮捕赔偿案",发布于"呼格案""念斌案"等申请国家赔偿案件之前,引起了社会各界特别是新闻媒体的广泛关注,被视为国家赔偿案件精神损害抚慰金支付标准的风向标,为类似案件的审理提供了明确指导。

三是有助于提高司法水平。开展案例编写工作一方面是总结经验,另一方面是一个重要的学习过程。撰写、采编案例需要学习,参考典型案例需要学习,发现裁判适用的法律法规需要学习,这是提高司法水平最直接也最有效的方式。

四是有助于体现法官价值。法官审理好具体的案件十分重要,而审理的案件成为典型案例就更能彰显工作的价值。优秀的裁判渗透着法官的经验和智慧,将优秀的裁判作为指导案例予以发表,能够将经验和智慧传递给其他法官,为案件审理提供参考,这是国家赔偿工作发展的重大贡献,无疑体现着一个法官的重要价值。

二、国家赔偿典型案例制度存在的困难

(一)典型案例选取范围有限,案例来源的渠道尚不顺畅

2012年,各级人民法院新收司法赔偿案件2071件,审结2065件;2013年,新收司法赔偿案件2050件,审结2045件。2014年,各级人民法院新收司法赔偿案件2831件,审结2708件。国家赔偿审结案件数量的有限性,决定了典型案例选取的基数小,在很大程度上制约了典型案例编撰工作的开展,增加了典型案例的选取难度。此外,典型案例推荐工作机制尚未完全建立,未能充分调动广大法官工作积极性,推荐案例数量少,案例来源的渠道尚不顺畅。

(二)典型案例的编撰体例存在多元化,有待统一

现有的典型案例主要可以归纳为这样四种模式:一是体现裁判方向、概要反映原判的"最高人民法院公报"模式;二是突出裁判要点、兼顾评析说明的"人民法院案例选"模式;三是以全面客观反映裁判全过程见长的"中国审判案例要览"模式;四是以案例研究为主要目的、突出对法律适用问题的剖

析的其他模式。这些模式尽管详略有所不同,但都是在忠实原审裁判的基础上,采用了与体现案例载体编辑宗旨相适应的编辑体例。何种模式更适合国家赔偿典型案例,应在深化研究的基础上进行选择。

(三)典型案例的辨法析理性不强

典型案例应当符合法律的基本精神、内容明确、说理透彻、精当,受制于客观条件和能力的限制,现有的国家赔偿典型案例,主要是以"案情摘要+典型意义"的方式予以呈现,亟须加强分析论证。在实践中,有的裁判要点归纳不准确,缺少新意、高度和深度;有的裁判理由过于简单,说理不充分、不透彻、不到位;有的在行文过程中,只是对案例做了梳理和总结,没有强化说理和分析论证。

(四)典型案例的选取标准有待明确以及针对性有待加强

由于典型案例编选标准不好把握,目前案例存在典型性和示范性不强的问题。有不少同志认为,典型案例选择过于四平八稳,不够有示范意义,针对性不强。在选取这些案例过程中是否应当有一个明确的标准?例如,某一案件虽然复杂、疑难,但是实践中法官对这一案件的处理基本一致,是否有必要发布一典型案例对法官处理这一案件予以指导?再如,某一案件虽然复杂、疑难,但是在实践中很少出现或几乎不出现,那么有没有必要发布国家赔偿典型案例?标准的不确定性,使得我们选取典型案例过程中,会因人而异,案例的指导性会受到影响。

(五)典型案例的编发没有形成常态化

国家赔偿典型案例是对指导性案例的补充,起到了"解渴"的作用,但是数量过少,发布时间不固定,没有形成常态化。

(六)典型案例示范效能的发挥有待提升

上述五个方面主要是提出典型案例编发方面存在的问题;至于典型案例制度能否达到预想的效果,还在于典型案例示范效用的发挥,而其首要前提是让更多的法官知道典型案例的存在,知道有先例可供参考。实践中,仍未形成完善的典型案例示范效能发挥机制。

三、国家赔偿典型案例制度的发展方向

党的十八届四中全会通过的《中共中央关于全面推进依法治国若干重大问题的决定》,提出"加强和规范司法解释和案例指导,统一法律适用标准”的任务和要求。周强院长在“推进严格司法”中指出,案例指导制度,是保障严格司法的重要制度,也是中国特色社会主义司法制度的重要方面,只能加强,不能削弱。这不仅提出了案例指导的任务和要求,而且指明了案例指导工作的前进方向。

2014年最高人民法院陶凯元副院长在全国法院国家赔偿工作座谈会上指出,“健全国家赔偿案例指导体系。各级法院要充分认识指导性案例和典型案例在统一法律适用、维护社会公平正义方面的作用。‘法律的生命不在于逻辑而在于经验’,‘授人以鱼莫如授人以渔’。健全国家赔偿案例指导制度,将指导性案例和典型案例公布出来,对未决案件发挥指导、示范和参考作用,有助于培养法官主动研习和运用案例的能力,有助于提高法官正确运用法律解释方法裁判案件的能力。健全国家赔偿案例指导体系,各高级法院都要建立健全采编队伍和理论研究的队伍,要有专人负责案例选编的具体工作;要建立发现机制,舍得下功夫沙里淘金,不错过任何一个优秀案件;要建立培育机制,将典型案件审理好,绝不能简单处理了事;要建立审议机制,通过层层把关,确保案例的法律效果和社会效果;要建立激励机制,奖励激发案例工作者的积极性;要建立应用机制,让案例所体现的法律标准和法治理念深入人心”。

国家赔偿典型案例,是作为指导性案例数量不足的应对之策,用来缓解法律适用日益复杂、疑难,司法标准和尺度不明以及由此带来的裁判结果难于预测等矛盾。虽然不具有拘束力,但不能否认它在提高国家赔偿法官业务水平,正面引导权利保障,规范公权行使方面的示范和指引作用。结合国家赔偿工作实际,在借鉴指导案例编发经验的基础上,对典型案例的发展提三点设想:

(一)注重典型案例的“八性”,提升典型案例的品质

1. 注重案例的正确导向性。典型案例要坚持正确的政治立场,科学反映审判工作的客观规律,符合国家法律和政策导向,对审判实践具有较强的指导价值。具体到国家赔偿中,要多选择作出赔偿决定的案件,而不是不赔偿的案件。

2. 注重案例的标准性。国家赔偿典型案例应根据实务需要,着重采编、推荐以下五种类型的典型案件:以案释法型、填补空白型、新法适用型、疑难

复杂型以及请示型。在确定具体典型案例选取标准时,应当从以下几个方面着手:一是必须已经发生法律效力,而且法律效力稳定,明显不会被按审判监督程序审理的结果所撤销或改判。二是必须适用法律或司法解释正确,从中引出的裁判规则具有公认的法理基础。三是必须有一定的典型意义,对某一类或某一方面案件的审判具有明显的指导性作用。四是必须是裁判理由充足、具体,展示了适用法律的规则,成为指导性案例的最具有价值的核心部分。

3. 注重案例的新颖性。国家赔偿典型案例一般以近3年审结的案例为选取对象,但有生命力的经典案例不受时间限制。

4. 注重案例的提炼性。一方面,国家赔偿典型案例并非指向案件的全部,其关键在于对案件争议焦点问题。案例需要改编和提炼,不宜照抄判决书。编写或采编者也不同于裁判者,两者对案件的关注点不同,前者在于挖掘提炼其指导性,而后者在于分析争点。争点分析要求面面俱到,注重解决案件纷争;案例编写则不同,要根据裁判要旨有选择地增删抽象,对于不具指导意义的争点分析就应删去。因为视角不同,案例所有部分的编写都会有所不同。有的案例,就从裁判者的角度编写,如李某诉某公安分局违法刑事拘留赔偿案,裁判要旨罗列了裁判文书中几个争议焦点分析的结论。视角的混同,就会导致:一是指导性不突出。关注点太多,混淆了要旨的少而精与争点分析的面面俱到。二是指导性的对象错位。所归纳的裁判要旨就不是引导裁判者在类似情形下应当如何裁判,而是向当事人分析说明本案为何这样裁判。三是要旨的指导性不明确。要体现明确的指导性,就应当将要旨归纳为一个具体的规则,而且尽可能是肯定性规则。另一方面,编写案例,需要提炼案件事实,还需要准确叙述基本案情。根据报送的情况看,多数案例的基本案情编写存在两个较大的问题:一是基本案情的叙述过细过长,基本上是把裁判文书的案件事实简单地移植过来,没有取舍。二是基本案情没有围绕裁判要点进行叙述,讲了很多无关紧要的案情,对于理解裁判要点帮助不大。考虑到刊发的案例是向全社会发布的,并且对象主要是各行各业的公民群众,所以案例基本案情部分的编写要体现专业与大众、法学与文学的统一。具体需注意三个问题:第一要简明扼要,案情要达到线条清晰、事实清楚、证据扎实,使人看了很明白,觉得很生动、很真实。第二要围绕裁判要点进行,基本案情是裁判要点形成的基础,也可以说是裁判要点的事实根据,因此,对于与裁判要点无关的案件事实,可以少写或者不写;第三要善于用叙述的方式对裁判文书进行改写,把裁判文书罗列的事实重新概括为故事来讲述,而不是当作裁判文书来论证,必须有个语言和写作方式的转化问题。

5. 注重案例的理论性。典型案例的论证理由要充分、具体,并展示法律规则。第一,对案例的深度分析,案例引发的问题,以及对此问题的各种不同观点。第二,案例对学术理论的进一步发展的问题。引导学术理论的发展方向,作者可以提出自己的观点和理论,但更重要的是作者应指出学术理论对案例出现的问题应从哪些方面作进一步的研究。具体可结合案件,提出裁判的法律思维。即主要介绍本案的法律思维是什么?本案裁判的价值观、利益冲突与平衡、案件背后的社会学、政治学上的问题。如视为终止追究刑事责任的问题。第三,要处理好典型案例的裁判理由与原决定说理的关系。首先,案例的裁判理由主要来源于原裁判的说理,如果原裁判说理充分透彻,编写指导性案例的裁判理由时直接拿来即可,没有必要再另行发挥。其次,如果原裁判文书的说理不到位,或者没有说全面,甚至没有说准确,则可在编写指导性案例的裁判理由时从法理、事理、情理等方面结合案情和裁判要点,适当加以充实深化。因为案例的原裁判是各级法院裁判的,由于种种原因,原判法院的说理水平可能会有局限,如果对原裁判理由一点都不允许深化加工,就可能造成下级法院很多判得很好但说理不到位的裁判难以成为刊发的案例。最后,如果原裁判根本就没有说明某种理由,或者下级法院在判案时根本就没有意识到所裁判案件的重要价值,作者在编写案例时需要加以发挥,进行充分说理。

6. 注重案例的终局性。即当事人服判息诉,没有申诉或信访,社会各界认同,能够实现裁判法律效果和社会效果的统一。这是社会评价方面的条件,包括案件审结后的效果和案例发布后可能产生的效果,是确保典型性案例影响力和公信力的需要。

7. 注重案例的文理性。国家赔偿典型案例应强调文理,首先要讲究文书的结构严谨、逻辑严密,即案例整体结构必须与争议焦点问题的分析相符,结构安排应贴近自然推进次序,方便读者清楚地理解案例的分析论证。

其次要讲究语言的精确、朴实。语言的精确主要是处理好法律语言与日常语言的关系。作者在必须使用法律专业术语的时候不得用其他日常语言代替,要保证规范使用,并且要切实防止学究化倾向。案例强调语言平实朴素,是为了让读者更容易理解案例的论证结果,并且平实朴素的语言也便于当事人接受。

8. 注重案例的延伸性。典型案例应当尽可能将易混的问题进行深入分析探讨,以确保案例的示范价值。

(二)加强典型案例规范化建设,健全典型案例工作机制

1. 健全领导机制。各省高院主任亲自主管,抓好采编初选、合议庭讨论、主任审查、室务会讨论等关键环节,使每一道程序都能认真把关,确保案例质量。并且,各省高院主任应协调上下,推动典型案例的编写、组织、应用各项工作均衡开展。

2. 健全采编选拔机制。在各级法院中选拔调研能力突出的资深法官,组成国家赔偿"专家库""人才库",承担案例采编工作。通过交流、培训,不断提高他们的视野和水平。

3. 健全"案苗"培育机制。各级法院及时发现有价值的案例,并作为选报案例的"案苗",实行全过程监控,精心呵护,避免由于各种不当因素造成的精品案例流失。

4. 健全选题规划机制。上级法院对各地上报拟写案例进行选题规划,在保留有价值的选题同时,对于多人上报同一选题的,指定调研能力更强或者更为擅长的人撰写,既保证稿件质量,又预先化解选题"撞车",避免挫伤撰稿人的积极性。

5. 健全讨论机制。各高院定期召开全省采编人员集中讨论会,针对案例存在的问题提出意见,确保案例的高水平。

6. 健全回馈机制。上级法院将案例的讨论意见详细记录,并以适当方式及时向撰稿人反馈,使其明白问题所在,快速提高水平。

7. 健全通报机制。将被最高法院采用的案例向各级法院院长、分管院长和主任进行详细通报,激励采编和撰稿人的工作热情。

8. 健全多方参与机制。充分调动高院、中院以及各基层法院的积极性,形成一个高院、中院、基层法院从书记员到主任都要参与的金字塔形的典型

案例工作结构,培养一支"观察敏锐、认识深透、严谨细致、精益求精"的案例研究队伍。

9. 健全激励机制。各级法院对于工作表现优异的撰稿人和采编予以适当的物质和精神奖励。

10. 健全督促机制。上级法院将选送典型案例工作作为评价下级法院工作的重要指标,对完成工作较好的,予以通报表彰;工作开展不利的,采取适当方式进行督促。

(三)搭建典型案例的交流平台,完善典型案件的编发工作

1. 加大基层法院法官的参与度。考虑到国家赔偿案件大多数由中级法院和基层法院办理,这些法院的法官直面新型疑难案件,直击复杂的法律适用问题,因此他们是对案例需求最直接的群体。为切实提升典型案例的针对性,最高院将逐步加大从中级法院和基层法院遴选案例的力度,将普遍的、多发的法律问题的代表性案件选编为案例,为广大审判人员提供普适性的借鉴,推定司法裁判尺度的统一。与此同时,起草制定《关于编写报送国家赔偿典型案例体例的意见》,从形式到内容对指导性案例的编写格式进行了统一规范,并起草制定《关于国家赔偿典型案例编选工作规程》,细化工作流程每个步骤及其内容以及需要完成的材料,保障一线办案法官能便捷、及时、有效地提供案例和深度参与国家赔偿典型案例的相关工作,激发参与的积极性,形成"众人拾柴火焰高"的良好氛围。

2. 设立国家赔偿典型案例智库。理想的案例撰写者既需要了解案件事实和法律上的争议细节,又需要具备深厚的法律功底和素养,两者的结合才能归纳提炼出案例的亮点。现有的国家赔偿审判队伍尚未能完全满足国家赔偿典型案例的编撰工作,拟设立国家赔偿典型案例智库,聘任国内知名的法学专家作为智库成员,为典型案例工作提供了强大的智力支持,并形成《国家赔偿典型案例专家成员工作规则》,确保专家全方位参与国家赔偿典型案例的相关工作。

3. 出版《国家赔偿办案指南(案例卷)》。为更好地服务案例应用、法治宣传、案例研究,将出版《国家赔偿办案指南(案例卷)》,每年定期编辑出版,搭建国家赔偿典型案例的沟通交流平台,形成典型案例发布的常态化。

4. 举办国家赔偿典型案例培训班。国家赔偿典型案例制度所要实现的

目标是为各级人民法院在审理国家赔偿疑难、复杂案件中提供指引。其与指导性案例制度有着本质的区别,因此典型案例的对法官判案也就不具有强制性约束力。在没有强制性约束力保证的前提下,又要充分发挥典型案例制度的积极作用,就必须着力推进法官队伍的培养,提高法官的素质。最高院将依托国家法官学院平台,每两年举办国家赔偿典型案例研讨培训班,对国家赔偿审判队伍进行了专题培训,强调典型案例工作的重要意义,确保典型案例示范效用的充分发挥。

5.举办国家赔偿典型案例研讨会。人民法院依托各大法学院校,每两年举办国家赔偿典型案例研讨会。在此前提下,与相关高校一起建立国家赔偿相关领域的研究基地以及建立案例联系点制度,在各高院、部分中院设立"国家赔偿联系点法院",形成案例研究网络,及时研究案例工作重点和难点问题。

各级法院应通过典型案例制度的确立,指引各级人民法院牢牢把握司法为民公正司法工作主线,充分认识国家赔偿工作对于依法保障人权、促进人民法院公正司法、重塑司法公信的重要意义。

本书编委会

目 录

2015 年第 4 辑(总第 14 辑)

陈伟国、刘钱德申请桐庐县公安局违法刑事拘留赔偿案

北京航空航天大学　黄　卉
浙江大学　王　钰
浙江省高级人民法院

一、案件类型

违法刑事拘留赔偿

二、判决要旨

因公安机关违法刑事拘留的,申请人有权获得国家赔偿。审查是否属于违法刑事拘留既要对办案机关采取强制措施的程序是否合法进行审查,也要对采取该强制措施的条件是否合法进行实质审查。

三、关键词

违法刑事拘留　采取强制措施的条件　实质审查　证据不足

四、涉案主体及司法文书

赔偿请求人:陈伟国

赔偿请求人:刘钱德

赔偿义务机关:浙江省桐庐县公安局

裁决机关及司法文书:

1. 浙江省杭州市公安局于2011年6月16日作出杭公刑复字(2011)第4号刑事赔偿复议决定和杭公刑复字(2011)第5号刑事赔偿复议决定。

2. 浙江省杭州市中级人民法院赔偿委员会于2012年1月11日作出的(2011)浙杭法委赔字第2号赔偿决定书和(2011)浙杭法委赔字第3号赔偿

委员会决定书。

五、赔偿请求

赔偿请求人陈伟国、刘钱德以错误刑事拘留为由,向桐庐县公安局提出要求赔偿其被限制人身自由4天的误工损失301.16元,名誉、精神伤害5000元,家属精神受害1000元。

六、赔偿决定

浙江省杭州市中级人民法院赔偿委员会根据《国家赔偿法》第17条第1项、第21条第2款、第22条第1款、第32条第1款、第33条之规定,决定如下:

1. 撤销赔偿义务机关桐庐县公安局桐公刑赔字(2011)001号、桐公刑赔字(2011)002号刑事赔偿决定和杭州市公安局杭公刑赔复字(2011)4号、杭公刑赔复字(2011)号刑事赔偿复议决定。

2. 赔偿义务机关桐庐县公安局赔偿侵犯陈伟国人身自由权4天的赔偿金501.72元。

七、基本案情

2010年10月1日晚,原浙江省桐庐县金大笔业有限公司董事长杨永平因行车问题,在其公司大门口与桐庐县分水镇胡群力等人发生纠纷,与胡群力同车的有朱卫英、方正荣等人。双方因口角不合,从言语争执发展到肢体冲突。杨永平至厂内将其员工叶林华、陈伟国、刘钱德等人叫出。在金大笔业公司门口,杨永平、叶林华对胡群力、朱卫红、朱卫英、方正荣等人进行殴打。后民警赶到现场,事态才得以逐渐平息。叶林华趁乱逃走,其他当事人被带离现场。因杨永平涉嫌醉酒驾驶,民警先将其带至桐庐县第二人民医院抽血化验酒精含量,之后让杨永平在派出所醒酒,杨永平醒酒后离开。经鉴定,方正荣、胡群力等人被殴打致轻伤、轻微伤不等。

2010年10月2日,陈伟国、刘钱德因涉嫌殴打他人被传唤至桐庐县公安局分水派出所。10月3日,桐庐县公安局将杨永平等人寻衅滋事行为立为刑事案件进行侦查,并于同日决定对杨永平、叶林华刑事拘留并上网追逃,并根据涉案人方正荣的指控将陈伟国、刘钱德亦一并刑事拘留。10月4日,杨永平的尸体在瑶琳镇一山上被附近村民发现(后经尸检,系服农药致死)。10月5日,叶林华投案自首,后被执行刑事拘留。

2010年10月6日，桐庐县公安局进一步侦查发现，根据监控录像显示，方正荣对申请人的指控完全不符合事实，遂以证据不足为由解除对陈伟国、刘钱德的刑事强制措施，并撤销对二人的刑事立案。2011年1月27日，陈伟国、刘钱德向桐庐县公安局提出国家赔偿申请，桐庐县公安局于2011年3月26日作出桐公刑赔字(2011)第001号、第002不予刑事赔偿决定，认为2人情形属于因情节显著轻微而不追究刑事责任，根据《国家赔偿法》第19条第3项之规定，不予赔偿。陈伟国、刘钱德不服，向杭州市公安局申请复议，杭州市公安局经复议决定予以维持。2011年7月11日，陈伟国、刘钱德分别以桐庐县公安局为赔偿义务机关，向浙江省杭州市中级人民法院赔偿委员会提出违法刑事拘留国家赔偿申请，要求赔偿因违法刑事拘留导致的人身权损害、误工损失、精神损失等费用。

杭州市中级人民法院赔偿委员会经审理认为，根据《刑法》第293条之规定，寻衅滋事罪的客观要件为："(一)随意殴打他人，情节恶劣的……"据此规定，情节恶劣的殴打他人的行为构成寻衅滋事罪。根据《刑事诉讼法》第61条(注:修正后为第80条)第2项之规定，公安机关对于现行犯或者重大嫌疑分子，如果有被害人或者在场亲眼看见的指认他犯罪的，可以先行刑事拘留。根据上述法律规定，被害人或者在场亲眼看见的指认有情节恶劣的殴打他人行为的，可以先行拘留，但需以现行犯或重大嫌疑分子为前提。本案中，陈伟国、刘钱德不属于上述情形，因而桐庐县公安局将陈伟国、刘钱德刑事拘留主要证据不足，该刑事拘留决定违反了《刑事诉讼法》的规定。桐庐县公安局在对二人的撤销案件决定书中，亦载明因"证据不足"而撤销此案。根据《国家赔偿法》第17条第1项之规定，违反刑事诉讼法的规定对公民采取刑事拘留措施的，受害人有取得国家赔偿的权利，因此赔偿义务机关应当予以赔偿。

综上，桐庐县公安局在没有掌握足够证据的情形下，对没有犯罪事实的人实施了错误刑事拘留共计4天，侵犯了赔偿请求人陈伟国、刘钱德的人身自由权，依法应当予以赔偿。

八、适用争点及裁决理由

本案的诉请争点是，赔偿申请人是否能够基于桐庐县公安局对其实行先行刑拘措施而得以获取申请国家赔偿，相关核心请求权基础是《国家赔偿法》第17条第1项。诉请争点涉及以下三个问题:第一,基于何种审查标准来判断桐庐县公安局在本案采取的先行刑拘构成违法刑事拘留;第二,赔偿请求人的行为性质是否属于《国家赔偿法》第19条第3项规定之不承担赔偿责任的情况;第三,如何确定和计算本案的赔偿范围。

在分析实体法问题之前,有必要先澄清本案为何适用2010年修正后的《国家赔偿法》。本案赔偿事由即两位赔偿申请人被刑事拘留的时间是2010年10月3日至2010年10月7日,而2010年修正之《国家赔偿法》的生效日期为2010年12月1日,按法律适用不溯及既往规则,本案适用修正前即1994年《国家赔偿法》。本案的特殊之处在于,由于赔偿申请人提出赔偿请求的时间是在2011年7月11日,所以仍应适用2010年修正后的《国家赔偿法》。相关的法律依据是最高人民法院赔偿委员会2011年2月14日通过、最高人民法院2011年2月28日公告的《关于适用〈中华人民共和国国家赔偿法〉若干问题的解释》(一)第2条第2项之规定:"国家机关及其工作人员行使职权侵犯公民、法人和其他组织合法权益的行为发生在2010年12月1日以前的,适用修正前的国家赔偿法,但有下列情形之一的,适用修正后的国家赔偿法:(一)2010年12月1日以前已经受理赔偿请求人的赔偿请求但尚未做出生效赔偿决定的;(二)赔偿请求人在2010年12月1日以后提出赔偿请求的。"

三项实体法适用问题分析如下:

(一)桐庐公安局采取先行刑拘措施是否构成《国家赔偿法》第17条第1项规定之违法刑事拘留

《国家赔偿法》第17条第1项规定了"违法刑事拘留"和"依法刑事拘留但违法超期拘留"两种构成国家赔偿的情况,本案涉及第一种情况。需要讨论的是,桐庐公安局对申请人采取先行刑事拘留措施是否违反了《刑事诉讼法》。1996年《刑事诉讼法》第61条(注:修正后为第80条)对先行刑事拘留的条件作出了规定:"公安机关对于现行犯或者重大嫌疑分子,如有下列情形之一的,可以先行拘留:(一)正在预备犯罪、实行犯罪或者在犯罪后即时被发觉的;(二)被害人或者在场亲眼看见的人指认他犯罪的;(三)在身边或者住处发现有犯罪证据的;(四)犯罪后企图自杀、逃跑或者在逃的;(五)有毁灭、伪造证据或者串供可能的;(六)不讲真实姓名、住址,身份不明的;(七)有流窜作案、结伙作案重大嫌疑的。”桐庐公安局正是基于本条第2项规定,认为赔偿申请人因为参与斗殴的涉案人方正荣的指控而属于“被害人或者在场亲眼看见的人指认他犯罪的”情况,所以可以采取先行刑拘。

此处问题有二:其一,根据1996年《刑事诉讼法》第61条的规定,显然仅仅符合第2项或其他项的条件是不够的,还需要加上被刑拘者是“现行犯或者重大嫌疑分子”,适用到本案,对申请人实行先行刑拘的法定条件应当由两个部分组成,即申请人首先是某一犯罪行为的“重大嫌疑分子”,其次是“被害人或者在场亲眼看见的人指认他犯罪的”。当然这么理解是从该条规定的字面意思,即通过简单的文意解释得出的结论,此处也不妨碍可以将本条规定的7项内容看作对“现行犯或者重大嫌疑分子”的具体化,即当事人存在此7项规定的情形,所以构成了现行犯或者重大嫌疑分子。无论何种解释,仅仅基于涉案人存在7项规定情形之一就采取先行拘留措施,是不符合1996年《刑事诉讼法》第61条规定的。这也正是杭州是中级人民法院赔偿委员会认定桐庐县公安局实行先行刑拘违反刑事诉讼法规定的理由,因为尽管本案具备“被害人后者在场亲眼看见的人指认他犯罪”的条件,但是不符合申请人须是“现行犯或者重大嫌疑分子”的条件。此处的难点在于,如何判断申请人构成“重大嫌疑分子”,而对于判断桐庐公安局是否构成违法刑拘的问题,关键要看桐庐公安局在作出判断时是否尽到法律意义上的审慎审查义务。其二,此案中,如果桐庐公安局未尽到审慎审查义务而判断申请人为“重大嫌疑分子”,进而采取先行刑事拘留措施,那么它就构成《国家赔偿法》第11条第1项意义上的“违反刑事诉讼法的规定对公民采取拘留措施”的规定,在其他要件符合的情况下就需要承担刑事赔偿责任。与之对应,如果桐庐公安局未尽到审慎审查义务而判断申请人不构成“重大嫌疑分子”,进而对应依法采取先行刑拘措施而未采取措施的话,就容易贻误战机,徒让犯罪嫌疑人逍遥法外。此处需要认真分析的是,如何判断桐庐公安局在对申请人采取先行刑拘措施的问题上是否尽到必要的审慎审查义务。

通常认为,人民法院赔偿委员会在审查判断刑事拘留决定是否违法时,既要对办案机关采取强制措施的程序是否合法进行审查,也要对采取该强制措施的条件是否合法进行实质审查。这一原则适用到本案便意味着,杭州市中级人民法院在审查桐庐公安局是否尽到审慎审查义务问题上,既要看后者是否遵守了先行刑事拘留的程序性规定,又要综合各种情形看其是否在实质上履行审慎审查义务。本案赔偿义务机关桐庐县公安局以及复议机关杭州市公安局认为对申请人以涉嫌寻衅滋事罪采取先行刑事拘留不违法,因为是综合被害人、在场相关证人指认以及伤势鉴定结论等证据后作出的判断,其潜台词是尽到了审慎审查义务。然后杭州市中级人民法院赔偿委员会否定了这一结论,认为构成违法,其潜台词是说桐庐公安局未尽到审慎审查义务。

这里的问题便集中为:公安机关面对"被害人或者在场亲眼看见的人指认他犯罪"的情况而审查被指认者是否构成"重大嫌疑分子"时,其审慎审查义务的内涵或界限在哪里?是否要实质审查相关人员指认内容的真实性,审查的义务的界限在哪里?

按照目前学界和司法界的通常理解,公安机关采取先行刑拘时的审慎审查义务至少应涵盖如下四个方面:

第一,应注意区别不同身份人员的指认陈述。从证据应客观、中立的角度出发,最理想的指认主体应是"在场亲眼看见的"且与案件处理结果无利害关系的人。如果只有被害人方或其他利害关系方人员指认的,仍需结合案件其他证据进行综合判断,一般情形下,不应仅凭当事人的指认"孤证定案"。

第二,应核实指认陈述的事实有无重大明显矛盾之处。指认陈述的事实应当无明显矛盾或者不符合常理之处。有多个指认主体的,各主体指认的犯罪事实之间经初步审查应无重大明显矛盾。被害人指认的犯罪事实,其前后对事实的陈述,不同被害人之间对主要事实的陈述应无重大明显矛盾。

第三,应注意区分被指认的是"犯罪"行为还是普通违法行为。即指认的应该是情节严重,有相当可能要追究刑事责任的行为。如被指认的仅仅是一般违法行为,或者以常人标准即可判断很难会被追究刑事责任的行为,不应视为符合被指认犯罪的情形。尤其在被害人指认多人对其有侵害行为的时候,更应对不同人员的不同严重程度予以区分,不能简单地一刀切处理。

第四,没有其他明显未尽到审慎审查义务的情节。以上三个方面均成就的，一般应认定公安机关已尽到了审慎审查义务，反之则否，导致错误刑事拘留的，依法承担相应的法律责任。

本案中，桐庐公安机关在作出刑事拘留决定时存在如下几个方面的问题，因而并不符合已尽审慎义务的标准，具体分析如下：

其一，未注意被害人作为指认主体时其陈述的主观偏向性。本案针对陈伟国、刘钱德的指认均来源于被害人方即胡群力等5人，因案件处理与他们有直接利害关系，这些人的指认难免会具有主观偏向性，因此非常需要有更为客观中立的证人证言对其陈述进行比对验证。事发当时，现场有大量桐庐县分水镇的群众驻足围观，可调查取证的对象素材丰富。但公安机关在第一时间对当事人双方进行了调查询问后，并未依法尽快向现场目击人员进行取证，而是简单依照被害人一方的陈述认定了陈伟国、刘钱德有寻衅滋事和殴打他人的事实，并将二人刑事拘留。该疏忽导致了案涉刑事拘留决定的事实依据相当薄弱并缺乏客观性。

其二，未注意被害人指认事实的模糊性，且各个被害人之间的指认陈述有明显矛盾。即使是被害人一方，胡群力等人对陈伟国、刘钱德打人的指认也仅是较为模糊地带过，且指认的内容之间亦有明显矛盾之处。如朱卫英、胡群力等人陈述：陈伟国有殴打方正荣的行为，但方正荣明确表示，除了杨永平以外，没有其他人对其进行过殴打。由于事发现场混乱，朱卫英、胡群力亦是被杨永平、叶林华暴力侵害的对象，在这样的环境下，他们所看到的其他人被殴打的事实不一定客观、准确，而方正荣作为当事被侵害人，其对哪些人对自己有过近身殴打行为的记忆应当是最准确的。在各被害人指认陈述的事实之间存在矛盾之处，而当事者又对其他被害人指认的事实予以明确否认的情况下，公安机关仍然粗糙认定陈伟国、刘钱德符合现行刑事拘留的条件，实属不当。

其三，未注意被害人指认的也仅仅是普通违法行为而非犯罪行为。刑法规定的寻衅滋事罪以情节严重恶劣为构成要件，而本案即使是被害人也仅认为陈伟国和刘钱德有轻微打人行为，他们均有陈述主要的人身伤害都是由杨永平、叶林华造成的。从其对具体情节的描述来看，陈伟国、刘钱德被指认的行为也远不如杨永平、叶林华的情节严重恶劣。以常人标准判断，这样的行为亦不需要被追究刑事责任。公安机关并未就该问题进行过充分考量,亦未将两种被指认的不同严重程度的行为进行区分处理,而是简单地一刀切,将二人被指认的“轻微打人”行为的性质等同于杨永平、叶林华的暴力殴打他人行为,导致作出了违法刑事拘留决定。

其四,未尽到其他应尽的审慎审查义务。10月3日,公安机关对陈伟国、刘钱德作出了先行刑事拘留决定,隔日以后才到事发现场对面的几家商铺向当时在场的目击人员就现场事态的基本情况进行侦查,并对陈伟国、刘钱德有无殴打他人事实一并进行核实,此时有目击群众称刘钱德并未有殴打滋事行为,但陈伟国、刘钱德已经入看守所被执行了刑事拘留。另外,公安机关也有能力调取监控录像,比较客观地掌握事发现场的情况,并比照相关人员的指认,但公安机关亦未尽到审慎审查义务。以上多种原因导致了违法刑事拘留。

正是综合了上述考虑,杭州市中级人民法院赔偿委员会认为本案情形并不符合1996年《刑事诉讼法》第60条第2项规定的可以先行拘留的要件,桐庐公安局属于未尽审慎的实质审查义务而违法采取了先行拘留措施,构成《国家赔偿法》第17条第1项的“违反刑事诉讼法”的违法要件,因此应当承担刑事赔偿责任。

(二)申请人是否符合《国家赔偿法》第19条第3项规定之排除国家承担赔偿责任的情况

《国家赔偿法》第19条规定了若干尽管符合第17条、第18条规定但国家无须承担赔偿责任的情形。本案涉及是否适用第19条第3款第一种情况,即申请人是否属于依照《刑事诉讼法》第15条规定不追究刑事责任的人。1996年《刑事诉讼法》第15条规定:“有下列情形之一的,不追究刑事责任,已经追究的,应当撤销案件,或者不起诉,或者终止审理,或者宣告无罪:(一)情节显著轻微、危害不大,不认为是犯罪的;(二)犯罪已过诉讼时效期限的;(三)经特赦令免除刑罚的;(四)依照刑法告诉才处理的犯罪,没有告诉或者撤回告诉的;(五)犯罪嫌疑人、被告人死亡的;(六)其他法律规定免于追究刑事责任的。”与本案相关的是此条第1项内容。桐庐公安局在赔偿审查程序中声称因为两位申请人“涉案情节显著轻微、危害不大”而对其解除刑事拘留并撤销案件。若此,本案便确实符合《国家赔偿法》第19条第3项第一种情况之规定而无须进行国家赔偿。

然而,杭州市中级人民法院并未采纳上述意见。与之相反,法院在赔偿决定书中指出,桐庐公安局在两份撤销案件决定书中载明了撤销案件理由是"证据不足",所以不符合《刑事诉讼法》第15条第1项之规定,从而并不成就《国家赔偿法》第19条第3项规定的条件。这一判断无疑是正确的,因为无法证明行为人犯罪与行为人行为情节显著轻微、危害不大不认为是犯罪的有本质的区别。虽然两者都不予以处罚,但前者是不具备犯罪事实,后者是行为性质属于犯罪但是严重程度达不到需要刑事处罚的程度;前者不应受到国家公权力的干预,受干预造成的损失国家应当赔偿,而后者国家不动用公权力进行刑罚处罚即是对行为人的宽宥,自然不能期待额外的补偿,换言之,国家无须承担赔偿责任。

(三)四天违法刑事拘留之赔偿范围

两位当事人提出的赔偿范围主要包括三个部分:其一是违法刑事拘留的人身自由权赔偿金,其中一位提出需按误工损失的5倍计算;其二是分别提出名誉、人格精神伤害费,一人主张10000元,另一人主张5000元;其三是提出了家属连带受害费,分别是3000元和1000元。杭州市中级人民法院仅支持了4天刑事拘留的人身自由权赔偿,具体是根据《国家赔偿法》第33条规定,按照拘留年份2010年上年度即2009年度的职工日平均工资125.43元为基本标准予以赔偿。对于误工损失5倍赔偿、名誉人格精神伤害以及家属连带受害费等赔偿请求,法院的决定时"没有法律依据,不予支持"。

首先,申请人适用"误工损失费"并不准确,单纯的违法刑事拘留所赔偿的是"人身自由赔偿金",对此,《国家赔偿法》第33条明确规定"每日赔偿金按照国家上年度职工日平均工资计算",所以5倍计算的诉请不予认可。从申请人使用"误工损失费"判断,当事人之所以会提出5倍计算的申请,可能是受到《国家赔偿法》第34条关于公民生命健康权损害赔偿金的规定的影响,因为根据该条第1项第2句规定,如果国家侵权行为造成公民身体伤害的,"减少的收入每日的赔偿金按照国家上年度职工日平均工资计算,最高额为国家上年度职工平均工资的五倍"。本案申请人被刑拘4天,被侵害的是人身自由权,没有证据表明造成身体伤害,所以不能适用上述5倍计算赔偿规定。

其次,"家属连带受害费"也确实没有法律依据。《国家赔偿法》规定支付给家属的赔偿费包括第34条第3项规定的死亡赔偿金、丧葬费、死者生前扶养的无劳动能力的人的生活费,以及第2项规定的部分或者全部丧失劳动能力者所扶养的无劳动能力的人的生活费。本案不涉及这些情况,所以不存在所谓的“家属连带受害费”。

至于申请人本人的精神损害抚慰金,《国家赔偿法》第35条明确规定所造成的精神损害必须达到“造成严重后果”的程度。“严重后果”是一个需要解释的不确定概念,具体的解释需要综合考量,这一原则在最高人民法院2014年7月3日发布的《关于人民法院赔偿委员会审理国家赔偿案件适用精神损害赔偿若干问题的意见》中得到了确认和发展,即该司法政策第4条第2款对综合裁量原则作出了如下解释:“一般情形下,人民法院赔偿委员会应当综合考虑受害人人身自由、生命健康受到侵害的情况,精神受损情况,日常生活、工作学习、家庭关系、社会评价受到影响的情况,并考量社会伦理道德、日常生活经验等因素,依法认定侵权行为是否致人精神损害以及是否造成严重后果。”本案仅仅刑拘4天,显然达不到“严重后果”。

林碧莲申请龙岩市新罗区人民法院违法司法拘留赔偿案

上海师范大学法政学院 李泠烨
福建省龙岩市新罗区人民法院 刘新龙

一、案件类型

司法拘留赔偿

二、判决要旨

1. 执行法院对于拒不履行人民法院生效判决采取司法拘留违法的,可以是司法拘留决定违法,也可以是司法拘留决定执行的违法。司法拘留执行期限违法与否的依据是司法拘留决定,而非司法拘留决定执行机关的意思通知。

2. 在司法拘留决定执行过程中出具的解除拘留证明书中出现明显可识别的拘留时间的书写错误,可认定为执行中意思通知的明显失误,不应认作为强制措施执行中的程序违法,赔偿义务机关不承担赔偿责任。

三、关键词

司法拘留决定 司法拘留决定执行 明显错误 程序违法

四、涉案主体及司法文书

赔偿请求人:林碧莲

赔偿义务机关:龙岩市新罗区人民法院

裁判机关及司法文书:

1. 龙岩市新罗区人民法院于 2014 年 9 月 10 日作出(2014)龙新法赔字第 2 号决定;

2. 龙岩市中级人民法院于 2014 年 12 月 8 日作出(2014)岩法委赔字第

6号。

五、赔偿请求

1.侵犯公民人身自由15日的赔偿金3.2007万元;

2.侵犯公民人身自由15日的精神损害抚慰金10.4758万元;

3.追案费损害赔偿金1.746万元。

六、赔偿决定

赔偿请求人林碧莲认为新罗区人民法院违法实施司法拘留要求赔偿的理由不成立,不应支持。

七、基本案情

2013年1月11日07时00分许,林碧莲驾驶闽FD6891号轿车与朱秦香无证驾驶的无牌助力摩托车发生碰撞,造成朱秦香受伤及双方车辆损坏的交通事故。龙岩市新罗区人民法院就原告朱秦香与被告林碧莲、马蔚东机动车交通事故责任纠纷一案作出一审判决后,二被告不服提出上诉,龙岩市中级人民法院于2013年12月16日作出终审判决,判令上诉人林碧莲、马蔚东连带赔偿被上诉人朱秦香75559.31元,该款限于本判决生效之日起20日内履行完毕。

2014年1月16日,原告朱秦香向新罗区人民法院申请强制执行,立案后,该院于2014年2月21日向二被执行人发出执行通知书,责令二被执行人履行判决义务。2014年3月17日,该院查扣了被执行人马蔚东所有的闽FD6891号雪佛兰牌乐驰LZW7080小汽车。此后,该院多次通知二被执行人履行义务,但二被执行人拒不履行。

2014年3月25日,新罗区人民法院依照《民事诉讼法》第106条的规定作出了(2014)龙新执字第1459号拘留决定书,决定对被执行人林碧莲拘留15日,并办理相关的拘留手续。2014年6月3日,该院向被执行人林碧莲送达拘留决定书。同日,该院将被执行人林碧莲交由龙岩市公安局治安拘留所执行司法拘留15日,并向该所送达拘留决定书和执行拘留通知书,注明拘留期间自2014年6月3日至2014年6月18日。

2014年6月18日,龙岩市公安局治安拘留所向林碧莲出具解除拘留证明书,在交给被拘留人员的一联中写明林碧莲"于2014年6月13日被区人民法院决定司法拘留,拘留期限自2014年6月3日至2014年6月18日";

在交给被拘留人员居住地派出所一联中写明林碧莲“于2014年6月13日被区人民法院决定司法拘留，拘留期限自2014年6月13日至2014年6月18日”。

林碧莲以解除拘留证明书中记载“于2014年6月13日被区人民法院决定拘留”为由，认为被无证关押10天，向新罗区人民法院提出国家赔偿，要求赔偿侵犯其人身自由造成的损失141130元。2014年6月25日，龙岩市拘留所向新罗区人民法院出具《关于林碧莲拘留时间的情况说明》，证明该所在填写林碧莲解除拘留证明书时，把四联单中的第三、四联的拘留时间，错误地填写从2014年6月13日至6月18日，正确的时间是2014年6月3日至6月18日。龙岩市新罗区人民法院于2014年9月10日作出(2014)龙新法赔字第2号赔偿决定：驳回林碧莲的国家赔偿申请。

八、适用争点及裁决理由

本案是一起典型的司法拘留赔偿案，赔偿请求人以司法拘留违法侵权为由一并提出了人身自由、精神损害等多项赔偿请求。本案法律适用的争点主要包括以下几点：第一，《国家赔偿法》第38条中“妨碍诉讼的强制措施”中司法拘留违法性的审查对象及要件。在本案中具体为以下几个方面：(1)司法拘留决定的违法是仅包括拘留决定的违法，还是包括司法拘留决定执行的违法；(2)司法拘留执行期限是否违法的判断依据是司法拘留决定，还是执行机关的意思通知；(3)有部分履行能力但不主动履行生效判决是否构成“拒不履行生效判决”；(4)申请再审已经立案是否可不履行生效判决。第二，司法拘留执行完毕后执行机关的意思通知中的明显失误是否构成“妨碍诉讼的强制措施”中司法拘留决定执行的违法。

(一)《国家赔偿法》第38条中“违法采取对妨碍诉讼的强制措施”的审查对象和要件

1. 司法拘留的违法性审查仅针对司法拘留决定本身，还是包括司法拘留决定的执行行为

根据《国家赔偿法》第38条的规定，人民法院在民事诉讼、行政诉讼过程中，违法采取对妨害诉讼的强制措施保全措施，或者对判决、裁定及其他生效法律文书执行错误，造成损害的，赔偿请求人要求赔偿的程序，适用本法刑事赔偿程序的规定。最高人民法院《关于民事、行政诉讼中司法赔偿若

干问题的解释》第2条就《国家赔偿法》第31条(即现行《国家赔偿法》第38条的前身)中“违法采取对妨害诉讼强制措施”进行了具体化,认为“违法采取对妨害诉讼的强制措施,是指下列行为:(一)对没有实施妨害诉讼行为的人或没有证据证明实施妨害诉讼的人采取司法拘留、罚款措施的;(二)超过法律规定期限实施司法拘留的;(三)对同一妨害诉讼行为重复采取罚款、司法拘留措施的;(四)超过法律规定金额实施罚款的;(五)违反法律规定的其他情形”。

关于“超过法律规定期限实施司法拘留的”,一般认为这包括司法拘留决定超过15日以下的期限,以及超过司法拘留决定书确定的期限。[①] 司法拘留决定是否超过15日的期限是对法院作出司法拘留决定所设定的义务是否违反法定期限限制的审查,超过司法拘留决定书确定的期限是针对司法拘留决定的执行做的审查,审查执行行为是否依据司法拘留决定所确定的权利义务内容所进行。在司法拘留决定的强制措施的审查中需要分别针对审查司法拘留决定本身以及针对司法拘留决定的执行进行了违法与否的判断。

2. 司法拘留执行的判断依据是司法拘留决定还是执行机关的意思通知

本案赔偿请求人林碧莲主张其被违法无证关押10天,此一主张系基于龙岩市公安局治安拘留所向赔偿申请人出具的两联分别“交被拘留人员”以及“交被拘留人员居住地派出所”的龙公治拘字(2014)247号《解除拘留证明书》。该证明书第三联系“交给拘留人员”,即林碧莲,上书“于2014年6月13日被区人民法院决定司法拘留,拘留期限自2014年6月3日至2014年6月18日”,第四联为“被拘留人居住地派出所”的证明,上书“于2014年6月13日被区人民法院决定司法拘留,拘留期限自2014年6月13日至2014年6月18日”。林碧莲认为其是在6月3日被拘留,而实际作出司法拘留决定的日期为6月13日,因此,从6月3日至6月12日的10日为违法无证拘留。

本案中,龙岩市新罗区人民法院于3月25日针对林碧莲拒不履行生效判决行为决定依据《民事诉讼法》第104条作出处以15日拘留的决定,此后

---

① 沈岿:《国家赔偿法:原理与案例》,北京大学出版社2011年版,第240页。

于6月3日送达被拘留人林碧莲。也就是说设定林碧莲义务的意思表示于3月25日通过文字表示出来，而于6月3日告知、通知了被拘留人林碧莲，此时这一行为方成立并对林碧莲生效。此时，成立并生效的司法拘留决定，是指对林碧莲拘留15日，即自6月3日至18日。而《解除拘留证明书》并不是司法拘留决定的执行机关龙岩市公安局治安拘留所执行拘留的依据，仅是其在执行完毕后作出的意思通知。因此，在对司法拘留决定执行是否违法进行审查时，应当审查是否依照于6月3日成立并生效对林碧莲确定其15日被拘留义务的司法拘留决定进行了执行，非依《解除拘留证明书》所确定的拘留时间进行审查。

3. 生效判决的强制执行中被查扣的财产不足以履行判决义务，又不主动履行义务的，是否可认定拒不履行生效判决

赔偿请求人林碧莲认为法院作出的司法拘留决定所依据的事实有误。因为(2014)龙新执行字第1459号《告知评估鉴定结果通知书》落款时间为2014年7月24日，对于赔偿请求人查扣车辆的评估在司法拘留决定之后，原决定书认定“经评估该车价值0.91万元，远远不足以履行判决义务，被执行人林碧莲拒不履行本院已生效的法律文书所确定的义务”的事实不能成立。

对于拒不履行生效判决的行为《民事诉讼法》第106条规定了罚款、拘留等强制措施。一般理论上将拒不履行生效判决的行为分为积极拒不履行和消极拒不履行，积极拒不履行包括隐藏、转移、变卖、毁损财产或者无偿转让财产、以明显不合理的价格交易财产、放弃到期债权、无偿为他人提供担保等，隐藏、转移、毁损或者未经人民法院允许处分已向人民法院提供担保的财产的等行为，而消极拒不履行则包括有履行能力而拒不按照人民法院执行通知履行生效法律文书确定的义务的。

根据《最高人民法院关于适用〈中华人民共和国民事诉讼法〉的解释》第188条第4项的规定，有履行能力而拒不按照人民法院执行通知履行生效法律文书确定的义务的系拒不履行人民法院已经发生法律效力的判决、裁定的行为。本案中，林碧莲、马蔚东并未主动履行生效民事判决。之后，生效民事判决的原告朱秦香向龙岩市新罗区人民法院申请强制执行，该法院已于2014年2月21日向林碧莲等二被执行人发出执行通知书，责令其履行判

决义务,而二被执行人并没有就此履行判决。法院遂查扣了马蔚东的所有的闽FD6891号雪佛兰牌乐驰LZW7080小汽车。(2014)龙新执行字第1459号《告知评估鉴定结果通知书》证明该车评估价值0.91万元,虽然该查扣车辆远远不足以履行判决所确定的75559.31元的赔偿义务,但是这并不代表二被执行人完全没有履行生效判决的能力,而被执行人拥有车辆恰恰反映了其有履行能力,至少是部分履行的能力。从强制措施有利于敦促当事人积极履行生效判决所确定的义务的角度出发,"有履行能力"此时不能够仅仅被解释成为完全的履行能力,还应包括部分的履行能力。因此二被执行人在有(部分)履行的能力的情况下,仍应当履行生效判决,否则不按照法院通知履行生效法律文书确定的义务将构成被执行人拒不履行生效判决。

4.申请再审予以立案的,是否可不履行原民事生效判决

赔偿请求人林碧莲主张原生效判决存在错误,龙岩市中级人民法院于2014年6月3日电话通知"立案",但赔偿请求人并无提供相关证据证明此事实。即使该事实成立,是否再审立案即可构成不履行原生效判决的正当理由?

终审判决拥有既判力,虽然通过再审制度可以对既判力提出挑战,但根据《民事诉讼法》第178条和第185条的规定,启动审判监督程序决定再审的案件,经过裁定原判决、裁定等才能中止执行。在作出中止裁定前或再审撤销原判前,原裁判依然有效。对于再审申请的立案在程序上并不意味着再审决定,更不意味着中止执行,因此赔偿请求人主张原生效判决错误,申请再审,可不履行的主张不能成立。再审立案并不构成不履行生效判决的正当理由。相反此时有能力履行,而拒不履行的仍然构成拒不履行生效判决的行为。

(二)司法拘留执行完毕后执行机关的意思通知中的明显失误是否需要进行国家赔偿

本案争议的另一个争点在于司法拘留的执行机关龙岩市拘留所出具的两联《解除拘留证明书》出现了互相之间以及解除拘留证明书与司法拘留决定之间明显不符,是否需要进行国家赔偿?

根据龙岩市拘留所出具的情况说明,龙岩市拘留所在《解除拘留证明书》第三、四联所写时间系工作人员错误填写所致。而事实上,赔偿申请人

虽然拒绝签收司法拘留决定,但该司法拘留决定实际已经送达通知了被拘留人。林碧莲应该能够根据被送达的拘留决定无须别的方式就可以识别出《解除拘留决定书》第三、四联与司法拘留决定之间明显的矛盾。即使退一步说,赔偿申请人林碧莲还可以根据第三、四联内容上"拘留期限自2014年6月3日至2014年6月18日"与"拘留期限自2014年6月13日至2014年6月18日"之间的相互矛盾发现明显的错误。

借助于行政法上行政行为的明显失误或者说公开错误理论,①可以认为司法拘留决定的执行行为中,执行机关所想表达的与行为实际表达的内容之间存在显而易见的矛盾,这种行为即具有明显失误或者说公开错误。明显失误或公开错误的认定,不仅需要消极地表明不想做这种意思通知,而这种事实上表达或者打算表达的内容可以积极识别出来。明显失误或公开错误是意思表达上的过失,而不是以意志上的瑕疵,应区别于行为违法。

本案中,一方面,拘留所出具的说明表示了并不想作出拘留起止时间是自6月13日至6月18日的意思;另一方面,司法拘留执行完毕后执行机关即拘留所的意思通知之间以及意思通知与司法拘留决定之间存在明显的不符,可以容易且直接地被识别,这种误写应归入执行行为的明显失误或者说公开错误,并不构成违法采取对妨害诉讼的强制措施。

退一步说,即使这一司法拘留决定执行后执行机关的错误意思通知构成了司法拘留决定执行中的程序违法,但由于该违法行为并未对赔偿请求人造成损害,因此龙岩市新罗区人民法院也不应当承担赔偿责任。

① [德]哈特穆特·毛雷尔:《行政法学总论》,高家伟译,法律出版社2000年版,第231~232页;叶必丰:《行政法与行政诉讼法》,高等教育出版社2007年版,第172~175页。

李士生申请温州市公安局鹿城区分局违法刑事拘留国家赔偿案

浙江省高级人民法院　江　勇

一、案件类型

违法刑事拘留赔偿

二、判决要旨

1. 公安机关拘留赔偿实行违法归责原则,而非结果归责原则,对公安机关刑事拘留的合法性应当严格审查。

2. 没有聚众扰乱社会秩序犯罪故意的人不符合"重大嫌疑分子"的条件,公安机关刑事拘留违法。

三、关键词

违法刑事拘留

四、涉案主体及司法文书

赔偿请求人:李士生

赔偿义务机关:温州市公安局鹿城区分局

裁决机关及司法文书:

1. 赔偿义务机关温州市公安局鹿城区分局于2015年1月28日作出鹿公赔决字(2015)1号决定。

2. 复议机关决定温州市公安局于2015年4月21日作出温公赔复决字(2015)2号决定。

3. 温州市中级人民法院赔偿委员会于2015年8月5日作出(2015)浙温法委赔字第3号国家赔偿决定。

4. 浙江省高级人民法院赔偿委员会于2016年4月22日作出(2016)浙

委提1号国家赔偿决定。

五、赔偿请求

2014年12月8日，李士生以违法刑事拘留为由，向温州市公安局鹿城区分局申请国家赔偿。请求温州市公安局鹿城区分局赔偿因被限制人身自由28天的赔偿金5619.32元、精神损害赔偿金1966.76元，并消除影响，恢复名誉，赔礼道歉。

六、赔偿决定

2015年1月28日，鹿城公安分局作出鹿公赔决字(2015)1号国家赔偿决定，认为对李士生采取刑事拘留合法，李士生请求赔偿的侵权事实不存在，决定不予赔偿。

李士生不服，向温州市公安局申请复议。2015年4月21日，温州市公安局作出温公赔复决字(2015)2号刑事赔偿复议决定，认为鹿城公安分局对李士生采取刑事拘留措施和延长拘留期限合法，李士生请求赔偿的侵权事实不存在，根据《国家赔偿法》第17条第1项、第25条的规定，决定维持鹿公赔决字(2015)1号国家赔偿决定。

2015年5月20日，李士生向温州市中级人民法院赔偿委员会申请作出赔偿决定。请求鹿城公安分局赔偿因被限制人身自由28天的赔偿金5619.32元、精神损害赔偿金1966.76元，并消除影响，恢复名誉，赔礼道歉。温州市中级人民法院赔偿委员会经审理认为，《国家赔偿法》第17条第1项规定，违反刑事诉讼法规定对公民采取拘留措施的，或者符合刑事诉讼法规定的条件和程序采取拘留但超过规定时限，其后决定撤销案件、不起诉或判决宣告无罪终止追究刑事责任的，受害人有取得赔偿的权利。根据《刑事诉讼法》第61条、第69条第2款(注:2012年修正后为第80条、第89条第2项)规定，公安机关对于现行犯或者重大嫌疑分子，可以先行拘留，有结伙作案等重大嫌疑的可延长拘留期限至30日。温州市鹿城公安分局于2011年9月23日对胡克钻等聚众扰乱社会秩序一案决定立案侦查后，经对涉案人员胡克钻、胡立杆、马美仓、吴学飞等人进行询问和组织辨认，均指认李士生涉嫌伙同他人扰乱动力头服装市场秩序，鹿城公安分局据此认定李士生有结伙作案重大嫌疑，决定对其采取刑拘措施，后经批准延长拘留期限至30日，并在期限届满之前对李士生予以释放并转为取保候审，符合刑事诉讼法规定的条件和程序,且没有超过规定时限。故李士生的赔偿申请不符合《国家赔偿法》第17条第1项的规定条件,鹿城公安分局决定不予赔偿并无不当。温州市公安局复议决定维持鹿城公安分局作出的不予赔偿决定,认定事实清楚,适用法律正确,应予以维持。据此,依照最高人民法院《关于人民法院赔偿委员会审理国家赔偿案件程序的规定》第19条第1项的规定,决定维持温州市公安局温公赔复决字(2015)2号刑事赔偿复议决定书。

温州市中级人民法院赔偿委员会作出赔偿决定后,李士生不服,向本院赔偿委员会申诉,认为温州市中级人民法院赔偿委员会赔偿决定认为"鹿城公安分局据此认定李士生有结伙作案重大嫌疑,决定对其采取刑事拘留,后经批准延长拘留期限到30日,并在期限届满之前对李士生予以释放并转为取保候审,符合刑事诉讼法规定的条件和程序"的事实认定是错误的,适用法律也是错误的。在其没有犯罪事实,不符合刑事立案标准的情况下,温州市公安局鹿城公安分局对其采取的刑事立案违反了《刑事诉讼法》的规定,在违法刑事立案之后对其采取的刑事拘留措施当然违法,其有申请赔偿的权利。请求浙江省高级人民法院赔偿委员会依法重新审查,作出支持申诉人请求的决定。2016年3月14日,浙江省高级人民法院赔偿委员会经听证后认为,温州市中级人民法院赔偿委员会的国家赔偿决定确有错误。依照《国家赔偿法》第30条第2款的规定,决定本案由浙江省高级人民法院赔偿委员会直接审理。

浙江省高级人民法院赔偿委员会认为,构成聚众扰乱社会秩序罪的主观方面必须是故意。从双方当事人提供的证据来看,2011年8月5日,温州市鹿城区城市管理与行政执法局下达责令限期改正通知书,认为动力头服装批发市场违章搭建,要求其于2011年10月15日前自行拆除。为此,温州动力头服装批发市场有限公司已经报告温州市电力局、温州市鹿城消防大队和当地南蒲街道党工委,对商户也作了通知。2011年9月23日,李士生组织拆除温州动力头服装批发市场违章建筑,不具有聚众扰乱社会秩序的犯罪故意。在拆违过程中,温州动力头服装批发市场有限公司委托的温州市高峰建筑拆除有限公司的拆除行为比较粗暴,但与聚众扰乱社会秩序犯罪是有根本区别的。

根据《刑事诉讼法》第61条、第69条第2款(注:2012年修正后为第80

条、第89条第2款)规定,公安机关对于现行犯或者重大嫌疑分子,可以先行拘留,有结伙作案等重大嫌疑的可延长拘留期限至30日。而本案李士生组织拆除温州动力头服装批发市场违章建筑的行为不存在聚众扰乱社会秩序的犯罪故意,不属于聚众扰乱社会秩序罪重大嫌疑分子,不符合刑事拘留的条件。温州市公安局鹿城区分局对李士生决定并实施拘留,显系违法。刑事拘留是刑事诉讼法规定对现行犯或者重大嫌疑分子的刑事强制措施,其目的是便于进一步查清案件事实。温州市公安局鹿城区分局在给温州市中级人民法院的答辩状中竟然称刑事拘留为处罚,且认为幅度适当。在本院赔偿委员会2016年2月18日组织的听证中也称,当时调查取证基本完成,事实基本清楚。李士生组织拆除温州动力头服装批发市场违章建筑的行为发生于2011年9月23日,事发3个月后,温州市公安局鹿城区分局于同年12月24日以涉嫌聚众扰乱社会秩序罪对温州动力头服装批发市场法定代表人李士生予以刑事拘留,显然与立法授权目的不符,应予指正。

申诉人李士生于2011年12月24被刑事拘留,于2012年1月21日被释放,共被违法羁押29日。2016年度限制人身自由的赔偿标准尚未公布,根据《最高人民法院、最高人民检察院关于办理刑事赔偿案件适用法律若干问题的解释》(法释〔2015〕24号)第21条第2款规定:“作出赔偿决定、复议决定时国家上一年度职工平均工资尚未公布的,以已经公布的最近年度职工平均工资为准。”2015年作出国家赔偿决定涉及的侵犯公民人身自由权每日赔偿金标准为219.72元,据此,温州市公安局鹿城区分局应当支付李士生限制人身自由赔偿金6371.88元。申诉人李士生被违法限制人身自由,身心健康受到严重影响,应当认定精神损害后果严重。根据《国家赔偿法》第35条之规定,应当为申诉人李士生消除影响,恢复名誉,赔礼道歉,并支付精神损害抚慰金2000元。

2016年4月22日,浙江省高级人民法院赔偿委员会决定:(1)撤销温州市中级人民法院赔偿委员会(2015)浙温法委赔字第3号国家赔偿决定、温州市公安局温公赔复决字(2015)2号刑事赔偿复议决定和温州市公安局鹿城区分局鹿公赔决字(2015)1号国家赔偿决定;(2)由被申诉人温州市公安局鹿城区分局支付申诉人李士生限制人身自由赔偿金6371.88元;(3)由被申诉人温州市公安局鹿城区分局为申诉人李士生消除影响,恢复名誉,赔礼道歉,并支付精神损害抚慰金2000元。

七、基本案情

2001年,温州动力头服装批发市场有限公司租用当地鱼鳞浃村土地,举办温州动力头服装批发市场,部分区域系违章搭建。2011年8月5日,温州市鹿城区城市管理与行政执法局下达责令限期改正通知书,认为动力头服装批发市场违章搭建,要求其于2011年10月15日前自行拆除。2011年8月31日租赁期满后,温州动力头服装批发市场有限公司因土地使用权问题与鱼鳞浃村产生纠纷。接自行拆除通知后,温州动力头服装批发市场有限公司先后向温州市电力局、温州市鹿城区消防大队和当地南蒲街道党工委作了报告。2011年9月4日,温州动力头服装批发市场有限公司登报通知商户,要求"8"字头摊位及A、B幢8、9通道摊位先行拆除,请于9月10日前腾空。并与商户签订承诺书,租赁协议已经届满,一切货物搬离腾空。2011年9月13日,温州动力头服装批发市场有限公司与温州市高峰建筑拆除有限公司签订"旧房拆除协议书",由温州市高峰建筑拆除有限公司拆除温州动力头服装批发市场周围临时违章棚。2011年9月23日,在温州动力头服装批发市场有限公司有关人员的带领下,温州市高峰建筑拆除有限公司对违章棚进行拆除,当地鱼鳞浃村村民进行阻挠,双方发生纠纷,村民陈显荣不慎从二楼跌落死亡。拆除工作中止。

2011年9月23日,鹿城公安分局对温州动力头服装批发市场有限公司胡克钻等人聚众扰乱社会秩序一案决定立案侦查。经对涉案人员胡克钻、胡立杆、马美仓、吴学飞及证人陈时银、胡立川、漆抚邦、刘天金、陈荣光等人进行询问和组织辨认,于同年12月24日以涉嫌聚众扰乱社会秩序罪对温州动力头服装批发市场有限公司法定代表人李士生予以刑事拘留,并在24小时内将拘留原因和羁押处所通知李士生家属。2011年12月27日,温州市公安局鹿城区分局根据《刑事诉讼法》第69条第2款(注:2012年修正后为第89条第2款)规定,以李士生涉嫌结伙作案决定延长拘留期限,时间从2011年12月27日至2012年1月23日。2012年1月21日,温州市公安局鹿城区分局作出温鹿公保字(2012)第21号取保候审决定书、温鹿公释通字(2012)第22号释放通知书,以采取取保候审不致发生社会危害性,决定对李士生取保候审并释放,李士生共被羁押29天。2013年1月17日,温州市公安局鹿城区分局将该案移送温州市鹿城区人民检察院审查起诉。同年5月20日,鹿城区人民检察院以温鹿检刑诉(2013)64号补充侦查决定书退回补充侦查。经温州市公安局鹿城区分局补充侦查并再次移送审查起诉,鹿城区人民检察院于2013年11月19日作出温鹿检刑不诉(2013)64号不起诉决定书,以犯罪事实不清、证据不足,不符合起诉条件为由,决定对李士生不起诉。

八、适用争点及裁决理由

(一)对公安机关刑事拘留的合法性应当严格审查

1994年5月12日第八届全国人民代表大会常务委员会第七次会议通过的《国家赔偿法》第15条第1项规定:“行使侦查、检察、审判、监狱管理职权的机关及其工作人员在行使职权时有下列侵犯人身权情形之一的,受害人有取得赔偿的权利:(一)对没有犯罪事实或者没有事实证明有犯罪重大嫌疑的人错误拘留的……”

2010年4月29日第十一届全国人民代表大会常务委员会第十四次会议通过了修正的《国家赔偿法》,其第17条第1项规定:“行使侦查、检察、审判职权的机关以及看守所、监狱管理机关及其工作人员在行使职权时有下列侵犯人身权情形之一的,受害人有取得赔偿的权利:(一)违反刑事诉讼法的规定对公民采取拘留措施的,或者依照刑事诉讼法规定的条件和程序对公民采取拘留措施,但是拘留时间超过刑事诉讼法规定的时限,其后决定撤销案件、不起诉或者判决宣告无罪终止追究刑事责任的……”修正的国家赔偿法实施之前,公安机关刑事拘留赔偿实行结果归责原则,修正的国家赔偿法实施之后,公安机关刑事拘留赔偿实行违法归责原则,对于拘留合法但结果错误的拘留案件,受害人不能得到赔偿。实践中,由于刑事拘留“重大嫌疑分子”的条件难以把握,一直比较宽松,导致公安机关刑事拘留缺乏应有的监督。刑事拘留作为一项限制人身自由强制措施,一旦违法行使,其危害性不可低估。为了充分保护受害人的合法权益,有必要对公安机关刑事拘留的合法性实行严格审查。对于公安机关结果错误的刑事拘留行为,即使其程序违法,也要承担赔偿责任。如未依法出示拘留证;未在24小时送至拘留所羁押;不存在无法通知或者涉嫌危害国家安全罪、恐怖活动犯罪通知有碍侦查的情形,但未在拘留后24小时以内通知被拘留人的家属;未在拘留后的24小时内进行讯问等。上述程序违法,不能视为瑕疵,公安机关均应当承担国家赔偿责任。

(二)明显不构成犯罪的人不符合刑事拘留"重大嫌疑分子"的条件

根据《刑事诉讼法》第61条、第69条第2款(注:2012年修正后为第80条、第89条第2款)规定,公安机关对于现行犯或者重大嫌疑分子,可以先行拘留,有结伙作案等重大嫌疑的可延长拘留期限至30日。"重大嫌疑分子"的把握有以下两点:一是必须有初步证据,有一定的嫌疑性;二是嫌疑性达到一定的要求,构成初步印证,仅仅是利害关系人举报或指控是不够的。只有符合这两个条件,才可以采取限制人身自由的刑事拘留措施。对明显不构成犯罪的,理所当然不符合刑事拘留"重大嫌疑分子"的条件。本案从双方当事人提供证据和案卷材料看,2011年8月5日,温州市鹿城区城市管理与行政执法局下达责令限期改正通知书,认为动力头服装批发市场违章搭建,要求其于2011年10月15日前自行拆除。为此,温州动力头服装批发市场有限公司已经向温州市电力局、温州市鹿城消防大队和当地南蒲街道党工委作了报告,对商户也作了通知,不构成聚众扰乱社会秩序罪的故意。2011年9月23日,李士生组织拆除温州动力头服装批发市场违章建筑,不存在犯罪故意,也就不存在构成聚众扰乱社会秩序罪的可能性,显然不构成"重大嫌疑分子"的条件,温州市公安局鹿城区分局对李士生决定并实施拘留显系违法,依法应当承担赔偿责任。

值得指出的是,本案中,温州市公安局鹿城区分局给温州市中级人民法院的答辩状中竟然称刑事拘留为处罚,认为量罚适当。在本院听证中也称,当时调查取证基本完成,事实基本清楚。刑事拘留是刑事诉讼法规定对现行犯或者重大嫌疑分子的刑事强制措施,其目的是进一步查清案件事实。在案件事实基本查清的前提下,鹿城公安分局仍作出刑事拘留决定,与立法目的不符,显系滥用职权。

朱红蔚申请广东省人民检察院无罪逮捕赔偿案

最高人民法院案例指导工作办公室

一、关键词

国家赔偿　刑事赔偿　无罪逮捕　精神损害赔偿

二、裁判要旨

1. 国家机关及其工作人员行使职权时侵犯公民人身自由权，严重影响受害人正常的工作、生活，导致其精神极度痛苦，属于造成精神损害严重后果。

2. 赔偿义务机关支付精神损害抚慰金的数额，应当根据侵权行为的手段、场合、方式等具体情节，侵权行为造成的影响、后果，以及当地平均生活水平等综合因素确定。

三、相关法条

《国家赔偿法》第35条

四、基本案情

赔偿请求人朱红蔚申请称：检察机关的错误羁押致使其遭受了极大的物质损失和精神损害，申请最高人民法院赔偿委员会维持广东省人民检察院支付侵犯人身自由的赔偿金的决定，并决定由广东省人民检察院登报赔礼道歉、消除影响、恢复名誉，赔偿精神损害抚慰金200万元，赔偿被扣押车辆、被拍卖房产等损失。

广东省人民检察院答辩称：朱红蔚被无罪羁押873天，广东省人民检察院依法决定支付侵犯人身自由的赔偿金124254.09元，已向朱红蔚当面道歉，并为帮助朱红蔚恢复经营走访了相关工商管理部门及向有关银行出具情况说明。广东省人民检察院未参与涉案车辆的扣押，不应对此承担赔偿责任。朱红蔚未能提供精神损害后果严重的证据,其要求支付精神损害抚慰金的请求不应予支持,其他请求不属于国家赔偿范围。

法院经审理查明:因涉嫌犯合同诈骗罪,朱红蔚于2005年7月25日被刑事拘留,同年8月26日被取保候审。2006年5月26日,广东省人民检察院以粤检侦监核(2006)4号复核决定书批准逮捕朱红蔚。同年6月1日,朱红蔚被执行逮捕。2008年9月11日,广东省深圳市中级人民法院以指控依据不足为由,判决宣告朱红蔚无罪。同月19日,朱红蔚被释放。朱红蔚被羁押时间共计875天。2011年3月15日,朱红蔚以无罪逮捕为由向广东省人民检察院申请国家赔偿。同年7月19日,广东省人民检察院作出粤检赔决(2011)1号刑事赔偿决定:按照2010年度全国职工日平均工资标准支付侵犯人身自由的赔偿金124254.09元(142.33元×873天);口头赔礼道歉并依法在职能范围内为朱红蔚恢复生产提供方便;对支付精神损害抚慰金的请求不予支持。

另查明:(1)朱红蔚之女朱某某在朱红蔚被刑事拘留时未满18周岁,至2012年抑郁症仍未愈。(2)深圳一和实业有限公司自2004年由朱红蔚任董事长兼法定代表人,2005年以来未参加年检。(3)朱红蔚另案申请深圳市公安局赔偿被扣押车辆损失,广东省高级人民法院赔偿委员会以朱红蔚无证据证明其系车辆所有权人和受到实际损失为由,决定驳回朱红蔚赔偿申请。(4)2011年9月5日,广东省高级人民法院、广东省人民检察院、广东省公安厅联合发布粤高法〔2011〕382号《关于在国家赔偿工作中适用精神损害抚慰金若干问题的座谈会纪要》。该纪要发布后,广东省人民检察院表示可据此支付精神损害抚慰金。

五、裁判结果

最高人民法院赔偿委员会于2012年6月18日作出(2011)法委赔字第4号国家赔偿决定:维持广东省人民检察院粤检赔决(2011)1号刑事赔偿决定第2项;撤销广东省人民检察院粤检赔决(2011)1号刑事赔偿决定第1、3项;广东省人民检察院向朱红蔚支付侵犯人身自由的赔偿金142318.75元;广东省人民检察院向朱红蔚支付精神损害抚慰金50000元;驳回朱红蔚的其他赔偿请求。

六、指导案例 42 号的理解与参照

2014 年 12 月 25 日，最高人民法院发布了指导案例 42 号“朱红蔚申请无罪逮捕赔偿案”。为了正确理解和准确参照适用该指导案例，现对该指导案例的推选经过、裁判要点等有关情况予以解释、论证和说明。

（一）推选过程及指导意义

《最高人民法院关于案例指导工作的规定》第 9 条规定，对于本规定施行前，最高人民法院已经发布的对全国法院审判、执行工作具有指导意义的案例，根据本规定清理、编纂后作为指导性案例公布。《最高人民法院公报》发布了各类典型案例，这些案例在案例指导制度确立以前，对于审判和执行工作，事实上发挥了一定的参考作用。2013 年 4 月 23 日，最高人民法院召开了案例清理工作会议，下发了《最高人民法院案例清理工作会议纪要》，决定对《最高人民法院公报》刊发的对全国法院审判、执行工作具有指导意义的案例进行清理、编纂，以作为指导性案例发布。清理范围原则上以 2005 年 1 月后刊发的案例为主。本案例原刊登于《最高人民法院公报》2012 年第 11 期，鉴于其具有较为重要的指导价值，将其列入了《最高人民法院公报》案例清理、编纂的范围。

按照《最高人民法院案例清理工作会议纪要》的要求，最高人民法院赔偿办经过初审，同意推荐该案例。赔偿办经审查认为，本案是 2010 年修订的《国家赔偿法》实施后，最高人民法院赔偿委员会审理的首例决定由赔偿义务机关支付精神损害抚慰金的案件，首次明确了国家赔偿案件适用精神损害抚慰金条款应当具体考虑的因素，为以后审理类似案件提供了较为合理的参考标准。2013 年 7 月 9 日，案例清理工作领导小组办公室经征求《最高人民法院公报》编辑部意见，将该案例列为第二阶段案例清理范围，并再次送赔偿办。赔偿办经过复审，经主管院领导审核同意该案例进入下一阶段清理程序，并编写了指导性案例文本。2014 年 4 月 22 日，案例清理工作领导小组办公室经过修改，将该案例提交研究室室务会讨论，室务会同意推荐该案例，报院领导审核后提交最高人民法院审判委员会审议。10 月 21 日，审判委员会经过讨论同意该案例作为指导性案例。12 月 25 日，最高人民法院以法〔2014〕337 号文件将该案例列在第 9 批指导案例予以发布。

该指导案例旨在明确如何适用修改后的《国家赔偿法》第 35 条关于精

神损害赔偿的规定,尤其是如何掌握精神损害抚慰金的标准及其确定因素。该案例明确了赔偿义务机关侵犯公民人身权,影响受害人正常的家庭生活和公司经营,属于精神损害后果严重;赔偿义务机关除应当在侵权行为影响范围内为受害人消除影响、恢复名誉、赔礼道歉之外,还应当根据侵害的手段、场合、行为方式等具体情节,结合侵权行为造成的影响、协商协调情况及当地平均生活水平等支付相应的精神损害抚慰金。该案例确立的精神损害赔偿的裁量规则,对在国家赔偿案件中如何认定精神损害后果严重并酌定相应的精神损害抚慰金,解决精神损害赔偿的标准不统一,地区间、个案间不平衡的问题,具有重要现实指导意义。

(二)本案例的背景情况

精神损害赔偿最早发端于民事侵权赔偿领域,《民法通则》第120条首次正式确立了我国的精神损害赔偿制度,但仅对精神性人格权给予保护。《道路交通事故处理办法》《消费者权益保护法》《产品质量法》等相继规定了残疾赔偿金和死亡赔偿金,将保护范围扩充至生命权、身体健康权等具体的物质性人格权。最高人民法院《关于确定民事侵权精神损害赔偿责任若干问题的解释》以及《关于审理人身损害赔偿案件适用法律若干问题的解释》等,进一步将保护范围扩充至一般人格权、人格利益、特定身份权利以及具有人格象征意义的特定纪念物品,逐步将精神损害抚慰金从残疾赔偿金和死亡赔偿金中独立出来,系统地对赔偿范围、诉讼主体、构成要件等具体适用中的若干问题进行了规范。2009年《侵权责任法》吸收并肯定了司法解释将精神损害抚慰金独立于其他人身损害赔偿金的成果。上述法律、司法解释的相关规定成为我国司法实践中对于民事侵权责任精神损害赔偿的主要裁判规则。但是,由于精神损害不同于财产减损,本质上系受害人的主观感受,损害的有无及程度因人而异,难以准确量化,精神损害赔偿问题成为理论和实务中的难点,主要依靠法官行使自由裁量权来酌定解决。

在国家赔偿领域,1994年国家赔偿法没有明确、单独规定精神损害赔偿,而是以人身自由赔偿金、残疾赔偿金以及死亡赔偿金概括救济侵犯人身自由、生命健康所致财产损失和精神损害;另外,对侵犯人身自由引起的名誉权、荣誉权损害,以消除影响、恢复名誉、赔礼道歉的非财产责任方式予以救济。对于前一种概括赔偿方式能否涵盖对精神损害的救济,在理论和实践中存有不同认识。对于后一种非财产救济方式是否属于国家赔偿的责任方式,在理论和实践中亦有分歧。鉴于1994年国家赔偿法将“消除影响、恢复名誉、赔礼道歉”规定在第五章“其他规定”,并未规定在实体内容的章节中,最高人民法院赔偿委员会针对北京市高级人民法院请示的孙连贵申请北京市通州区人民检察院国家赔偿一案,在(1999)赔他字第3号《关于赔偿义务机关应为受害人消除影响、恢复名誉、赔礼道歉的批复》中指出:“赔礼道歉不宜作为决定书中的主文内容,但应在决定书的理由部分加以表述。”

随着国家赔偿法、侵权法理论和实践的发展,1994年国家赔偿法已不能满足充分保障赔偿请求人合法权益的要求,尤其是对于增加精神损害赔偿的需求更为迫切。2010年4月29日,第十一届全国人大常委会第十四次会议审议通过了《全国人民代表大会常务委员会关于修改〈中华人民共和国国家赔偿法〉的决定》,吸收侵权法领域发展成果,将人身自由赔偿金、残疾赔偿金和死亡赔偿金明确界定为对侵犯人身权所致财产损失的赔偿;将消除影响、恢复名誉、赔礼道歉的责任方式从第五章“其他规定”调整至第四章“赔偿方式与计算标准”中,消除影响、恢复名誉、赔礼道歉的规定成为实体性法律规范,可为国家赔偿法律文书援引,并可作为主文内容;将精神损害抚慰金明确界定为对侵犯人身权所致精神损害的赔偿,单列入第35条,与修法后保留的非财产责任方式共同构成了完整的精神损害赔偿责任体系,极大地发展了国家赔偿法上的精神损害赔偿制度。

2010年国家赔偿法修改的重要突破之一就是明确规定了精神损害赔偿。但与此同时,立法机关认为“考虑到现实中这类情况非常复杂,法律难以对精神损害赔偿的赔偿标准作出统一规定,可由最高人民法院根据审判实践中出现的具体问题,作出具体应用的解释”,故《国家赔偿法》第35条仅对精神损害赔偿作出了较为原则笼统的规定,其实务适用成为国家赔偿领域的热点和难点。修法后的国家赔偿审判实践中,对于涉及精神损害特别是精神损害抚慰金赔偿的案件,逐渐出现法律适用标准不统一,不同案件、地区之间差异较大等情形,亟待通过指导性案例或者规范性文件进行有效的指引和规范。

(三)裁判要点的理解与说明

该指导案例的裁判要点确认:(1)国家机关及其工作人员行使职权时侵

犯公民人身权,严重影响受害人正常的工作、生活,导致其精神极度痛苦,属于造成精神损害严重后果。(2)赔偿义务机关支付精神损害抚慰金,其数额应当根据侵权行为的手段、场合、方式等具体情节,侵权行为造成的影响、后果,以及当地平均生活水平等综合因素确定。现围绕与该裁判要点相关的问题逐一论证和说明如下:

1.关于第一个裁判要点的说明

第一个裁判要点主要界定的是何谓造成精神损害"严重后果"。根据《国家赔偿法》第35条的规定,国家机关及其工作人员行使职权时侵犯公民人身权,致人精神损害,且该精神损害后果严重的,应当给予精神损害抚慰金赔偿。因此,造成精神损害严重后果是国家给予精神损害抚慰金赔偿的要件之一。根据《国家赔偿法》第35条、第3条以及第17条的规定,在国家赔偿案件中应当赔偿精神损害抚慰金的要件为:(1)可以请求精神损害抚慰金赔偿的主体限于公民。通过明确权利主体来限定精神损害赔偿的适用范围。精神损害赔偿中的权利主体仅限于公民,不包括法人和其他组织。精神损害是指精神痛苦和肉体痛苦。按照通常的理解,法人和其他组织没有感知能力,没有所谓的肉体或精神痛苦,也就没有精神损害。对此,可借鉴最高人民法院《关于确定民事侵权精神损害赔偿责任若干问题的解释》第5条的规定,即"法人或者其他组织以人格权利遭受侵害为由,向人民法院起诉请求赔偿精神损害的,人民法院不予受理"。(2)国家机关及其工作人员实施了《国家赔偿法》第3条或者第17条规定的侵权行为。[1] 在精神抚慰金

[1] 《国家赔偿法》第3条规定:"行政机关及其工作人员在行使行政职权时有下列侵犯人身权情形之一的,受害人有取得赔偿的权利:(一)违法拘留或者违法采取限制公民人身自由的行政强制措施的;(二)非法拘禁或者以其他方法非法剥夺公民人身自由的;(三)以殴打、虐待等行为或者唆使、放纵他人以殴打、虐待等行为造成公民身体伤害或者死亡的;(四)违法使用武器、警械造成公民身体伤害或者死亡的;(五)造成公民身体伤害或者死亡的其他违法行为。"《国家赔偿法》第17条规定:"行使侦查、检察、审判职权的机关以及看守所、监狱管理机关及其工作人员在行使职权时有下列侵犯人身权情形之一的,受害人有取得赔偿的权利:(一)违反刑事诉讼法的规定对公民采取拘留措施的,或者依照刑事诉讼法规定的条件和程序对公民采取拘留措施,但是拘留时间超过刑事诉讼法规定的时限,其后决定撤销案件、不起诉或者判决宣告无罪终止追究刑事责任的;(二)对公民采取逮捕措施后,决定撤销案件、不起诉或者判决宣告无罪终止追究刑事责任的;(三)依照审判监督程序再审改判无罪,原判刑罚已经执行的;(四)刑讯逼供或者以殴打、虐待等行为或者唆使、放纵他人以殴打、虐待等行为造成公民身体伤害或者死亡的;(五)违法使用武器、警械造成公民身体伤害或者死亡的。"

赔偿的问题上，国家责任下公权力与私权利的结构应当与民事责任下私权利之间的关系区别开来，避免将国家赔偿与侵权损害赔偿直接画等号。正如1873年法国权限争议法院对布朗戈案件的判决中所述，“因国家在公务及雇佣的人员对私人造成损害的事实而加在国家身上的责任，不应受在民事法典中为调解私人与私人之间的关系而确立的原则所支配，这种责任既不是通常的责任，也不是绝对的责任，这种责任有它自己的特殊规则，依公务的需要和调节国家权力与私权利的必要而变化”。公权力行使的职权法定与国家赔偿法上的赔偿法定原则，决定了只有国家机关及其工作人员在行使职权过程中实施了上述第3条或者第17条所列举的侵权行为时，才可能会产生精神损害抚慰金赔偿。(3)受到侵犯的权利客体限于人身权。精神损害抚慰金赔偿针对的仅是国家机关及其工作人员侵犯人身权，包括人身自由权、生命权、健康权、名誉权等的情形，并不包括侵犯财产权的情形。在侵权法上，特殊情形下可对侵犯财产权所造成的精神损害予以赔偿，如最高人民法院《关于确定民事侵权精神损害赔偿责任若干问题的解释》规定了对于具有人格利益因素的特定纪念物品受到侵害情形中的精神损害赔偿，但这尚不适用于国家赔偿领域。(4)属于精神损害后果严重。通常认为，对生命权的侵害“超出了正常生活所能容忍的界限的”程度，对身体、健康权的侵害达到一定伤残等级标准，可认定为属于精神损害后果严重。对于人身自由权的侵害，需综合考虑侵害人的主观状态、侵害手段、场合、行为方式和受害人的精神状态等具体情节加以判断。此外，如受害人所受精神损害能通过消除影响、恢复名誉、赔礼道歉这三种非财产性质的责任方式弥补的，不属于精神损害后果严重。

在本案中，朱红蔚提出了两项精神损害赔偿请求，即在深圳市和无锡市两地有影响力的报刊上赔礼道歉，消除影响，恢复名誉；支付精神损害抚慰金200万元。最高人民法院赔偿委员会经审理认为，朱红蔚因无罪羁押造成的精神损害，属于国家赔偿法规定的赔偿范围。(1)本案应当适用2010年修改后的《国家赔偿法》。广东省人民检察院批准逮捕的复核行为虽发生在2010年12月1日以前，但朱红蔚于2011年3月15日向广东省人民检察院提出赔偿请求，本案应根据2011年3月18日施行的最高人民法院《关于适用〈中华人民共和国国家赔偿法〉若干问题的解释》(一)(法释〔2011〕4号)

第2条第2项的规定,适用2010年修改后的《国家赔偿法》。(2)朱红蔚被无罪羁押,兼有财产损失和精神损害,由于国家赔偿法上精神损害赔偿以侵犯人身权而非财产权为前提,对这两种不同性质的损害应当通过不同的责任方式分别予以救济。一是对于财产损失,应当通过返还原物、恢复原状、损害赔偿的责任方式给予救济。广东省人民检察院根据《国家赔偿法》第33条的规定支付人身自由损害赔偿金,是对朱红蔚羁押期间丧失的工资、其他收入等财产损失给予的法定赔偿,其性质不属于精神损害赔偿。二是对于精神损害,应当通过赔礼道歉、恢复名誉、消除影响、支付精神损害抚慰金的责任方式给予救济。根据《国家赔偿法》第17条第2项和第35条的规定,朱红蔚因人身权被侵犯造成的精神损害,属于法定的国家赔偿范围。广东省人民检察院应当在侵权行为影响的范围内,承担消除影响,恢复名誉,赔礼道歉的责任方式;对于造成严重后果的,还应当支付相应的精神损害抚慰金。

本案中,朱红蔚因无罪羁押被侵犯的人身权属于精神性人格权,而非物质性人格权。人身权包括人格权和身份权,人格权又包括生命权、健康权、身体权等物质性人格权和人身自由权、名誉权、姓名权、肖像权等精神性人格权。就本案精神损害赔偿而言,区分物质性人格权和精神性人格权的意义在于:(1)判断精神损害后果严重的标准不同。精神损害赔偿针对的是侵权行为给受害人造成的心理和肉体上的无形痛苦,这种痛苦往往隐藏于受害人自身,具有个体差异,难以完全外现,也难以用金钱客观衡量,在人身自由权、名誉权等精神性人格权受到侵害时尤为如此。相对而言,对于物质性人格权的侵犯,一般有外在表现,造成的精神痛苦相对容易判断,可以根据定型化的标准认定。对于精神性人格权特别是人身自由权被侵犯的情形,由于该类人格权益很难外化且存在个体差异,在确定是否达到严重标准时,判断的因素较为繁多复杂。(2)精神损害赔偿的责任方式和赔偿标准不同。一般而言,侵犯物质性人格权(如致人死亡),是在物质上损害甚至消灭受害人的人格,造成的精神损害具有不可回复性;而侵犯精神性人格权(如侵犯人身自由),造成受害人精神利益的损害,通常不损及受害人的物质人格,造成的精神损害具有可回复性。基于此,对于侵犯物质性人格权造成的精神损害,往往适用金钱赔偿的责任方式;对于侵犯精神性人格权造成的精神损害，根据损害后果是否严重，可单独适用赔礼道歉、恢复名誉、消除影响的责任方式，亦可一并给予金钱赔偿；对于侵犯物质性人格权的精神损害赔偿金额通常高于侵犯精神性人格权的精神损害赔偿金额。上述区别决定了本案广东省人民检察院因侵犯朱红蔚精神性人格权，所承担精神损害赔偿的责任方式，以及酌定精神损害抚慰金数额时应当从严把握。

2. 关于第二个裁判要点的说明

第二个裁判要点的核心是对于国家机关及其工作人员在行使职权过程中侵犯公民人身权造成严重精神损害后果的，应当综合考虑哪些因素确定精神损害抚慰金的具体数额。

2001 年《最高人民法院关于确定民事侵权精神损害赔偿责任若干问题的解释》第 10 条规定了确定精神损害赔偿金数额时应考虑的六类因素：侵权人的过错程度；侵害的手段、场合、行为方式等具体情节；侵权行为所造成的后果；侵权人的获利情况；侵权人承担责任的经济能力；受诉法院所在地平均生活水平。该司法解释规定的这些考量因素，对于审理绝大多数涉及精神损害赔偿的案件具有重要意义。由于 2014 年《最高人民法院关于人民法院赔偿委员会审理国家赔偿案件适用精神损害赔偿若干问题的意见》尚未出台，《最高人民法院关于确定民事侵权精神损害赔偿责任若干问题的解释》第 10 条的规定也成为国家赔偿案件审理中适用精神损害赔偿的参考依据之一。具体而言，国家赔偿案件中确定精神损害抚慰金数额的考量因素包括以下几个方面：(1) 双方的过错程度。从过错程度上判断，侵权方过错越大，则责任越重，相应地给予受害人赔偿更多；反之亦然。受害人对精神损害事实和严重后果的产生或者扩大有过错的，可以根据其过错程度减少甚至不予支付精神损害抚慰金。(2) 侵权的具体情节，包括侵害的手段、场合、行为方式等。侵害的手段越恶劣、场合越公开、行为方式越粗暴，则对被侵害人造成的精神损害越大。(3) 侵权造成的后果。虽然直接判定精神损害的大小有一定的难度，但可以通过侵害造成的其他后果，如正常学习、工作、生活遭受影响的情况，又如所判罪名、刑罚的轻重的情况等，间接地判断精神损害的大小。(4) 侵权机关事后采取弥补措施的有效度。侵权机关事后采取的弥补措施越有效，则受害人受到的精神损害就可能越小，反之就可能越大。(5) 当地平均生活水平。可供参考的当地平均生活水平可以包括赔偿请求人住所地或者经常居住地平均生活水平,赔偿义务机关所在地平均生活水平,受诉法院所在地平均生活水平。此外,在2014年最高人民法院《关于人民法院赔偿委员会审理国家赔偿案件适用精神损害赔偿若干问题的意见》出台后,确定精神损害抚慰金数额还需注意体现法律规定的抚慰性质,原则上不超过依照《国家赔偿法》第33条、第34条所确定的人身自由赔偿金、生命健康赔偿金总额的35%,最低不少于1000元。

在本案中,朱红蔚被无罪羁押875天,其生产经营和家庭生活受到较大影响,造成了严重的精神痛苦,属于国家赔偿法上精神损害后果严重的情形,除应当赔礼道歉、恢复名誉、消除影响外,还应当给予精神损害抚慰金。根据《国家赔偿法》第35条的规定,凡是侵犯人身权造成精神损害的,应当消除影响,恢复名誉,赔礼道歉。广东省人民检察院应当在侵权行为影响的范围内,为朱红蔚消除影响,恢复名誉,赔礼道歉,但不以在报刊上赔礼道歉为必要条件。广东省人民检察院决定向朱红蔚口头赔礼道歉,并依法在职能范围内为朱红蔚恢复生产提供方便,并无违法。《国家赔偿法》第35条还规定,侵犯人身权造成严重后果的,应当支付相应的精神损害抚慰金。精神损害程度是判断受害人能否获得精神损害抚慰金以及确定抚慰金数额时,必须斟酌的最重要因素。国外立法例和我国民法上一般只对严重精神损害给予赔偿,对轻微精神损害,如能通过其他救济方式补偿,原则上不适用金钱赔偿的责任方式,以实现充分保护人权和防止诉讼泛滥之间的平衡。

最高人民法院赔偿委员会根据以下情形认定朱红蔚精神损害后果严重,并酌定精神损害抚慰金为5万元:(1)朱红蔚在一审宣告无罪前被羁押875天,失去人身自由时间较长,虽可通过支付人身自由损害赔偿金对其工资收入等财产损失给予有限的法定赔偿,但这种赔偿不属于精神损害赔偿性质,不能抚慰朱红蔚的精神伤害。(2)朱红蔚涉嫌犯合同诈骗罪一案因事实不清、证据不足宣告无罪,根据刑事诉讼法上无罪推定原则,其在法律上应当视为无罪之人,且《国家赔偿法》第17条第2项规定了无罪羁押赔偿的结果归责原则,存疑宣告无罪不成为免除或者减轻国家赔偿责任的法定理由。(3)朱红蔚在刑事追诉过程中受到羁押的事实,确对其生产经营和家庭生活造成了一定的负面影响:朱红蔚系深圳一和公司董事长和法定代表人,该公司自2005年朱红蔚被羁押以来未参加年检,不能正常经营;其女儿在朱红蔚被刑事拘留时未满 18 周岁,后患有抑郁症未愈。(4)2011 年 9 月 5 日,广东省公、检、法联合发布的《关于在国家赔偿工作中适用精神损害抚慰金若干问题的座谈会纪要》明确了该省赔偿精神损害抚慰金的参考标准,"以丧失人身自由的时间长短为主要依据,结合其他损害或者损失的情况综合确定……一年以上,三年以下的,五万元以下;精神损害后果特别严重的,十万元以下"。在本案协调过程中,广东省人民检察院口头表示愿意遵行该纪要支付相应的精神损害抚慰金。本案是最高人民法院赔偿委员会审理的首例涉及精神损害抚慰金的国家赔偿案件,鉴于精神损害抚慰金所具有的抚慰性质,以及在全国范围内统一裁判尺度的需要,精神损害抚慰金数额不宜过高。最终参考最高人民法院《关于确定民事侵权精神损害赔偿责任若干问题的解释》第 10 条确定精神损害赔偿数额应当考虑的因素,根据国家赔偿案件的实际情况,确定精神损害抚慰金为 5 万元。

(四)其他说明问题

本案中还涉及人身自由损害赔偿金的计算问题。《最高人民法院公报》"裁判摘要"将这一问题归纳为:"根据《最高人民法院关于人民法院执行〈中华人民共和国国家赔偿法〉几个问题的解释》第六条规定,人民法院赔偿委员会变更赔偿义务机关尚未生效的赔偿决定,应按照人民法院赔偿委员会作出赔偿决定时的上年度全国职工日平均工资标准,计算侵犯人身自由的赔偿金。"这一问题包括了侵犯人身自由时间的计算,以及具体计算标准的问题。

关于侵犯人身自由时间的计算问题,国家赔偿法没有作出明确规定。最高人民法院在实践中一直将羁押起始和结束之日均计算在内,比如对广西壮族自治区高级人民法院请示的高其峰申请柳城县人民检察院刑事赔偿一案,在〔2001〕赔他字第 4 号《关于检察机关采取刑事拘留后因证据不足决定撤销案件,应承担错误拘留刑事赔偿责任的答复》中认为:"《国家赔偿法》规定赔偿金是以日来计算,赔偿的天数应包括当日在内。"在本案中,朱红蔚于 2005 年 7 月 25 日被刑事拘留,2005 年 8 月 26 日被取保候审,2006 年 6 月 1 日被逮捕,2008 年 9 月 19 日被释放,包括羁押当日、取保候审当日和释放当日在内的实际羁押时间为 875 天,广东省人民检察院认定为 873 天,计算有误。朱红蔚未对人身自由损害赔偿提出异议,请求对广东省人民检察院支付人身自由损害赔偿金124254.09元的决定予以维持。为保障公民、法人和其他组织的合法权益,督促国家机关及其工作人员依法行使职权,人民法院赔偿委员会对经审理发现的错误应予纠正,并不以赔偿请求人的请求范围为限,故最高人民法院赔偿委员会将实际羁押时间计算为875天。

关于具体计算标准的问题,实质上是指在计算侵犯公民人身自由的赔偿金时如何确定"上年度"的问题。《国家赔偿法》第33条规定:"侵犯公民人身自由的,每日赔偿金按照国家上年度职工日平均工资计算。"根据最高人民法院《关于人民法院执行〈中华人民共和国国家赔偿法〉几个问题的解释》第6条的规定,"上年度"应为赔偿义务机关、复议机关或者人民法院赔偿委员会作出赔偿决定时的上年度。广东省人民检察院以其作出自赔决定的上年度即2010年度全国职工日平均工资142.33元为赔偿标准,并无不当。但变更广东省人民检察院尚未生效的自赔决定时,最高人民法院赔偿委员会应以作出生效赔偿决定的上年度即2011年度全国职工日平均工资为赔偿标准。

顾思辉申请新建县人民法院重审无罪赔偿案

江西省高级人民法院　万进福

一、案件类型

重审无罪赔偿

二、判决要旨

1.《国家赔偿法》第21条第3款所规定之“不起诉”，当包括起诉后撤销起诉的情形；所规定之“判决宣告无罪”，应限缩解释为“直接宣告无罪”，即需强调法院从未作出过有罪判决。

2. 如果法院曾作出过有罪判决，当适用《国家赔偿法》第21条第4款而非第3款；法院准许检察院撤诉之裁定当被第4款所规定之“无罪处理”情形。

3.《国家赔偿法》未明确规定复核审发回重审后作无罪处理的案件应该如何确定国家赔偿义务机关，法院审理案件时，应当将作出过有罪判决的法院确定为赔偿义务机关。

三、关键词

赔偿义务机关确定　法定刑以下判核准程序　准许撤回起诉与无罪处理

四、涉案主体及司法文书

赔偿请求人：顾思辉

赔偿义务机关：新建县人民法院

裁判机关及司法文书：

1. 南昌市中级人民法院于2012年3月6日作出(2012)洪刑二终字第40号刑事裁定；

2.南昌市中级人民法院赔偿委员会于2014年3月28日作出(2013)洪赔字第1号赔偿决定。

五、赔偿请求

1.被羁押损失76445.5元,取保候审损失58554元,精神抚慰金50000元;

2.在南昌市范围内对赔偿请求人消除影响,赔礼道歉,恢复名誉。

六、赔偿决定

决定驳回国家赔偿申请。

七、基本案情

2007年12月至2009年9月,赔偿请求人顾思辉虚构软件开发、投资工程等事实,以股权及高额利润回报为诱饵,多次从其妻妹涂小媛处骗取现金共计人民币666万元。2009年10月7日,顾思辉因涉嫌诈骗罪被新建县公安局刑事拘留,同年11月6日被新建县人民检察院逮捕。2010年1月25日,新建县人民检察院向新建县人民法院提起公诉。新建县人民法院于同年6月3日以(2010)新刑初字第50号刑事判决认定顾思辉犯诈骗罪在法定刑以下判处有期徒刑6年,罚金50000元,并向当事人送达了该判决。根据《刑法》第63条第2款规定,新建县人民法院的判决应当报最高人民法院核准才生效。在向上级法院报批时,南昌市中级人民法院以(2010)洪刑二复字第1号刑事裁定核准同意新建县人民法院的判决。2010年11月1日,江西省高级人民法院认为顾思辉诈骗的是亲属且积极退赃并得到受害人的谅解,新建县人民法院(2010)新刑初字第50号刑事判决量刑仍然偏重,故裁定撤销南昌市中级人民法院(2010)洪刑二复字第1号刑事裁定及新建县人民法院(2010)新刑初字第50号刑事判决,发回新建县人民法院重新审理。2010年12月29日,新建县人民法院经重新审理,以(2010)新刑初字第50-1号刑事判决认定顾思辉犯诈骗罪在法定刑以下判处有期徒刑3年,缓刑3年,罚金30000元,同时将该判决送达了当事人。南昌市中级人民法院于2011年1月20日以(2011)洪刑二复字第1号刑事裁定核准同意,并报江西省高级人民法院核准。江西省高级人民法院于2011年3月3日以(2011)赣刑二复字第3号刑事裁定核准同意,同时报最高人民法院核准。最高人民法院认为顾思辉虽采取了虚构、隐瞒等手段,但由于发生在近姻亲属之间且已出具收条并承诺还款，主观上不具有非法占有的目的，事实上形成实质上的借贷关系，其行为不构成诈骗罪，原审判决适用法律不当。据此，最高人民法院于2011年9月5日作出（2011）刑核字第28号刑事裁定：(1)不核准新建县人民法院（2010）新刑初字第50－1号刑事判决；(2)撤销新建县人民法院（2010）新刑初字第50－1号刑事判决；(3)撤销南昌市中级人民法院（2011）洪刑二复字第1号刑事裁定和江西省高级人民法院（2011）赣刑二复字第3号刑事裁定；(4)发回新建县人民法院重新审判。重新审判过程中，新建县人民检察院认为案件事实、证据有变化，决定撤回起诉。2012年1月17日，新建县人民法院以（2010）新刑初字第50－2号刑事裁定准许新建县人民检察院撤回起诉。赔偿请求人顾思辉不服提起上诉，认为公诉机关的撤诉理由不充分，要求改判无罪。2012年3月6日，南昌市中级人民法院作出（2012）洪刑二终字第40号刑事裁定认为上诉人的上诉请求于法无据，裁定驳回上诉，维持原裁定。2012年4月27日，新建县人民检察院向新建县公安局发出《检察建议书》，建议新建县公安局对案件作撤案处理。顾思辉于2011年1月21日由新建县人民法院决定取保候审。顾思辉共被关押470天。赔偿请求人顾思辉以重审无罪为由，向南昌市中级人民法院赔偿委员会申请国家赔偿，并提出下列赔偿请求：(1)赔偿义务机关新建县人民法院赔偿其被羁押470天的损失7644504元，取保候审12个月损失58554元，精神抚慰金50000元，共计人民币184999.5元；(2)赔偿义务机关新建县人民法院在南昌市范围内对赔偿请求人消除影响，赔礼道歉，恢复名誉。

南昌市中级人民法院赔偿委员会讨论集中在赔偿义务机关问题上，对此存在两种不同意见：第一种意见认为，本案的赔偿义务机关应为新建县人民检察院。因为新建县人民法院尽管在法定刑以下作出过有罪判决，但该一审判决在层报核准的过程中被最高人民法院裁定发回重审，后再重审过程中新建县人民检察院作出撤回起诉决定，新建县人民法院裁定准许撤回起诉，意味着新建县人民法院最终并未对赔偿请求人作出有罪判决，且本案系新建县人民检察院在案件审理过程中以案件事实、证据有变化决定撤回起诉的，对赔偿请求人进行羁押损害其合法权益的并非新建县人民法院而是新建县人民检察院，因此应当由作出逮捕决定的新建县人民检察院作为赔偿义务机关,对顾思辉被羁押470天进行国家赔偿。第二种意见认为,本案的赔偿义务机关应为新建县人民法院。因为新建县人民法院作出的法定刑以下判决尽管最终并未生效,但毕竟该案件进入了人民法院的审判程序,且已向顾思辉进行了有罪宣判,按照新修改国家赔偿法刑事赔偿责任后置的立法精神,只要经过了人民法院审判且宣告过有罪的,就应当由人民法院作为赔偿义务机关。虽然法定刑以下判决的核准程序依法不属于一级审理程序,且新建县人民法院作出的该判决未进入二审或者再审程序,但可以依据《国家赔偿法》第21条第4款规定的精神将本案的赔偿义务机关认定为新建县人民法院。

赔偿委员会最终采纳第二种意见,于2014年3月28日作出(2013)洪赔字第1号赔偿决定,指出本案"依照《国家赔偿法》第21条第1款、第22条第2款的规定,赔偿请求人要求赔偿,应当先向赔偿义务机关提出。本案的赔偿义务机关应为新建县人法院。赔偿请求人提出赔偿请求不符合法律的规定"。随后,赔偿决定书作出决定:"南昌市中级人民法院审判委员会经过讨论,决定驳回赔偿请求人顾思辉的国家赔偿申请。"

八、适用争点及裁决理由

本案涉及如何确定国家赔偿义务机关的问题。此问题于国家赔偿案件审理关系重大,因为根据《国家赔偿法》第22条第2款规定,"赔偿请求人要求赔偿,应当先向赔偿义务机关提出"。

本案当归入复核审发回重审后作无罪处理的一审案件的国赔案。《刑法》第63条第2款规定:"犯罪分子虽然不具有本法规定的减轻处罚情节,但是根据案件的特殊情况,经最高人民法院核准,也可以在法定刑以下判处刑罚。"该规定确立了法定刑以下判处刑罚的复核制度,以此为基础,人民法院构建了法定刑以下判处刑罚的一审、二审和复核审(如果没有上诉和抗诉,则只有一审和复核审)机制。本案所涉问题可以具体化为:在一审法定刑以下判决逐级层报最高人民法院核准过程中被最高人民法院发回一审法院重审,重审中人民检察院以案件事实、证据有变化决定撤回起诉,人民法院裁定准许撤诉案件中,应该如何确定赔偿义务机关?

南昌市中级人民法院赔偿委员会在案件讨论时发生了赔偿义务机关应当是新建县人民检察院还是新建县人民法院的争议,而赔偿申请人顾思辉向南昌市中级人民法院提出赔偿申请,由此似乎可以推论他将南昌市中级人民法院视作赔偿义务机关。由此,下文将分析本案为何当初确定新建县人民法院为赔偿义务机关,而不是新建县人民检察院,更不是南昌市中级人民法院或者江西省高级人民法院。

(一)新建县检察院是否应该成为赔偿义务机关

可以将新建县检察院确定为赔偿义务机关的法律基础是《国家赔偿法》第 21 条第 3 款:“对公民采取逮捕措施后决定撤销案件、不起诉或者判决宣告无罪的,作出逮捕决定的机关为赔偿义务机关。”仅从该款明面文字看,立法者将作出逮捕决定的检察机关确定为赔偿义务机关基本可以分为以下三种情形:

第一种情形是“对公民采取逮捕措施后决定撤销案件”。这一情形与本案无涉,因为“撤销案件”这一术语专门指向立案侦查行为,检察机关只能撤销自己立案侦查的案件(《刑事诉讼法》(2012 年)第 166 条),而本案由新建县公安局立案侦查,所以新建县人民检察院只能向公安局发出撤案建议——事实上它在 2012 年 4 月 27 日向新建县公安局发出的检察建议书中正是这么建议的——而无权作出撤案决定。

第二种情形是“对公民采取逮捕措施后决定不起诉”,这里当然指检察机关决定不提起公诉,这乍一看也与本案无关。新建县人民检察院提起过公诉,只是在新建县人民法院第二次重审过程中撤回了起诉,“撤回起诉”与“决定不起诉”自然不能完全等同,如果死扣法条文意,便会得出本案不属于第二种“决定不起诉”情形。问题是:“起诉后又撤回起诉”有无通过解释(显然是扩张性解释)或者类推适用而成为可以参照“决定不起诉”的行为?按照法学方法论通常的理解,扩张解释与类推的界限在于待决情形是否超过法定构成要件的词义范围,未超过者属于扩张解释,超过者属于类推。“撤回起诉”显然超出“决定不起诉”词义,所以问题只能指向是否允许类推。类推适用属于法官续造方式,通常认为其正当性要求要比法官解释法律来得高,尽管也有学者认为很多情形下两者难以区分且在非刑事案件中也无实质的区分意义。

首先,要思考的是,立法者没有规定“起诉后又撤回起诉”的情形属于有意为之还是没有考虑周全。如果立法者明知实践中有此情形而不作规定,那就需要进一步思考,立法者的此番不作为是想表示“起诉后又撤回起诉”不属于检察机关承担赔偿义务的情形,还是存在这样的可能,即立法者觉得这样的撤回行为等同于“决定不起诉”而无须专门规定。按一般经验讲,立法者故意不作为的可能性比较小,所以“故意不作为”这条思考线索可以暂时放下。最大可能是立法者当初考虑不周延,即没有预想到实践中存在“起诉后又撤回起诉”这种法律性质上与“不起诉”近似但毕竟不同的情形。这便产生了法学方法论上的所谓的法律漏洞,且属于开放式漏洞[①]。其次,要考虑是否应该将此“漏洞情形”即“起诉后又撤回起诉”——完整的表述其实应该是“起诉后但在法院判决前又撤回起诉”——赋予与“不起诉”相同的法律效果。如果作出肯定回答,则说明此处漏洞是开放式漏洞,当类推适用;反之则应该作出反面推论,即排除类推适用。此种考量在有些案件中会极其困难,但本案相对简单,略有法律经验就可以判断此两者应当被赋予相同法律效果。申言之,新建县人民检察院对顾思辉采取逮捕措施且“起诉后又撤回起诉”的行为,可以准用《国家赔偿法》第21条第3款规定而被确定为赔偿义务机关。

必须强调的是,此处只是暂时性结论,因为还需考察本案是否存在“判决宣告无罪”的第三种情形,从而能够直接适用《国家赔偿法》第21条第3款,更加重要的,还需要考察是否有其他支持相反结论且须优位适用的规定。(本案正是这种情况,因为下文讨论将会得出新建县人民法院为赔偿义务机关的结论)

第三种情形是“对公民采取逮捕措施后判决宣告无罪”的情形,与前两种情况相比——前两种情形的典型情况是案件还没有进入审判程序,本案实属例外——明显的不同是案件进入了审判阶段,但必须符合“判决宣告无罪”的条件。本案有4家法院介入程序,其中最高人民法院在(2011)刑核字第28号裁定中指出赔偿请求人顾思辉“虽然采取了虚构、隐瞒等手段,但由于发生在近姻亲属之间且已出具收条并承诺还款,主观上不具有非法占有的目的,事实上形成实质上的借贷关系,其行为不构成诈骗罪”,遂作出裁定,不核准新建县人民法院有罪判决(2010)新刑初字第50-1号判决,并撤

---

① [德]卡尔·拉伦茨:《法学方法论》,商务印书馆2003年版,第254页。

销此判决以及南昌市中级人民法院和江西省高级人民法院核准裁定。这便提出问题,即此种“无罪裁定”是否属于《国家赔偿法》第 21 条第 3 款的“判决宣告无罪”的情形。有同行可能会指出“裁判”与“判决”为不同的裁判形式,但如此回答仅仅是作了简单的文义解释,根本构不成阻碍法律作“复杂解释”(如扩张解释或限缩解释)甚或脱落词义的法律续造。换言之,当案件呈现进一步解释——此解释属广义解释概念,包括狭义法律解释和法律续造——的必要性和必然性时,法律适用者就应该开放思维。不管怎样,本案对此问题可以存疑不理,一是因为它的重要性会被接下来的“无罪判”问题所覆盖,二是下文将论证本案应当适用第 4 款而非第 3 款规定。

第二个“无罪判”问题是:新建县人民法院最后的准许撤诉的裁决,是否可以因其结果近似而类比为无罪判决。这一问题与前文关于“起诉后又撤诉”能否准用“不起诉”规则的问题,似乎完全同构。若然,刚才运用过的方法论技术也可以用在此处,即将立法者没有规定“准许撤诉裁决”看作开放式的法律漏洞,进而类推适用“判决无罪”之法律后果,也即确定新建县人民检察院为赔偿义务机关。当然如果认为应该赋予不同法律效果,那么当进行反面推论而作出不适用判断。考察的结果却是,此处的问题并不是“起诉后又撤诉”是否准用“不起诉”这么简单,而是需要先对《国家赔偿法》第 21 条第 3 款的“判决宣告无罪”作限定性解释,即需要加上“直接”的限定,也即法院不曾有过任何形式的定罪判决。此一结论在司法实践部门已经达成共识,也十分正确,但需要提出的是,这一限缩性结论并不能从第 21 条第 3 款直接读出来,司法界普遍认为它是由《国家赔偿法》第 21 条所蕴涵的责任后置吸收原则所决定的。

所谓责任后置吸收原则(以下简称后置原则),又被称作“责任递进转嫁原则”,是从《国家赔偿法:原理与案例》第 21 条所确立的便利申请人原则衍生发展出来的(也有法官说这是被识别出来的,并不能上升为原则),它的基本内容,是指当侦查、检察和审判等多个司法机关都有侵权行为时,由最后一个作出决定的机关作为赔偿义务机关[①]。此处必须强调,后置原则主要适用于申请人身自由权赔偿的刑事赔偿案件,不能随意扩展到比如侵害健康

---

① 参照沈岿:《国家赔偿法:原理与案例》,北京大学出版社 2011 年版,第 354 页。

生命权和财产侵害的赔偿请求上。1994 年《国家赔偿法》第 19 条第 4 款曾规定有共同赔偿义务机关,即该款第 2 句规定“二审改判无罪的,作出一审判决的人民法院和作出逮捕决定的机关为共同赔偿义务机关”。2010 年修法时废除了这项机制,修改为“二审改判无罪,以及二审发回重审后作无罪处理的,作出一审有罪判决的人民法院为赔偿义务机关”(第 21 条第 4 款)。这一修改被国赔界普遍视为后置原则的体现:它排除了“次最后机关”成为赔偿义务机关的可能,赔偿义务机关只能是“最后机关”。根据后置原则,如果案件进入审判程序且法院作过定罪判决,那么即便之后在二审或再审程序中被宣告为无罪,那也应该将作出过定罪判决的法院确定为赔偿义务机关。由此可以反推上去,即既然《国家赔偿法》第 21 条第 3 款规定的法律后果是“作出逮捕决定的机关为赔偿义务机关”,那该款规定的第三种“作出无罪判决”情形就只能被理解为法院直接作出无罪判决。此处有必要指出的是,在目前的司法实践中,后置原则可以无例外地适用于不同系统间赔偿义务机关的确定,但在同一机关系统内部有例外存在。具体是:逮捕与提起公诉不是同一人民检察院的,由作出逮捕决定的人民检察院作为赔偿义务机关。

关于“直接作出无罪判决”的解释,不仅从后置吸收原则可以推导出,也完全可以从《国家赔偿法》第 21 条第 4 款规定获得支持。第 4 款规定:“再审改判无罪的,作出原生效判决的人民法院为赔偿义务机关。二审改判无罪,以及二审发回重审后作无罪处理的,作出一审有罪判决的人民法院为赔偿义务机关。”很显然,此款所要规范的是审判机关在审级系统内将有罪判改为无罪判的情形,且将曾经作出有罪判决的法院确定为赔偿义务机关。将第 3 款和第 4 款对照着阅读——此所谓系统解释——也必然会将第 3 款的无罪判限缩解释为“直接作出无罪判决”。适用到本案,鉴于本案一审新建县人民法院作出过有罪判,所以即便本案的改判无罪情形无法归入第 4 款明面规定的情形(见下文详述),其准用的法律基础依然应该是第 4 款而不应倒回去适用第 3 款。南昌市中级人民法院审判委员会讨论此案时有少数意见持相反观点,即认为基于新建县人民法院最终作出的是准许撤诉的裁定而有罪判决,所以应该确定新建县人民检察院为赔偿义务机关。这一判断显然是错误的,不仅因为在“准许撤诉的裁定”问题上存在死守文意解释的方法论盲区，还在于没有意识到《国家赔偿法》第21条第2～4款规定的适用对象，原则上是以介入机关先后顺序依次排列下来的(此立法技术是为实施后置原则提供了方便)，在应适用第3款还是应适用第4款的问题上，核心点并不是新建县人民法院是否作出过有效有罪判决，而是看它或者其他法院有无作出过有罪判决。简述之，只要有法院作出过有罪判决，在赔偿义务机关确定问题上就排除了检察机关(前文分析第二种情况得出的临时性结论也就被"吸收"掉了)。

综上，新建县人民检察院尽管实施批捕，实际上对赔偿请求人顾思辉造成侵害，但根据《国家赔偿法》第21条第3款和第4款规定以及后置吸收原则，依然不是本案的赔偿义务机关。

（二）新建县人民法院是否应该成为赔偿义务机关

就新建县人民法院是否应该成为赔偿义务机关之问题，前文有两点结论应当作为分析起点：第一，由于本案作出过有罪判决，所以根据后置吸收原则，以及本案曾作出过有罪判决的事实，之前实施过刑拘、批捕的侦查、检察机关的赔偿义务就被后置的法院所吸收了，也即法院对全部羁押期限承担赔偿义务；第二，法院系统内部如何分配基于定罪判决引致的赔偿义务，其法律基础是《国家赔偿法》第21条第4款。

将《国家赔偿法》第21条第4款规定稍作语词变化，就可从中抽离出三则完全法条或完全规范①：一是如果一审或二审作出生效有罪判后再审改判无罪的，那么作出生效有罪判决的一审或二审法院为赔偿义务机关；二是如果一审作出有罪判后二审改判无罪的，那么作出有罪判决的一审法院为赔偿义务机关；三是一审法院作出有罪判，但在二审发回一审法院重审后作出无罪处理的，那么作出有罪判决的一审法院为赔偿义务机关。对照本案事实便会发现，这三则规范提供的三种有罪改为无罪情形，即再审改判无罪、二审改判无罪以及二审发回重审改判无罪，与本案事实构成均不相同，所以无法直接适用该款规定的法律后果。

如前所述，《国家赔偿法》第21条第4款的规范目的(之一)是，在若干介入过审判程序的法院中确定赔偿义务机关。从这一视角看，本款的规定

---

① 关于完全法条可参见[德]卡尔·拉伦茨：《法学方法论》，商务印书馆2003年版，第132页。

存在漏洞之处:第一,对于我国刑事诉讼制度,立法关注了"二审终审 + 再审"制度,忽略了死刑复核审以及法定刑以下判决复核审制度;而忽略了复核审,也就不会考虑到本案这样的由复核审法院发回重审后改判无罪。第二,即便关于最通常的审判程序,也没有穷尽可能地改判无罪的情形,比如由于抗诉不受不加刑的限制,所以理论上有罪判也可能是再审法院作出,而不一定只由一审或二审法院作出。如发回重审情形,除了规定的二审发回重审外,还有再审发回重审,以及有可能存在一审法院作无罪判而二审法院作有罪判,进而二审法院被发回重审后改判无罪的情形;如果考虑到再审法院可能指定给原审法院以外法院进行再审,后者作出有罪判决等。第三,有罪判决的改变除了改判无罪外,还可能像本案这样在作出重审判决之前案件就被撤销了。总之,立法没有穷尽现有法律框架内的、本应纳入本款规定的有罪改判无罪情形,于是,此处又出现了前文提到的漏洞,适用者需要利用法学理论中的漏洞填补技术加以补白。

《国家赔偿法》第21条第4款的漏洞及填补情况,相比之前第3款的情形要复杂一些,所以有必要对漏洞填补技术作一点概要性介绍[①]。学方法论的各类著作会提到多种填补漏洞的方法,但在理论和实践中最常见、也最重要的就是通过类推适用填补开放性漏洞。我们最为熟悉的类推是所谓的"个别类推",也叫"法律类推",是指将一则单一的法律规范准用到另一个未被规整的事实上。(如上文将"不起诉"情形的法律效果类推适用到未规定的"撤回起诉"情形上)单个类推适用的核心技术是,要判断待审案件情形与待用规范的事实构成要件是否足够相似,且两者的不同之处没有大到排除类推适用的地步。需要强调的是,决定可以且应当类推适用的构成相似点,必须落在那些对法律评价有关的关键事项上,至于哪些才是关键的评价元素,并不是通过简单的逻辑和语词比照,而是需要通过分析相关规范的基本精神才能确定。与个别类推对应,还存在所谓的"整体类推",是指从若干针对不同的构成要件赋予相同法效果的法律规定,得出"一般的法律原则",该原则在评价上也同样可以适用到法律并为规整的案件事实上。此外还有所

---

① 关于漏洞补白技术以及类推适用的运用原则,可以参见[德]卡尔·拉伦茨:《法学方法论》,商务印书馆2003年版,第285页以下;但本文以下论述已经把拉氏理论作了本土化处理。

谓的“回归法律所包含之原则”、取向“事物本质”等方法。这几种方式的共同点都是不能简单地将某一个规范直接类推于待审案件,而是先要从被类比规范中推导出一个与规范精神契合的新规则,然后再适用于未被规定的事实。必须指出的是,无论哪种漏洞填补方式,都充斥着无可回避的价值判断,也即仍应被看作一个价值判断过程,因为填补漏洞尽管受到部门法理学(法教义学)和法学方法规则的约束,这些约束仍允许得出不同甚至相反的法律适用结果。正因为如此,对于恰当的漏洞填补来说,良好的法律直觉很重要,但更重要的是要看能否对这一过程进行有理有节的陈述和论证,而不是把类推等漏洞填补的结果毫无论证或过于笼统地归为“根据立法精神”或“根据立法目的”。

就本案适用来说,既已判断存在开放式漏洞,首选补白方式便是进行个别类推。鉴于《国家赔偿法》第 21 条第 4 款规定了 3 项规范,第 1 项工作当查看是否能从中甄别出最适合规范作为类比对象。可以依次检验:第 1 项规范有两个构成要件,即一审或二审法院作生效有罪判决,以及再审改判无罪,本案一个要件都不符合;第 2 项规范也有两项要件,即一审法院作出有罪判但未生效,以及二审改判无罪,本案符合前一个要件,但后一个要件差异很大;第 3 项规范可以分解成三个要件,即一审有罪判但未生效、二审法院发回一审法院重审以及一审法院“重审后作无罪处理”,本案符合第一个要件以及第二个要件中的“发回重审”情节,以及虽然不像改判无罪那样属于第三个要件“重审后作无罪处理”的典型情形,但本案“准许检察院撤回起诉”与之有相当的亲缘性也是不可否认的。应该不难判断,上述 3 项规范中唯第 3 项最可能成为被类推规范。

一旦确定下被类推规范,便进入(个别)类推适用最核心的步骤,即判断系争事实和被类推规范构成的近似点是否足以支持类推,以及不同点是否足以排除类推适用。这看上去似乎是有先后顺序的两个步骤,其实实际操作起来对事实构成的相似性与相异性的比重进行衡量、比较,往往是“一步到位”的,尤其对于法感好的法官更是如此。而且,在本质上“相似”和“相异”就是一回事,因为当适用者在强调“相似”而不是“相同”时,其实就是在说两者是不同的。某种程度上讲,对于论证是否应该类推适用来说,重点和难点往往不在于论证具有相似性,而在于论证相异性的“微不足道”。有的时候,明面上是由借由相似性来论证类推适用的必要性和正当性,但真正的动因是适用者的认可了类推结论。对此本案是很好的范例。

本案事实构成与第3项规范事实构成相比,相似点似乎很明显,即都是发回重审,并且尽管案件的"准许撤诉裁决"情节是否属于"无罪处理"尚需讨论,但接近"无罪处理"。这也是第3项规范之所以胜出前两项规范的理由所在。不同点也很明显,即复核审法院毕竟不同于二审法院,准许撤诉裁决毕竟不是无罪判决。在复核审法院发回重审与二审法院发回重审是否足够相似问题上,估计绝大部分同仁都会给出肯定回答,似乎复核审程序与普通审级程序之间的差别不足为道。是否真的如此呢?其实并不那么理所当然:下文第3点分析就会显示,本案在核准有罪判的复核审法院是否可为赔偿义务机关问题上,南昌市中级人民法院显然持否定态度,否则根据前文讨论过的后置原则,就应该认定江西省高级人民法院为赔偿义务机关;尽管《赔偿决定书》中没有论及,但可以想象可能的理由一定是强调复核审程序不同于普通审程序。然而无可否认,核准有罪判的复核审法院也构成对被害人人身自由的侵害,且其行为性质与二审维持一审有罪判决没有本质区别,即都是在法定程序下阻止有罪判决而没有阻止。那么为何此处强调复核审与普通审的区别而忽略都存在侵害行为这一情节,但之前要忽略复核审和普通审之不同而强调"发回重审"这一情节呢?可能的答案是,这种区别对待的理由是,适用者在法律判断上认可作出有罪判决的一审法院为赔偿义务机关的决定,但希望将复核审法院排除在赔偿义务机关范围之外,尽管这有违被普遍认可的后置原则。

在此插叙上述分析,并不是说"复核审法院发回重审"与"二审发回重审"之间存在本质差别,以至于不能类推适用。恰恰相反,此二者的区别确实不属于涉及确定赔偿义务机关的核心价值判断的节点问题。换言之,如果本案中南昌市中级人民法院或江西省高级人民法院在第一次核准审时就发回一审重审,后者便作出"无罪处理"的话,那么类推适用第3项规则是完全没有问题的。然后本案存在一个既有规则完全没有考虑到的情节,即在最高人民法院作为终极复核审法院发回重审之前,还存在两级地方法院核准有罪判的情节。无论最终是否同意类推适用第3项规范,对于类推适用来说都应该分析,本案的核准有罪判决情节是否真的完全不足于成为排除类推的元素。结论暂时存疑,留待下文第三点讨论。

除了复核审这一点相异性外,本案还有一个因素需要讨论,即第 3 则规范要求重审法院发回重审后作“无罪处理”,但本案新建县人民法院的终局裁决是准许新建县人民检察院撤诉的裁决。这里就需要讨论,撤诉裁决能否解释为“无罪处理”的一种,以及若不能,能否判定此二者具支持类推的近似性,抑或反对类推的相异性。

讨论的起点在于如何理解“无罪处理”。有学者认为当包括三种情形①:一是一审改判无罪;二是一审法院在重新审理期间退回检察院补充侦查,检察院作出不起诉决定或者撤销案件决定;三是一审法院在重新审理期间,检察院要求撤回起诉,法院裁定准许撤诉后,检察院作出不起诉决定或者撤销案件决定的。此解释基本上得到了 2016 年 1 月 1 日起施行的最高人民法院、最高人民检察院《关于办理刑事赔偿案件适用法律若干问题的解释》的支持。该解释第 12 条第 1 款规定:“一审判决有罪,二审发回重审后具有下列情形之一的,属于国家赔偿法第二十一条第四款规定的重审无罪赔偿,作出一审有罪判决的人民法院为赔偿义务机关:(一)原审人民法院改判无罪并已发生法律效力的;(二)重审期间人民检察院作出不起诉决定的;(三)人民检察院在重审期间撤回起诉超过三十日或者人民法院决定按撤诉处理超过三十日未作出不起诉决定的。”尽管学理解释和司法解释在语词上有些许细微差别,但都明示本案情形属于第 4 款第二句的“无罪处理”。狭义的解释完成了不确定概念的理解,自然免去了类推适用的讨论必要。

至此可以得出以下结论:如果复核审法院被排除在赔偿义务机关范围外,那么本案类推适用《国家赔偿法》第 21 条第二句规定的话,可以确定新建县人民法院为赔偿义务机关。

(三)如何论证“有罪复核法院”不应为赔偿义务机关

经由前文铺垫,此处需要讨论的问题是:本案南昌市中级人民法院及江西省高级人民法院曾经核准过一审法院的有罪判决,那么根据后置原则是否应该确定江西省高级人民法院为赔偿义务机关?问题也可以是:为什么在法院系统内部“分配”赔偿义务机关的时候无须适用后置原则?此处有必

① 沈岿:《国家赔偿法:原理与案例》,北京大学出版社 2011 年版,第 358 页。

要对后置原则再次予以说明,即后置原则完全突破了侵权责任需符合全部构成要件以及数人侵权责任根据过错大小分配的基本规则,目的就是方便申请人申请。

《国家赔偿法》第 21 条第 4 款作为唯一可能准用的法律基础,其包含的 3 则规范的法律后果都没有涉及复核审法院责任内容,所以没有类推适用的空间。由此就当考虑采用前文提到的所谓的“回归法律所包含之原则”或取向“事物本质”等方法来填补法律漏洞。

先说“事物本质”方法。该方法通常指向所涉“事物”的相对明确而无须多加论证的特性,运用于本案意味着将作出类似“复核审法院即使有侵害行为也应依其本质而排出为赔偿义务机关”的判断。问题是,有何法律理论和法律经验能够支持认为复核审法院具有如此“事物本质”判断。首当其冲的论据应当指出复核审与一级审判程序是不同的程序,然而前文已经论述在“发回重审”问题上,一级审判程序发回还是复核审发回不构成价值判断的实质性区别,此处强调不同的话,仅仅提出不同是不够的,而是应该指出此不同何以本质到需要区别对待。此处需要回答:一级审判程序中的二审法院维持有罪判决,与复核审法院核准有罪判决,对于侵害赔偿申请人人身自由权来说到底有何本质区别,以至于前者应当课以赔偿责任(《国家赔偿法》第 21 条第 4 款第 1 句)而后者全无所谓?此处进行充分论证并不容易,使用“事物本质”方法予以论证并不顺手。

“回归法律所包含之原则”是一则更具弹性的漏洞补白方法,意味着透过现象看本质,类似于司法实务界超越文义解释时经常引用的“立法精神”,具体操作就是从既有一则规范或几则规范中读出一则或几则新的规范,视其为既有规范“所包含的原则”所推延出的规范,是否成立全在说理。适用到本案,支持排除复核审法院的可能解读可以是,比如基于《国家赔偿法》第 21 条第 4 款的三则规范仅仅规定一级审判程序的一审法院或二审法院为赔偿义务机关,便推导立法者有意排除复核审法院承担赔偿义务;或者认为通常一审、二审法院离申请人居住地较近,相较之于省级高级人民法院、最高人民法院更方便赔偿申请人行使权利,诸如此类。问题是,这样的判断是否有说服力呢?

南昌市中级人民法院在其赔偿书中直接驳回了申请人申请,其全部理由是："本院赔偿委员会认为，依照《国家赔偿法》第 21 条第 1 款、第 22 条第 2 款的规定，赔偿请求人要求赔偿，应当先向赔偿义务机关提出，本案的赔偿义务机关应为新建县人民法院。"如果存在类似复核审法院排除在赔偿义务机关范围外的规则，那么尽管从其所引用的条文并不能推导出这一结论，此结论还是正确无疑的。然而在既有规范体系中并不存在排除规则，那么法院裁判理应承担起必要的论证义务，即使这是困难的，抑或有其他理由。当然，是否在后置原则中规定一则将复核审法院排除为赔偿义务机关的例外规则，最终取决于法律政策，立法者或最高人民法院有责任予以明确。

倪海明申请内蒙古自治区包头市中级人民法院重审无罪赔偿案

北京航空航天大学法学院　初殿清
内蒙古自治区高级人民法院赔偿办

一、案件类型

重审无罪赔偿

二、判决要旨

1. 刑事案件二审法院两次以事实不清,证据不足为由,撤销一审有罪判决并裁定发回重审后,检察机关撤回起诉并告知公安机关撤销案件,赔偿请求人申请国家赔偿,应以发回重审后作无罪处理为由,进入国家赔偿程序,依法作出赔偿决定。

2. 尽管没有造成严重后果的证据,考虑到长期积压对赔偿申请人身心健康及社会评价等造成一定影响,酌情给予适当的精神损害抚慰金。

三、关键词

重审无罪赔偿　撤回起诉　精神损害

四、涉案主体及司法文书

赔偿请求人:倪海明

赔偿义务机关:内蒙古自治区包头市中级人民法院

裁决机关及司法文书:

1. 内蒙古自治区包头市中级人民法院于2009年1月21日作出(2008)包刑一初字第40号刑事附带民事判决;

2. 内蒙古自治区高级人民法院于2009年4月27日作出(2009)内刑三终字第46号刑事裁定;

3. 内蒙古自治区包头市中级人民法院于2009年12月15日作出(2009)包刑一初字第41号刑事附带民事判决;

4. 内蒙古自治区高级人民法院于2011年7月27日作出(2010)内刑三终字第92号刑事裁定;

5. 内蒙古自治区包头市人民检察院于重审期间作出内包检撤诉(2011)1号撤回起诉决定书;

6. 内蒙古自治区包头市中级人民法院于2011年9月2日作出(2011)包刑一初字第68号刑事裁定;

7. 内蒙古自治区包头市人民检察院于2011年9月2日作出内包检诉函(2011)99号撤销案件建议书;

8. 内蒙古自治区包头市白云鄂博矿区人民检察院于2011年9月5日作出包白检侦监撤强(2011)1号撤销强制措施决定书;

9. 内蒙古自治区高级人民法院于2014年8月7日作出(2013)内法委赔字第4号国家赔偿决定书。

五、赔偿请求

1. 错误羁押1402天的赔偿金;

2. 为其在居住地消除影响、恢复名誉、赔礼道歉;

3. 精神损害抚慰金300万元;

4. 追究错判人员的责任。

六、赔偿决定

1. 人身自由赔偿金281367.38元;

2. 消除影响、恢复名誉、赔礼道歉;

3. 精神损害抚慰金8万元;

4. 驳回其他申请。

七、基本案情

2007年11月3日,倪海明因涉嫌犯故意杀人罪被包头市公安局白云鄂博矿区分局刑事拘留,同年11月10日被逮捕。2009年1月21日,包头市中级人民法院作出(2008)包刑一初字第40号刑事附带民事判决,以故意杀人罪判处倪海明死刑、缓期两年执行,剥夺政治权利终身;被告人倪海明赔偿附带民事诉讼原告人陈世光、陈囍丧葬费10944元,交通费2903元,计13847

元。宣判后,被告人倪海明不服,提出上诉。2009年4月27日内蒙古自治区高级人民法院作出(2009)内刑三终字第46号刑事裁定,以事实不清,证据不足为由,撤销包头市中级人民法院(2008)包刑一初字第40号刑事附带民事判决,将此案发回重审。2009年12月15日,包头市中级人民法院作出(2009)包刑一初字第41号刑事附带民事判决,判决结果同上。宣判后,被告人倪海明不服,再次提出上诉。2011年7月27日,内蒙古自治区高级人民法院作出(2010)内刑三终字第92号刑事裁定,以事实不清,证据不足,撤销包头市中级人民法院(2009)包刑一初字第41号刑事附带民事判决,再次将此案发回重审。在重审期间,包头市人民检察院作出内包检撤诉(2011)1号撤回起诉决定书。2011年9月2日,包头市中级人民法院作出(2011)包刑一初字第68号刑事裁定,准许包头市人民检察院对被告人倪海明涉嫌犯故意杀人罪一案撤回起诉。2011年9月2日,包头市人民检察院向包头市公安局白云鄂博矿区分局发出内包检诉函(2011)99号撤销案件建议书,建议对倪海明涉嫌犯故意杀人罪一案作出撤销案件处理。2011年9月5日,包头市白云鄂博矿区人民检察院作出包白检侦监撤强(2011)1号撤销强制措施决定书,撤销对倪海明批准逮捕的决定。2011年9月5日倪海明被释放。2012年8月31日,倪海明向包头市中级人民法院申请国家赔偿。包头市中级人民法院立案受理后,告知倪海明该院不作出赔偿决定,倪海明向内蒙古自治区高级人民法院提出赔偿申请。

赔偿请求人倪海明申请称,其被无罪羁押1402天,在羁押期间精神和肉体饱受折磨,出狱后疾病缠身,抑郁苦闷,语言沟通能力退化,身体、生活受到极大损害,要求包头市中级人民法院赔偿错误羁押1402天的赔偿金;为其在居住地消除影响、恢复名誉、赔礼道歉;支付精神损害抚慰金300万元;追究错判人员的责任。

包头市中级人民法院辩称,倪海明因涉嫌犯故意杀人罪被包头市中级人民法院两次判处死刑、缓期2年执行。2011年内蒙古自治区高级人民法院发回重审后,包头市人民检察院撤回起诉,包头市白云鄂博矿区检察院撤销对倪海明的逮捕决定将其释放,倪海明被羁押1402天属实。包头市中级人民法院同意依据国家赔偿法的规定赔偿,但需说明,倪海明在邓道芳被杀案中仍被作为重要嫌疑人,请高级人民法院赔偿委员会在确定赔偿时予以考虑。

内蒙古自治区高级人民法院赔偿委员会认为，依据《国家赔偿法》第17条第2项的规定，并借鉴最高人民法院〔2011〕赔他字第10号《关于熊仲祥申请国家赔偿一案的答复函》，包头市中级人民法院准予包头市人民检察院撤回起诉的裁定，可视为对倪海明的刑事诉讼程序已经终结，该裁定即为对倪海明无罪的确认，倪海明被无罪羁押，应获得国家赔偿。根据《国家赔偿法》第21条，包头市中级人民法院应为赔偿义务机关。根据《国家赔偿法》第33条、最高人民法院《关于2014年作出的国家赔偿决定涉及侵犯公民人身自由权赔偿金计算标准的通知》的规定，应赔偿人身自由赔偿金281367.38元。根据《国家赔偿法》第35条的规定，倪海明被无罪羁押，其身体、精神和生活方面均发生改变，其和家人均受到很大伤害，故倪海明提出"消除影响、恢复名誉、赔礼道歉"的申请事项，应予支持。赔偿请求人倪海明提出赔偿其精神损害抚慰金的请求，虽然其没有提供造成严重后果的证据，但考虑到长期羁押确实对倪海明身心健康及社会评价等造成了一定影响，故酌定支付其精神损害抚慰金8万元。追究错判人员责任的申请，因不属于国家赔偿法调整范围，本案中未予考虑。

内蒙古自治区高级人民法院依照《国家赔偿法》第17条第2项、第21条、第33条、第35条和最高人民法院《关于人民法院赔偿委员会审理国家赔偿案件程序的规定》第19条第4项的规定，决定如下：

1. 赔偿义务机关包头市中级人民法院支付赔偿请求人倪海明人身自由赔偿金281367.38元。

2. 赔偿义务机关包头市中级人民法院支付倪海明精神损害抚慰金8万元。以上两项共计361367.38元。

3. 驳回赔偿请求人倪海明的其他申请。

八、适用争点及裁决理由

本案的适用争点在于：(1)是否应以重审无罪为由进入国家赔偿程序；(2)是否支持赔偿精神损害抚慰金。

（一）撤回公诉的程序效果

公诉案件的撤回起诉，在刑事诉讼法研究领域亦称撤回公诉，或在特定境下简称为撤诉,是公诉变更制度的具体形态之一。① 其理论基础是诉讼法上的起诉变更主义,由处分原则引申得出。② 认可起诉变更主义的国家或地区通常在诉讼立法上允许起诉方在提起诉讼后,一审阶段某特定时点前撤回起诉,如日本、韩国、我国台湾地区的相关立法例。

我国也是采取起诉变更主义的国家,但公诉案件的撤回起诉制度并未在现行《刑事诉讼法》中加以规定,而是出现于两高有关刑事诉讼的司法解释之中。最高人民检察院《人民检察院刑事诉讼规则》(试行)第459条第1款规定了检察机关撤回起诉的适用情形,其第4项"证据不足或证据发生变化,不符合起诉条件的"便是本案撤诉所属情形。此外,在我国,检察院撤回起诉的行为需经法院审查并获得准许的情况下方得实施,最高人民法院《关于适用〈中华人民共和国刑事诉讼法〉的解释》第242条规定:"宣告判决前,人民检察院要求撤回起诉的,人民法院应当审查撤回起诉的理由,作出是否准许的裁定。"

但长久以来,撤回公诉制度在司法实践中出现了功能异化,检察机关常常在案件出现胜诉无望的情况时,提出撤回起诉,法院也予以"配合",撤诉后若将案件退回补充侦查,往往又与公安机关纠缠不清,使被追诉人的地位一直处于不确定甚至羁押的状态。③ 最高人民检察院的相关文件中也坦言撤回公诉存在"随意性较大,诉了撤、撤了诉"的问题。④ 由此,撤回公诉应否产生终结诉讼进程之程序效果的问题成为理论与实务两界普遍关注内容,主要存在四种观点:第一种观点认为法律应直接规定撤回公诉具有终结诉讼进程的效力,检察院撤回起诉的法律文书与法院准予撤诉的裁定书两者便足以起到终结诉讼程序的作用,而不必再以不起诉制度加以帮衬;⑤第二种观点同样赞同撤回公诉具有终结诉讼进程的效力,但认为法律宜明确规定撤回起诉决定等同于不起诉处分,以防止滥用撤回起诉权;⑥第三种观点

---

① 公诉变更包括控诉内容的追加、变更、撤回三种形态。参见王新环:《公诉权原论》,中国人民公安大学出版社2006年版,第248页。

② 张建伟:《论公诉之撤回及其效力》,载《国家检察官学院学报》2012年第4期。

③ 陈光中:《论刑事诉讼中检察权的合理配置》,载《人民检察》2005年第7期。

④ 最高人民检察院2007年《关于公诉案件撤回起诉若干问题的指导意见》引言部分。

⑤ 张建伟:《论公诉之撤回及其效力》,载《国家检察官学院学报》2012年第4期。

⑥ 龙宗智:《论新刑事诉讼法实施后的公诉变更问题》,载《当代法学》2014年第5期。

认为撤回起诉只产生审理终止而非诉讼终止的效力；[①]第四种观点认为撤回起诉的效力是附条件将案件回到审查起诉阶段，所谓“附条件”，是指案件回到审查起诉阶段后，检察机关必须在一定时间内对案件作出不起诉决定。[②]其中，前两种实际上均秉持撤回公诉应具有终结程序效果的立场，而后两种观点在基本立场上是一致的，即认为撤诉本身不应具有终结程序的效力，但最后一种观点认为撤诉之后应当做进一步处理，从而使程序终结。

鉴于撤诉的不规范使用导致被追诉人人权遭到侵犯，最高人民检察院在2012年《人民检察院刑事诉讼规则》（试行）第459条第2款中明确要求：“对于撤回起诉的案件，人民检察院应当在撤回起诉后三十日以内作出不起诉决定。需要重新侦查的，应当在作出不起诉决定后将案卷材料退回公安机关，建议公安机关重新侦查并书面说明理由。”在2007年《关于公诉案件撤回起诉若干问题的指导意见》的基础上进一步明确了当前我国撤回公诉不直接具有终止程序的效果，而是通过随后必须作出的不起诉决定使诉讼程序终结。

（二）本案应否以重审无罪为由进入国家赔偿程序

以重审无罪为由进入国获赔偿程序需要满足《国家赔偿法》第21条第4款款第2句所规定的“二审发回重审后作无罪处理”这一限定条件，因为最高人民法院《关于国家赔偿案件案由的规定》中指出该案由源自于《国家赔偿法》第21条第4款。

展开相关讨论之前，首先需要说明的是，尽管“重审无罪赔偿”之案由源自于《国家赔偿法》第21条第4款，但此类案件的赔偿范围依据却是《国家赔偿法》第17条第2项。刑事赔偿的法定事项范围限定于《国家赔偿法》第17条、第18条，最高人民法院《关于国家赔偿案件案由的规定》之四“重审无罪赔偿”是根据第21条第4款第2句中对赔偿义务机关的特殊规定而单列。国家之所以对相关申请人承担赔偿责任，需要以法定赔偿事项范围为依据。在立法设计上，先有“赔偿范围”，而后方进一步明确该赔偿事项的具体“赔偿义务机关”。应当这样理解《国家赔偿法》第17条与第21条的关系：第17

① 申文宽：《论检察机关撤回起诉的法律效力》，载《法学杂志》2013年第4期。

② 朱孝清：《试论刑事撤诉》，载《人民检察》2013年第18期。

条第2项所言赔偿范围的赔偿义务机关通常情况下是“作出逮捕决定的机关”(第21条第3款),但在二审无罪或重审作无罪处理的情况下,法律为了确保申请人获得赔偿的权利得到有效实现,对赔偿义务机关作出了特殊规定(第21条第4款第2句)(有观点认为此立法采取了“责任递进转嫁原则”①)。同时值得说明的是,第21条第4款中的“无罪处理”并非仅指判决宣告无罪,而是包括撤销案件、不起诉和判决宣告无罪三种情形。②

之所以特别指出本案具体系属的法定赔偿范围,是为了厘清下文关于本案是否符合赔偿责任构成的分析基础,该基础是《国家赔偿法》第17条第2项,而非第21条第4款第2句,仅在判断赔偿义务机关时才会涉及后者。

本案相关讨论缘起于案件发回重审后没有出现撤销案件、不起诉或判决宣告无罪等三种法定“无罪处理”情形之一,而是检察机关撤回起诉,而撤回公诉在诉讼法上又没有被赋予直接终结诉讼的程序效力。因此对于程序是否终结、是否可以认定为已作无罪处理,产生了困惑。笔者赞同本案决定书中倪海明案刑事诉讼程序已经终结的判断。该决定参照了最高人民法院〔2011〕赔他字第10号关于熊仲祥申请国家赔偿一案的答复函,用于分析论证本案是否属于已经终结的刑事案件,以及是否可以视为已作出无罪处理。对此,笔者认为,尽管理论上对“撤回起诉”的程序效力存在多种观点,在《刑事诉讼法》尚未明确赋予“撤回起诉”以终结诉讼效力,且《国家赔偿法》亦未将之与“撤销案件、不起诉、判决宣告无罪”三者一并写入赔偿范围一节的当前立法现状下,法院起诉为由作为本案赔偿依据,选择最高人民法院典型案例为借鉴的做法是恰当且慎重的。在熊案的批复中,最高人民法院认为“结合本案具体情况,乐山是中级人民法院准许乐山市人民检察院撤回起诉的裁定,可视为本案刑事诉讼程序已经终结”。从无罪推定原则以及我国相关制度的角度,可以对该批复做如下学理理解:尽管我国刑事诉讼法尚未全面确立无罪推定原则,但已有相关制度体现其精神,例如,一审程序中规定在事实不清、证据不足的情况下,应当作出无罪判决。根据我国相关司法解释,提请撤回公诉的案件需经法院审查准许后,由法院作出准许撤回起诉的

---

① 沈岿:《国家赔偿法:原理与案例》,北京大学出版社2011年版,第354页。

② 刘志远:《国家赔偿法刑事赔偿部分修改解析》,载《人民检察》2010年第10期。

裁定。如果将该审查理解为实质性审查的话，便意味着法院在对案件作出此种程序性处理的同时，在案件实体上已经形成证据不足之判决，这与作出证据不足之无罪判决之时的心证是相同的。

本案之所以以熊案为借鉴，是因为两案存在相似之处，即发回重审后，一审法院并未判决宣告无罪，而是裁定允许检察院撤诉。这里，考虑到解决未来案件法律适用时可能出现的其他情况，可以进一步界分本案与熊案之间的不同：熊案之所以产生争议，是因为撤诉后不仅未有终结程序之相关诉讼行为，而且将案件退回公安机关补充侦查，检察院和公安机关均未有终结程序之任何表示，由此赔偿义务机关认为“该案还没有终止追究刑事责任，熊仲祥提出的国家赔偿请求不属于《国家赔偿法》第 17 条第 2 项规定的赔偿范围”。[①] 但在本案（倪海明案）中，检察机关撤诉后，向公安机关发出了撤销案件建议书，亦即已发出结案处理之建议，而“撤销案件”的诉讼行为在刑事诉讼法上明确具有终结诉讼之程序效力，并且“撤销案件”属于国家赔偿法上“无罪处理”的具体内涵之一。[②] 因此，在倪海明案中，相关机关对案件做终结诉讼程序处理的态度是基本明确的，倪案是否以无罪处理方式终结的确定性程度高于熊仲祥案。

具体来讲，熊案和倪案邱撤回公诉都发生于 2012 年之前，当时尚无 2012 年《人民检察院刑事诉讼规则》（试行），用于指导撤诉相关问题的是 2007 年《关于公诉案件撤回起诉若干问题的指导意见》，其第 11 条规定“对于撤回起诉的案件，人民检察院应当在撤回起诉后七日内作出不起诉决定，或者书面说明理由将案卷退回侦查机关（部门）处理，并提出重新侦查或者撤销案件的建议”。熊仲祥案的检察机关将案件退回公安机关补充侦查，而倪海明案的检察机关建议公安机关撤销案件，两者对案件的处理态度是截然相反的。

鉴于 2012 年《人民检察院刑事诉讼规则》（试行）第 459 条第 2 款已明确“对于撤回起诉的案件，人民检察院应当在撤回起诉后三十日以内作出不

---

① 四川省高级人民法院《关于熊仲祥请求乐山市中级人民法院刑事赔偿一案的请示报告》。

② 《国家赔偿法》第 21 条第 4 款中的“无罪处理”包括撤销案件、不起诉和判决宣告无罪三种情形，而非仅仅指判决宣告无罪。参见刘志远：《国家赔偿法形式赔偿部分修改分析》，载《人民检察》2010 年第 10 期。

起诉决定”,取消了“或者书面说明理由将案卷退回侦查机关(部门)处理”的选择性规定,检察机关在撤回起诉后必须作出不起诉决定,自此之后的案件中,撤回公诉的诉讼行为便与不起诉决定在制度层面上产生了必然联系,进而使撤回公诉的案件在《国家赔偿法》第17条第2项中能够直接找到出口。

(三)拘留天数应否纳入本案赔偿天数加以计算

本案中赔偿申请人申请赔偿1402天的人身自由赔偿金,该天数包括了拘留羁押的天数在内。拘留天数是否应当纳入本案赔偿天数加以计算?

拘留与逮捕都是刑事诉讼中的羁押性强制措施,两者在我国法律上的不同在于措施属性。具体来讲,拘留具有紧急性、临时性、过渡性,其适用对象只能是现行犯或重大嫌疑分子。拘留是在法定紧急情况下采用的处置方法,同时,拘留也是一种临时性措施,经过侦查机关分析判断后一定要发生变更,或者转为逮捕,或者转为取保候审、监视居住,或者释放被拘留人。[①]这种紧急性和临时性决定了,一方面,采取拘留措施时难以像采取逮捕措施时那样反复审查论证,一定程度上讲,效率的价值考量会被置于较为靠前的位置;另一方面,与逮捕相比,拘留措施与案件处理结果在一致性上的契合度可能更弱,换言之,逮捕之后获得有罪处理的概率按照事物逻辑应高于拘留之后获得有罪处理的概率。鉴于拘留措施的上述特点,法律对该措施的评价集中于合法性,亦即拘留的发动是否依法进行。现行《国家赔偿法》中,对刑事拘留相关赔偿采用了违法归责原则,而对逮捕相关赔偿采用了结果归责原则,归责原则上的不同设计在一定程度上是基于上文所言两者性质不同的考量。根据现行法,对刑事拘留行为是否进行赔偿并非看案件结果(《国家赔偿法》第17条第1项前半句),或者不仅看案件结果(《国家赔偿法》第17条第1项后半句),而是须以拘留的违法性为前提。

本案中的拘留行为,至少从既有案情观之,并不存在非法拘留或超期拘留的情况。《刑事诉讼法》第80条规定了刑事拘留的启动条件:“公安机关对于现行犯或者重大嫌疑分子,如果有下列情形之一的,可以先行拘留:(一)正在预备犯罪、实行犯罪或者在犯罪后即时被发觉的;(二)被害人或者在场亲眼看见的人指认他犯罪的;(三)在身边或者住处发现有犯罪证据的;

① 陈光中:《刑事诉讼法》(第五版),北京大学出版社2013年版,第234页。

(四)犯罪后企图自杀、逃跑或者在逃的;(五)有毁灭、伪造证据或者串供可能的;(六)不讲真实姓名、住址,身份不明的;(七)有流窜作案、多次作案、结伙作案重大嫌疑的。"本案拘留措施的发动并不存在违法。再看是否存在超期拘留的问题。根据《刑事诉讼法》的规定,合法的拘留天数一般不超过3~7天(加上检察院的7日审查期,一般不超过10~14天),涉嫌流窜作案、多次作案、结伙作案的可以延长至30天(加上检察院的7日审查期,最长可以是37天)。2007年11月3日倪海明被拘留,同年11月10日被检察院批准逮捕,拘留天数为7天,属于合法的拘留天数范围,因而本案也不存在超期拘留的问题。

综上,本案的拘留措施因不具有违法性,而不属于《国家赔偿法》上的赔偿范围,将拘留羁押天数一并计入赔偿天数的决定值得商榷。

(四)精神损害抚慰金的确定

国家赔偿的精神损害抚慰金制度确立于现行《国家赔偿法》第35条"有本法第三条或者第十七条规定情形之一,致人精神损害的,应当在侵权行为影响的范围内,为受害人消除影响,恢复名誉,赔礼道歉;造成严重后果的,应当支付相应的精神损害抚慰金",实现了国家赔偿中精神损害赔偿制度的重大发展。据此,由于《国家赔偿法》第3条或者第17条规定情形之一而致人精神损害的,存在两种责任方式:一是为受害人消除影响,恢复名誉,赔礼道歉;二是支付相应的精神损害抚慰金。两者之间的区分界限在于是否"造成严重后果"。

2014年最高人民法院《关于人民法院赔偿委员会审理国家赔偿案件适用精神损害赔偿若干问题的意见》第4点中对如何认定是否"致人精神损害"和"造成严重后果"作出了指引:"一般情形下,人民法院赔偿委员会应当综合考虑受害人人身自由、生命健康受到侵害的情况,精神受损情况,日常生活、工作学习、家庭关系、社会评价受到影响的情况,并考量社会伦理道德、日常生活经验等因素,依法认定侵权行为是否致人精神损害以及是否造成严重后果。(第二款)受害人因侵权行为而死亡、残疾(含精神残疾)或者所受伤害经有合法资质的机构鉴定为重伤或者诊断、鉴定为严重精神障碍的,人民法院赔偿委员会应当认定侵权行为致人精神损害并且造成严重后果。"

在判断具体个案中是否应当支付精神损害抚慰金时,应强调两方面问题:第一,强调法定性。这一点在最高人民法院《关于人民法院赔偿委员会审理国家赔偿案件适用精神损害赔偿若干问题的意见》中亦有体现。在适用精神损害赔偿条款所应遵循的原则中,该意见首要提及的便是"依法赔偿原则",要求"严格依照国家赔偿法的规定,不得扩大或者缩小精神损害赔偿的适用范围,不得增加或者减少其适用条件"。第二,强调说理。分析上述意见第4点的具体内容可以发现,其一,是否存在精神损害以及造成严重后果的判断不是抽象的,而是需要通过若干具体要素加以分析;其二,有些情形可以直接认定已造成严重后果,但并非只有存在这些情形时才能认定造成严重后果,其他情形也可以用来说明精神受损情况已经达到造成严重后果的程度,但需要法官予以充分论证。

考察典型案例中与精神损害抚慰金相关的法律适用,即存在"造成严重后果"的情况,通常会结合个案特点加以论证,例如,张留军案中论证的理由是"无罪被错判并长期羁押,妻子离家出走,孩子无法照管"①,朱红蔚案中论证的理由是"正常的家庭生活和公司经营因此受到影响"②,又如普发成案中论证的理由是"赔偿请求人承包土地被收回、户口被注销、房屋倒塌,使得两人失去了对未来生活的预期"③等。规则与实务操作之间的有机连接需要通过相关证据和充分说理加以实现。

倪海明案对是否支付精神损害抚慰金问题的处理可以认为是相对合理的。一方面,当时最高人民法院的意见尚未出台,各地适用情况缺乏统一指引,该院在此种情况下作出了给予精神赔偿的决定而且数额较高,遵循了有利于赔偿请求人的指导原则,体现出对赔偿请求人人权的充分保障;另一方面,本案赔偿数额也与最高人民法院后来出台的《关于人民法院赔偿委员会审理国家赔偿案件适用精神损害赔偿若干问题的意见》要求相一致,即"原

---

① 张留军申请河南省平顶山市中级人民法院重审无罪国家赔偿案(河南省高级人民法院赔偿委员会(2011)豫法委赔字第6号家赔偿决定书)。

② 朱红蔚申请广东省人民检察院无罪逮捕国家赔偿案(最高人民法院赔偿委员会(2011)法委赔字第4号国家赔偿决定书)。

③ 四川省高级人民法院《关于齊发成、锌发能请求成都铁路运输中级法院支付精神损害抚慰金国家赔偿一案的请示报告》。

则上不超过依照《国家赔偿法》第三十三条、第三十四条所确定的人身自由赔偿金、生命健康赔偿金总额的百分之三十五,最低不少于一千元”。但如果能够通过证据认定“造成严重后果”的事实,在文书中加以说理就更符合严格依法赔偿的基本原则。本案当前决定中对给予精神损害抚慰金的理由论证是“虽然其没有提供造成严重后果的证据,但考虑到长期羁押确实对倪海明身心健康及社会评价等造成了一定影响,故酌定支付其精神损害抚慰金8万元”,上述理由能够支持“致人精神损害”,但是否足以支持“造成严重后果”值得进一步研讨。

张留军申请河南省平顶山市中级人民法院重审无罪赔偿案

上海师范大学法政学院　韩思阳
河南省高级人民法院　王沙沙

一、案件类型

重审无罪赔偿

二、判决要旨

1. 受害人被以涉嫌严重刑事犯罪长期羁押并被判处重刑,且对其家庭造成严重影响,属致人精神损害"造成严重后果"的情形,应给予精神损害赔偿。

2. 精神损害赔偿数额应结合受害人精神损害的程度、具体后果及当地经济发展状况等各种因素确定。

三、关键词

溯及力　精神损害抚慰金　刑事赔偿

四、涉案主体及司法文书

赔偿请求人:张留军

赔偿义务机关:河南省平顶山市中级人民法院

裁决机关及司法文书:

1. 河南省平顶山市中级人民法院于2006年3月28日作出(2006)平刑初字第35号刑事附带民事判决;

2. 河南省高级人民法院于2010年12月3日作出(2010)豫法刑四终字第232号刑事附带民事裁定;

3. 河南省平顶山市中级人民法院于2011年1月25日作出(2011)平法

赔字第 2 号国家赔偿决定；

4. 河南省高级人民法院于 2011 年 6 月 20 日作出（2011）豫法委赔字第 6 号国家赔偿决定。

五、赔偿请求

河南省平顶山市中级人民法院：

1. 被错误羁押 2065 天的赔偿金；

2. 返还财产 800 元；

3. 赔偿精神损失费；

4. 生活困难补助款。

河南省高级人民法院：

1. 依法撤销河南省平顶山市中级人民法院（2011）平法赔字第 2 号赔偿决定；

2. 按照 2010 年度全国职工平均工资进行赔偿；

3. 赔偿精神损害抚慰金 80 万元；

4. 给予生活困难补助 20 万元。

六、赔偿决定

河南省平顶山市中级人民法院：

赔偿张留军被限制人身自由 2065 天的赔偿金 259012.95 元；

驳回其他诉讼请求。

河南省高级人民法院：

撤销河南省平顶山市中级人民法院（2011）平法赔字第 2 号赔偿决定；

河南省平顶山市中级人民法院支付张留军被羁押 1976 天的赔偿金 281244.08 元、精神损害抚慰金 50000 元；

驳回张留军的其他赔偿请求。

七、基本案情

2005 年 1 月 30 日，河南省平顶山市石龙区公安局以涉嫌故意杀人为由作出平龙公刑监字（2005）16 号决定，对张留军监视居住。2005 年 2 月 4 日，该局作出平龙公刑拘字（2005）17 号拘留决定，对张留军刑事拘留。同日，该局以张留军结伙抢劫致人死亡为由作出延长拘留期限通知书，对其延长拘留至 2005 年 3 月 6 日。2005 年 3 月 3 日，该局向河南省平顶山市石龙区人民检察院提请批捕。2005年3月10日,该检察院以事实不清、证据不足为由,对张留军不予批捕。2005年3月11日,该局作出平龙公刑释字(2005)5号释放通知书。同日,该局又作出平龙公刑监字(2005)19号决定书,对张留军监视居住。2005年5月30日,该局再次以张留军涉嫌抢劫犯罪为由提请批捕。2005年6月3日,该检察院批准逮捕。该局于6月4日执行逮捕。2006年3月28日,河南省平顶山市中级人民法院作出(2006)平刑初字第35号刑事附带民事判决,以抢劫罪判处被告人张留军死刑,缓期2年执行,剥夺政治权利终身;判令被告人张留军与另一被告人共同赔偿附带民事诉讼原告人经济损失79764.75元。宣判后,被告人张留军不服,提起上诉。经审理,河南省高级人民法院以原判认定张留军犯抢劫罪事实不清、证据不足为由,发回河南省平顶山市中级人民法院重新审判。该法院经重审认为,公诉机关指控张留军抢劫杀人的证据,尚未满足"确实、充分"的认定标准。判决被告人张留军无罪,不承担民事赔偿责任。2010年9月25日,张留军被释放。附带民事诉讼原告人不服原审判决,向河南省高级人民法院提出上诉。河南省高级人民法院于2010年12月3日作出(2010)豫法刑四终字第232号刑事附带民事裁定,驳回上诉,维持原判。

2010年12月14日,张留军以被错误羁押为由向河南省平顶山市中级人民法院提出国家赔偿申请。2011年1月25日,该法院作出(2011)平法赔字第2号赔偿决定。该决定认为赔偿请求人张留军共被限制人身自由2065天,按2009年度全国职工日平均工资125.43元计算,其赔偿金为259012.95元。对张留军的国家赔偿应适用1994年《国家赔偿法》,而1994年《国家赔偿法》没有规定精神损害赔偿,故其关于赔偿精神损害抚慰金的请求不予支持。该院依照《国家赔偿法》第17条第2项、第20条、第21条第4款之规定,决定赔偿张留军被限制人身自由赔偿金259012.95元。张留军被采取刑事强制措施时,其妻子已怀孕待产,于2005年2月产下次子,抚养一段时间后离家出走,孩子随其二伯生活。未成年的长子缀学。

河南省高级人民法院赔偿委员会认为,根据最高人民法院《关于适用〈中华人民共和国国家赔偿法〉若干问题的解释》(一)第2条第2项的规定,对张留军的国家赔偿应适用2010年修正的《国家赔偿法》。根据修正的《国家赔偿法》第17条的规定,监视居住不属于法定刑事赔偿范围,因此,对于张留军2005年1月30日至2月3日、3月12日至6月3日被减速机居住的期间,国家不承担赔偿责任。对张留军被羁押的1976天,应按照2010年度国家职工日平均工资142.33元计算,依法给予国家赔偿。河南省平顶山市中级人民法院将张留军被监视居住的期间计算在赔偿范围之内,并按照2009年度全国职工日平均工资标准计算赔偿金有误,应予纠正。张留军被以涉嫌严重刑事犯罪长期羁押并被判处重刑,其妻子离家出走、孩子无法照管,使其遭受严重精神伤害,其关于支付精神损害抚慰金的请求应予支持。张留军请求支付生活困难补助款,因不属于国家赔偿的范围,不予支持。根据《国家赔偿法》第17条、第21条第4款、第33条、第35条,最高人民法院《关于人民法院赔偿委员会审理国家赔偿案件程序的规定》第19条之规定,遂于2011年6月20日依法作出(2011)豫法委赔字第6号国家赔偿决定:(1)撤销河南省平顶山市中级人民法院(2011)平法赔字第2号赔偿决定;(2)河南省平顶山市中级人民法院支付张留军被羁押1976天的赔偿金281244.08元、精神损害抚慰金50000元;(3)驳回张留军的其他赔偿请求。

八、适用争点及裁决理由

本案涉及的问题主要有三个:(1)适用1994年《国家赔偿法》还是2010年《国家赔偿法》?(2)是否符合精神损害赔偿责任的适用条件?(3)精神损害赔偿数额如何确定?

(一)适用1994年《国家赔偿法》还是2010年《国家赔偿法》

修正前的国家赔偿法没有向受害人支付精神损害赔偿的规定,修正后的《国家赔偿法》第35条确立了我国国家赔偿中的精神损害赔偿制度,但对2010年12月1日前的侵权行为是否适用修正的国家赔偿法给予精神损害赔偿,成为极具争议的问题。本案中,张留军2005年1月30日被采取刑事强制措施,2010年9月25日被无罪释放,其被错误羁押的行为发生于修正的国家赔偿法施行之前,那么对张留军的国家赔偿是否应当依据修正的《国家赔偿法》第35条的规定给予精神损害赔偿?一种观点认为,"实体从旧,程序从新"是适用法律的基本规则,对于侵权行为发生于2010年12月1日以前的,即使造成精神损害,也只能适用修正前的国家赔偿法的规定处理,不能给予精神损害赔偿,否则,对以前已作出赔偿决定的受害人不公平,也容易引起新的争议。另一种观点认为,修正的《国家赔偿法》第35条的规定更利于保护受害人的合法权益,弥补其实际受到的伤害。修正的国家赔偿法施行前没有作出生效赔偿决定的,应当适用修正的国家赔偿法,符合法定条件的,应当给予精神损害赔偿。平顶山市中级人民法院2011年1月25日作出赔偿决定时,采纳了前述第一种观点,没有支持张留军赔偿精神损害赔偿的请求。2011年3月18日最高人民法院公布了《关于适用〈中华人民共和国国家赔偿法〉若干问题的解释》(一),对修正前后的国家赔偿法的适用问题作出了具体规定,基本采纳了后一种观点。正是根据该解释第2条之规定,河南省高级人民法院赔偿委员会支持了赔偿请求人张留军关于赔偿精神损害赔偿的请求。

(二)是否符合精神损害赔偿责任的适用条件

《国家赔偿法》第35条规定:"有本法第三条或者第十七条规定情形之一,致人精神损害的,应当在侵权行为影响的范围内,为受害人消除影响,恢复名誉,赔礼道歉;造成严重后果的,应当支付相应的精神损害抚慰金。"根据该规定,精神损害赔偿的适用条件可概括为:

1.必须具有《国家赔偿法》第3条、第17条规定的侵犯人身权的情形之一,即只有受害人的人身自由权、健康权、生命权被侵犯才可能产生精神损害赔偿。如果是财产权受到侵犯则不发生精神损害赔偿问题。

2.必须有造成精神损害的事实。如侵权行为造成受害人产生心理或生理上的痛苦、不安或精神异常;个人尊严、威信和社会评价降低;精神利益丧失或减损等。

3.必须造成严重后果。这是赔偿义务机关向受害人支付精神损害赔偿承担国家赔偿责任的特殊条件。如果虽有精神损害,但无严重后果,赔偿义务机关应当为受害人消除影响、恢复名誉、赔礼道歉,无须赔偿精神损害。司法实践的难题是,如何界定造成了"严重后果"。一般来说,认定是否造成严重后果,应当对侵权行为的严重程度、侵权行为造成的实际后果等相关因素进行综合考量,既要考察个案的特殊性,又要注意不同案件之间的平衡。但客观上这是一个自由裁量余地较大的问题。如在刑事赔偿中,受害人被错误判处重罪、严重影响声誉的犯罪或重刑,或者被错误羁押时间较长,或者造成重伤、残疾、死亡、精神障碍或精神疾病、造成家庭变故等,一般认为属于造成了"严重后果"。但造成严重后果的最低标准并不明确,实践中必然会仁者见仁,智者见智。这就需要司法实践积累经验,并需要在积累一定实践经验的基础上日趋规范。

本案中,张留军被错误认定抢劫杀人,并被一审判处死缓,被错误羁押、监视居住 2065 天,其被采取刑事强制措施后,妻子离家出走,孩子上学、成长受到严重影响,无疑使其精神上受到极大伤害,属于"造成严重后果"的情形,应当给予其精神损害赔偿。

根据《国家赔偿法》第 35 条的规定,本案作出了有利于受害人的判决,但从中仍可看出"严重后果"作为不确定法律概念过于模糊的问题。本案判决以后,2014 年 7 月 31 日颁布了最高人民法院《关于人民法院赔偿委员会审理国家赔偿案件适用精神损害赔偿若干问题的意见》(法发〔2014〕14 号),该意见一定程度上解决了此问题。综合最高人民法院《关于人民法院赔偿委员会审理国家赔偿案件适用精神损害赔偿若干问题的意见》的内容,我们可以将精神损害赔偿归纳为以下几个要件。

1. 前提要件:公民的人身权益受到侵犯,并由此产生精神损害。

2. 实质要件:精神损害达到严重后果程度。实质要件具体又包括法定要件与酌定要件,法定要件为应直接判定为严重后果的情形,酌定要件为应为司法裁量所考虑的情形。

法定要件:受害人因侵权行为而死亡、残疾(含精神残疾)或者所受伤害经有合法资质的机构鉴定为重伤或者诊断、鉴定为严重精神障碍的。

酌定要件:应当综合考虑受害人人身自由、生命健康受到侵害的情况,精神受损情况,日常生活、工作学习、家庭关系、社会评价受到影响的情况,并考量社会伦理道德、日常生活经验等因素。

3. 减(免)责要件:受害人对精神损害事实和严重后果的产生或者扩大有过错的,可以根据其过错程度减少或者不予支付精神损害赔偿。

最高人民法院《关于人民法院赔偿委员会审理国家赔偿案件适用精神损害赔偿若干问题的意见》所确立的前提要件——实质要件——减(免)责要件的精神损害赔偿要件体系是比较全面的,特别是实质要件中有法定要件的内容,为法院、赔偿义务机关以及受害人提供了比较明确的指引,值得肯定。在最高人民法院《关于人民法院赔偿委员会审理国家赔偿案件适用精神损害赔偿若干问题的意见》颁布之前,部分省市已率先作出尝试,通过要件法定化对不确定法律概念作出了具体解释,有些解释的细致程度甚至超过了最高人民法院《关于人民法院赔偿委员会审理国家赔偿案件适用精神损害赔偿若干问题的意见》。比如《重庆市实施〈国家赔偿法〉办法》第47条规定:“有下列情形之一,属于致人精神损害造成严重后果:(一)受害人死亡、伤残或者产生严重疾病不能治愈的;(二)受害人被羁押一年以上或者被判处和执行一年以上刑罚的,但是,缓刑除外;(三)受害人名誉权、荣誉权受到严重损害给其家庭、生活或者工作造成严重不利后果的;(四)其他导致受害人产生严重生理痛苦和心理痛苦的情形。”类似的还有广东省《关于在国家赔偿工作中适用精神损害抚慰金若干问题的座谈会纪要》等。尽管如此,现有制度中大量酌定要件的存在还是给精神损害赔偿带来诸多不确定性。当然,任何制度设计不可能一蹴而就,需要借助学理探讨与司法实践的帮助缓慢进化。

(三)精神损害赔偿数额如何确定

与“造成严重后果”缺乏具体认定标准一样,国家赔偿法对精神损害赔偿数额的确定未作出规定,最高人民法院《关于法院赔偿委员会审理国家赔偿案件适用精神损害赔偿若干问题的意见》对此也仅规定了基本原则、最低标准和幅度范围,这就赋予了赔偿义务机关和人民法院赔偿委员会较大的自由裁量权。这一状况不仅造成赔偿请求人与赔偿义务机关之间对应当赔偿多少精神损害抚慰金难以达成一致,而且在人民法院赔偿委员会作出赔偿决定时也容易产生分歧,不服赔偿决定确定的精神损害赔偿数额也会成为赔偿请求人提出申诉的主要理由。因此,为实现法律适用的统一,限制司法的随意性,提高司法的公信力,在适用最高人民法院《关于法院赔偿委员会审理国家赔偿案件适用精神损害赔偿若干问题的意见》审判的同时如何解决个案之间精神损害赔偿的平衡问题,这也是国家赔偿司法实践亟须解决的问题。本案审理时,最高人民法院《关于法院赔偿委员会审理国家赔偿案件适用精神损害赔偿若干问题的意见》尚未出台,河南省高级人民法院赔偿委员会综合考虑对张留军造成精神损害的程度、具体后果及当地经济发展状况等各种因素,认为赔偿张留军5万元精神损害抚慰金比较合适。作出的赔偿决定无疑是行使自由裁量权的结果。

理想状况下,不同法院所行使的这种自由裁量权汇聚在一起,可以为确定精神损害赔偿数额所涉及的不确定法律概念画出大致轮廓。这一轮廓，除了可以给相关各方提供指引外，还可以为受害人减轻举证负担。精神损害具有高度主观性，实践中只能通过外在事物、行为体现。如果这些外在事物、行为是漫无边际的，那么受害人的举证负担也水涨船高。如果法律对此作了明确列举，则受害人举证时也就有的放矢。关于精神损害赔偿数额如何确定，大部分学者只是列出了参考要素或指导原则。比如有学者认为应综合考虑侵权机关的过错程度、具体情节、受害人精神损害的程度和后果以及侵权机关事后采取弥补措施的有效程度等确定赔偿数额。[①] 有学者在分析浙江杭州的张氏叔侄无罪判决案后得出结论认为"'错误'、'定罪'、'量刑'、'刑罚执行'和'工作生活受到的影响'就是法院作出精神损害赔偿决定时在决定书中明列的考量情节。"[②]也有学者认为应借鉴民法上确定精神损害赔偿的各种方法，如固定赔偿法、医药费比例赔偿法、日标准赔偿法、最高限额赔偿法等，但其给出的方案仍不够具体，相比最高人民法院《关于人民法院赔偿委员会审理国家赔偿案件适用精神损害赔偿若干问题的意见》并无突破。[③]

综合来看，学界现有研究没能超越制度设计，没能针对不确定法律概念给出明确的指引，真正明确的指引恐怕还要从现有案例特别是指导案例中寻找。值得一提的是，最高人民法院发布的指导案例 42 号：朱红蔚申请无罪逮捕赔偿案，该案与本案同属由人身自由受侵害引发的精神损害赔偿案，因此极具指导意义。本案中，最高人民法院认为：朱红蔚被羁押 875 天，正常的家庭生活和公司经营也因此受到影响，导致其精神极度痛苦，应认定精神损害后果严重。对朱红蔚主张的精神损害抚慰金，根据自 2005 年朱红蔚被羁押以来深圳一和实业有限公司不能正常经营，朱红蔚之女患抑郁症未愈，以及《关于在国家赔偿工作中适用精神损害抚慰金若干问题的座谈会纪要》（粤高法〔2011〕382 号）明确的广东省赔偿精神损害抚慰金的参考标准，结

---

① 马怀德、张红：《论国家侵权精神损害赔偿》，载《天津行政学院学报》2005 年第 1 期。

② 杜仪方：《国家赔偿中的"相应"精神损害抚慰金——(2013)浙法赔字第 1/2 号浙江省高院张氏叔侄赔偿决定书评析及展开》，载《浙江学刊》2015 年第 1 期。

③ 闫志开：《国家赔偿中精神损害抚慰金的适用问题——以〈国家赔偿法〉第 35 条后半段为分析对象》，载《行政法学研究》2012 年第 1 期。

合赔偿协商协调情况以及当地平均生活水平等情况，确定为50000元。本案特别之处在于，法院以受害人“生活”“工作”受到影响为由判定“精神损害后果严重”。尽管最高人民法院《关于人民法院赔偿委员会审理国家赔偿案件适用精神损害赔偿若干问题的意见》中的酌定要件已经包含生活、工作因素，但本案受害人生活、工作受影响的具体事实可以为以后的案件提供对比参照，从而达到将酌定要件具体化的效果。同时，法院在确定赔偿数额时也考虑了生活、工作因素，这也是对最高人民法院《关于人民法院赔偿委员会审理国家赔偿案件适用精神损害赔偿若干问题的意见》中“精神损害事实和严重后果的具体情况”的具体化。

(四)小结

实践中，生命权、身体权、健康权等受侵害的情形，判断其精神损害是否达到严重程度一般比较容易，甚至可以直接推定，比较难判断的是人身自由受侵害的情形，因为人身自由受侵害相比而言属于轻度侵害，对附随的精神损害的判断必须借助其他因素甚至间接因素进行判断。这些其他因素、间接因素内容高度不确定，给法院和受害人都带来沉重压力，因此对其进行具体化、明确化的工作就显得极其重要。本案的贡献即在于此。本案中，法院认为，“(受害人)被采取刑事强制措施后，妻子离家出走，孩子上学、成长受到严重影响，无疑使其精神上受到极大伤害，属于‘造成严重后果’的情形”，即认为仅生活受到严重影响也属于“造成严重后果”，这相比于第42号指导案例有所扩张，更有利于保护受害人权益。同时，本案受害人生活受侵害的具体事实也在第42号指导案例的基础上进一步填充了酌定要件的内容。

在赔偿金额方面，受害人所获50000元精神损害赔偿金约占其受羁押赔偿金281244.08元的17.8%，大致属于最高人民法院《关于人民法院赔偿委员会审理国家赔偿案件适用精神损害赔偿若干问题的意见》所确立的赔偿金额幅度的中间位置。法院在确立赔偿金额时所考虑的因素也与最高人民法院《关于人民法院赔偿委员会审理国家赔偿案件适用精神损害赔偿若干问题的意见》的内容完全一致。

最后需要指出的是，尽管最高人民法院《关于人民法院赔偿委员会审理国家赔偿案件适用精神损害赔偿若干问题的意见》、第42号指导案例都出现在本案之后，但本案评析并未对此进行细致区分。原因在于它们都出现在《国家赔偿法》(2010 年)之后,都是对不确定法律概念的具体化,且内容精神高度一致。因此即使最高人民法院出台了《关于人民法院赔偿委员会审理国家赔偿案件适用精神损害赔偿若干问题的意见》、第 42 号指导案例,也不应认为之前的案例已经作废,恰恰相反,它们仍然是宝贵的司法实践积累。

许祁申请河南省平顶山市中级人民法院再审无罪赔偿案

中央财经大学法学院　刘　权
河南省高级人民法院　王文科

一、案件类型

再审无罪赔偿

二、判决要旨

1. 谁侵权,谁为赔偿义务机关,这是确定赔偿义务机关的一般规则。但是,对于错误羁押行为的赔偿义务机关,实行的是赔偿义务机关后置原则。

2. 应根据"最密切联系原则",结合侵权行为的影响范围,合理确定消除影响、恢复名誉、赔礼道歉的具体方式和范围;应根据"对等"原则,确立刊登媒体的级别与种类,以真正达到消除影响、恢复名誉的目的。

3. 精神损害抚慰金的赔偿数额,应当综合考虑赔偿请求人被羁押的时间、错判的罪名、刑罚、纠错情形、受到的不利影响、当地经济生活水平等因素予以认定。

三、关键词

再审无罪　赔偿义务机关　人身伤害赔偿金　消除影响　恢复名誉　赔礼道歉　精神损害抚慰金　恢复原状

四、涉案主体及司法文书

赔偿请求人:许祁

赔偿义务机关:顶山市中级人民法院

裁决机关及司法文书:

1. 平顶山市新华区人民检察院于1993年9月4日作出1993(监)字第6

号决定；

2. 平顶山市新华区人民检察院于 1994 年 9 月 16 日作出（1994）检保字第 16 号决定书；

3. 平顶山市新华区人民检察院于 1994 年 11 月 1 日作出（1994）平新取字第 20 号通知；

4. 平顶山市新华区人民检察院于 1995 年 1 月 18 日作出（1995）平新取字第 1 号决定；

5. 平顶山市新华区人民检察院于 1995 年 3 月 28 日作出（1995）平新检撤字第 1 号通知；

6. 平顶山市湛河区人民法院于 1997 年 9 月 11 日作出（1997）湛刑初字第 41 号刑事判决；

7. 平顶山市中级人民法院于 1997 年 12 月 4 日作出（1997）平刑终字第 97 号终审判决；

8. 平顶山市中级人民法院于 1998 年 10 月 29 日作出（1998）平刑监字第 12 号驳回申诉通知；

9. 河南省高级人民法院于 2001 年 3 月 14 日作出（2001）豫法审监刑字第 17 号再审决定；

10. 平顶山市中级人民法院于 2002 年 4 月 23 日作出（2002）平刑再终字第 1 号刑事裁定；

11. 平顶山市湛河区人民法院于 2003 年 1 月 28 日作出（2003）湛刑初字第 29 号刑事判决；

12. 平顶山市中级人民法院于 2003 年 8 月 26 日作出（2003）平刑终字第 148 号刑事裁定；

13. 河南省高级人民法院于 2005 年 3 月 16 日作出（2004）豫法立刑字第 161 号刑事决定；

14. 河南省高级人民法院于 2010 年 6 月 8 日作出（2005）豫法刑再字第 9 号判决；

15. 平顶山市中级人民法院于 2012 年 9 月 19 日作出（2012）平法赔字第 1 号赔偿决定；

16. 河南省高级人民法院于 2012 年 12 月 19 日作出（2012）豫法委赔字

第27号决定。

五、赔偿请求

1. 6140天的人身自由赔偿金;

2. 人身伤害赔偿金300万元;

3. 赔偿其本人、女儿、父母精神损害抚慰金各300万元;

4. 赔偿住房一套及收走的私人财物;

5. 赔礼道歉、恢复名誉、消除影响;

6. 恢复其公务员身份、职务、级别和工资待遇;

7. 赔偿经营性损失400万元;

8. 为女儿安排有编制的正式工作。

六、赔偿决定

1. 被羁押4020天的赔偿金65.3853万元;

2. 精神损害抚慰金12万元;

3. 在侵权行为影响的范围内,为许祁消除影响、恢复名誉、赔礼道歉。

七、基本案情

1993年9月4日,平顶山市新华区人民检察院以涉嫌经济问题为由作出1993(监)字第6号决定,对赔偿请求人许祁监视居住。1993年11月20日,经平顶山市新华区人民检察院批准,平顶山市新华区公安分局对许祁执行逮捕。1994年9月16日,平顶山市新华区人民检察院作出(1994)检保字第16号决定,对许祁取保候审。1994年11月1日,平顶山市新华区人民检察院作出(1994)平新取字第20号通知,对许祁撤销取保候审,收押于平顶山市第一看守所。1995年1月18日,平顶山市新华区人民检察院作出(1995)平新取字第1号决定,对许祁再次取保候审。1995年3月28日,平顶山市新华区人民检察院作出(1995)平新检撤字第1号通知,再次对许祁撤销取保候审,收押于平顶山市第一看守所。

1997年9月11日,平顶山市湛河区人民法院作出(1997)湛刑初字第41号刑事判决,以贪污罪、受贿罪合并决定执行有期徒刑15年,剥夺政治权利3年,并处没收财产13.8万元。

许祁不服,向平顶山市中级人民法院提起上诉。平顶山市中级人民法院于1997年12月4日作出(1997)平刑终字第97号终审判决:(1)维持平顶山市湛河区人民法院(1997)湛刑初字第41号刑事判决对被告人许祁犯贪污罪,判处有期徒刑14年,剥夺政治权利3年;(2)撤销平顶山市湛河区人民法院(1997)湛刑初字第41号刑事判决对被告人许祁犯受贿罪的定罪量刑及没收财产13.8万元。

上述判决生效后,许祁不服,向平顶山市中级人民法院提出申诉。平顶山市中级人民法院于1998年10月29日作出(1998)平刑监字第12号驳回申诉通知,驳回了许祁的申诉。许祁仍不服,向河南省高级人民法院提出申诉。河南省高级人民法院于2001年3月14日作出(2001)豫法审监刑字第17号再审决定,指令平顶山市中级人民法院另行组成合议庭对许祁案进行再审。平顶山市中级人民法院于2002年4月23日作出(2002)平刑再终字第1号刑事裁定,撤销原一、二审判决,发回平顶山市湛河区人民法院重审。

平顶山市湛河区人民法院于2003年1月28日作出(2003)湛刑初字第29号刑事判决,以被告人许祁犯贪污罪,判处有期徒刑11年,剥夺政治权利2年。

许祁不服,提出上诉。平顶山市中级人民法院于2003年8月26日作出(2003)平刑终字第148号刑事裁定,驳回上诉,维持原判。上述裁定发生法律效力后,许祁又向河南省高级人民法院提出申诉。河南省高级人民法院于2005年3月16日作出(2004)豫法立刑字第161号刑事决定,提审了该案。河南省高级人民法院经再审,于2010年6月8日作出(2005)豫法刑再字第9号判决:(1)撤销平顶山市中级人民法院(2003)平刑终字第148号刑事裁定和湛河区人民法院(2003)湛刑初字第29号刑事判决;(2)宣告被告人许祁无罪。2005年3月14日,许祁被释放。

从1993年11月20日至1994年9月16日,许祁实际被羁押301天;从1994年11月1日至1995年1月18日,许祁实际被羁押79天;从1995年3月28日至2005年3月14日,许祁实际被羁押3640天;以上共被实际羁押4020天。

许祁向平顶山市中级人民法院提出赔偿申请,平顶山市中级人民法院于2012年9月19日作出(2012)平法赔字第1号赔偿决定:(1)赔偿许祁被羁押4020天的赔偿金65.3853万元,精神损害抚慰金6.8万元;(2)在侵权行为影响的范围内,为赔偿请求人许祁消除影响、恢复名誉、赔礼道歉;

(3)驳回许祁的其他赔偿请求。许祁不服,向河南省高级人民法院申请作出赔偿决定。

八、适用争点及裁决理由

本案是一件典型的再审无罪刑事赔偿案,赔偿请求人以刑事诉讼、刑罚执行中多项侵权为由一并提出了人身、财产、精神损害等多项赔偿请求。本案适用的争点主要包括以下几个方面:(1)如何确定多个侵权行为的赔偿义务机关;(2)如何确定消除影响、恢复名誉、赔礼道歉的具体方式和范围;(3)如何确定精神损害的抚慰对象与数额;(4)恢复身份、职务、级别和工资待遇是否属于恢复原状。

(一)存在多个侵权行为情况下如何确定赔偿义务机关

赔偿义务机关法定是我国国家赔偿法确立的一项重要制度。谁侵权,谁为赔偿义务机关,这是确定赔偿义务机关的一般规则。《国家赔偿法》第21条第1款规定:"行使侦查、检察、审判职权的机关以及看守所、监狱管理机关及其工作人员在行使职权时侵犯公民、法人和其他组织的合法权益造成损害的,该机关为赔偿义务机关。"但是,对于错误羁押行为的赔偿义务机关,实行的是赔偿义务机关后置原则。《国家赔偿法》第21条第2、3、4款规定:"对公民采取拘留措施,依照本法的规定应当给予国家赔偿的,作出拘留决定的机关为赔偿义务机关。对公民采取逮捕措施后决定撤销案件、不起诉或者判决宣告无罪的,作出逮捕决定的机关为赔偿义务机关。再审改判无罪的,作出原生效判决的人民法院为赔偿义务机关。二审改判无罪,以及二审发回重审后作无罪处理的,作出一审有罪判决的人民法院为赔偿义务机关。"这是因为,虽然刑事诉讼程序包含了侦查、起诉、审判、执行等过程,侦查机关、检察机关、审判机关、监狱管理机关对赔偿请求人的错误羁押可能均负有责任,但国家赔偿的性质属于国家责任,赔偿义务机关是代表国家履行赔偿义务,为了方便赔偿请求人行使申请国家赔偿的权利,简化求偿程序,对于错误羁押行为的赔偿,《国家赔偿法》没有采取共同赔偿的模式,而是确立了赔偿义务机关后置原则。

再审无罪赔偿案件司法实践中,赔偿请求人往往将羁押行为与非羁押行为造成的损失一并提出,要求作出原生效判决的人民法院给予赔偿。此时应注意区分赔偿请求人各类赔偿请求所对应的侵权行为,进而确定不同的赔偿义务机关及赔偿程序(不同的赔偿义务机关可能对应不同的赔偿程序)。在本案中,许祁被关押期间因有病未得到及时治疗,殴打、强制劳动,造成其右耳失聪、腰椎受伤、神经末梢炎、右手变形、下巴开合障碍等伤病,故要求法院赔偿其人身伤害赔偿金300万元。但实际上,许祁的该项赔偿请求应向行使看管职权的相应机关主张。河南省高级人民法院认为,作出原生效判决的人民法院不是该项请求的赔偿义务机关,许祁称其被关押期间受到人身伤害,应先向可能实施该侵权行为的监狱管理机关主张,并经监狱管理机关的上一级机关复议后,如果还不服才能向复议机关同级的人民法院赔偿委员会申请赔偿。同理,对于检察院查封房屋、收走财物的财产侵权损害,应向检察机关申请赔偿。

(二)如何确定消除影响、恢复名誉、赔礼道歉的具体方式和范围

《国家赔偿法》第35条规定,"有本法第三条或者第十七条规定情形之一,致人精神损害的,应当在侵权行为影响的范围内,为受害人消除影响,恢复名誉,赔礼道歉",赔偿义务机关的侵权行为致人精神损害的,应该消除影响,恢复名誉,赔礼道歉。司法实践中,因侵权行为的影响范围难以界定,造成消除影响、恢复名誉、赔礼道歉的具体方式和范围较难把握。本案的处理方式对此类案件具有一定的探索意义。

本案中,赔偿义务机关在自赔程序中决定"在侵权行为影响的范围内,为赔偿请求人许祁消除影响、恢复名誉、赔礼道歉",但并未明确具体范围和方式,也未实际开展该项工作。河南省高级人民法院赔偿委员会审理中了解到:许祁原任平顶山市政府下属经济技术协作办公室副主任、经济技术协作总公司副总经理、珠海天地实业发展公司总经理;侦查机关于1993年12月8日在平顶山市新华区机关礼堂召开由该区各机关事业单位及各界群众参加的公捕大会,对许祁公开逮捕,相关情况还刊登在次日的《平顶山日报》上;再审无罪后,许祁原居住地、原工作单位已不存在。据此,河南省高级人民法院赔偿委员会在决定维持赔偿义务机关"在侵权行为影响的范围内,为赔偿请求人许祁消除影响、恢复名誉、赔礼道歉"决定内容的同时,根据"最密切联系"原则,确定本案侵权行为主要影响范围及于平顶山全市范围。根据"对等"原则,许祁被逮捕等情况曾刊登在《平顶山日报》上,那么为真正达到消除影响、恢复名誉的目的,明确建议平顶山市中级人民法院在《平顶山

日报》上以公告形式履行消除影响、恢复名誉、赔礼道歉义务。2013年1月6日,平顶山市中级人民法院履行了该项义务。许祁对此予以认可,未提出申诉。

(三)如何确定精神损害抚慰金的数额

《国家赔偿法》在2010年修正时,作了一项重大变革,那就是将精神损害赔偿纳入了国家赔偿的范围。如果国家侵权行为给当事人造成了严重后果,就应当支付相应的精神损害抚慰金。但是,对于精神损害抚慰金的数额确定,并没有统一标准,在实务中比较棘手。精神损害实质上是心理上的痛苦,具有浓厚的主观化色彩,难以准确量化。域外不同国家采取了不同的精神损害抚慰标准,有些国家确立的是根据具体情况判断的酌定赔偿原则、有些国家根据医疗费的比例确定的比例赔偿原则、有些国家规定了各种精神损害的固定数额而确立了固定赔偿原则。[①] 我国精神损害国家赔偿采用的是酌定赔偿原则。2014年最高人民法院发布的《关于人民法院赔偿委员会审理国家赔偿案件适用精神损害赔偿若干问题的意见》规定,应当综合酌定"精神损害抚慰金"的具体数额,综合考虑以下因素:精神损害事实和严重后果的具体情况;侵权机关及其工作人员的违法、过错程度;侵权的手段、方式等具体情节;罪名、刑罚的轻重;纠错的环节及过程;赔偿请求人住所地或者经常居住地平均生活水平;赔偿义务机关所在地平均生活水平;其他应当考虑的因素。人民法院赔偿委员会确定精神损害抚慰金的具体数额,还应当注意体现法律规定的"抚慰"性质,原则上不超过依照《国家赔偿法》第33条、第34条所确定的人身自由赔偿金、生命健康赔偿金总额的35%,最低不少于1000元。受害人对精神损害事实和严重后果的产生或者扩大有过错的,可以根据其过错程度减少或者不予支付精神损害抚慰金。

在本案中,许祁被判处较重刑罚,实际羁押4020天,且历经5次审理,6次上诉、申诉,历时17年才改判无罪,其本人及家属均受到不良影响,故许祁受到的精神损害较为严重,应当支付精神损害抚慰金。因而,平顶山市中级人民法院决定赔偿精神损害抚慰金6.8万元精神损害抚慰金。但是,河南省高级人民法院认为,此精神损害抚慰金数额较低,应予纠正。通过综合考量

① 沈岿:《国家赔偿法:原理与案例》,北京大学出版社2011年版,第298页。

造成许祁精神损害的各种因素，并参考河南省其他案件中精神损害赔偿的一般标准，根据许祁被羁押的时间、错判的罪名、刑罚、纠错情形及对其工作、生活造成的影响等情况，结合当地的经济发展状况及平均生活水平，河南省高级人民法院决定赔偿许祁 12 万元精神损害抚慰金。

（四）恢复身份、职务、级别和工资待遇是否属于恢复原状

许祁认为，其原是平顶山市政府下属经济技术协作办公室副主任、经济技术协作总公司副总经理、珠海天地实业发展公司总经理，因其被关押、判刑，导致其公职、级别、工资等中断，要求恢复其公务员身份、职务、级别和工资待遇。恢复原状是国家赔偿的法定方式之一。那么，可否以恢复原状的方式，恢复许祁的公务员身份、职务、级别和工资待遇？

在普通侵权法上，恢复原状有广义和狭义之分。广义的恢复原状，是指重建受害人蒙受损失的权益的原貌，如同损害事故未曾发生一般。[①] 而狭义的恢复原状，仅适用于财产受到损害的情形，是指财产受到损坏后对财产进行修复使其回归到财产未受损坏前的状态。[②] 我国《国家赔偿法》第 36 条规定，恢复原状的适用情形为：(1)违法查封、扣押、冻结财产造成损坏又能恢复原状的；(2)应当返还的财产损坏的，能够恢复原状的。据此，一般认为，我国国家赔偿的恢复原状只适用于侵犯财产的情形，对于侵犯人身权、精神权的情形，不宜采用恢复原状的形式。恢复工作、职务、工资级别、住房、户口等财产性权益，对受害人而言也是使其恢复到原有状态，但这些措施是纠正原来的国家侵权行为后各有关单位应当完成的恢复性善后工作，不能与国家赔偿方式混淆。[③] 所以河南省高级人民法院认为，关于许祁要求恢复其公务员身份、职务、级别和工资待遇的请求，不属于国家赔偿法规定的赔偿范围，不予支持。然而，采用狭义的恢复原状的概念，或许对受害人不公平。受害人由于国家的侵权行为受到损害，失去工作，失去待遇，但当国家行为认定为违法后，却又得不到恢复，而更多寄希望于有关单位完成恢复性善后工作。

---

① 曾世雄：《损害赔偿法原理》，中国政法大学出版社 2001 年版，第 148 页。
② 杨立新主编：《侵权行为法》，复旦大学出版社 2007 年版，第 155～156 页。
③ 沈岿：《国家赔偿法：原理与案例》，北京大学出版社 2011 年版，第 426 页。

张辉、张高平申请浙江省高级人民法院再审无罪国家赔偿案

复旦大学法学院 杜仪方
浙江省高级人民法院

一、案件类型

再审无罪赔偿

二、判决要旨

1. 综合考虑赔偿请求人被错误定罪量刑、刑罚执行和工作生活受到的影响等具体情况确定精神损害抚慰金数额。

2. 重大刑事冤错案件的国家赔偿金应当高于其他案件。

3. 精神损害抚慰金与限制人身自由赔偿金、医疗费赔偿金挂钩,本案以其限制人身自由赔偿金总额的70%确定精神损害抚慰金。

三、关键词

再审无罪 精神损害抚慰金 限制人身自由赔偿金 错误定罪量刑 刑罚执行 工作生活受到的影响

四、涉案主体及司法文书

赔偿请求人:张辉、张高平

赔偿义务机关:浙江省高级人民法院

裁决机关及司法文书:

1. 杭州市中级人民法院于2004年4月21日作出(2004)杭刑初字第36号刑事附带民事判决;

2. 浙江省高级人民法院于2004年10月19日作出(2004)浙刑一终字第189号刑事附带民事判决;

3. 浙江省高级人民法院(2006)浙刑执字第953号刑事裁定;

4. 浙江省高级人民法院于2013年3月26日作出(2013)浙刑再字第2号刑事附带民事判决;

5. 浙江省高级人民法院于2013年5月17日作出(2013)浙法赔字第1号、第2号国家赔偿决定。

五、赔偿请求

1. 赔偿张辉律师费7万元,张高平律师费3万元;

2. 赔偿张辉、张高平人身自由赔偿金各60万元及精神损害抚慰金各60万元,合计各120万元;

3. 赔偿张辉财产性损失6万元,张高平财产性损失9万元;

4. 赔偿张辉、张高平暂扣财产折价款各5000元。

六、赔偿决定

1. 张辉、张高平侵犯人身自由权赔偿金各65.57306万元;

2. 张辉、张高平精神损害抚慰金各45万元。

七、基本案情

张辉、张高平因涉嫌犯强奸罪,于2003年5月23日被刑事拘留,同年6月28日被逮捕。杭州市人民检察院指控被告人张辉、张高平犯强奸罪,及附带民事诉讼原告人王朋里、吴玳君提起附带民事诉讼一案,杭州市中级人民法院于2004年4月21日作出(2004)杭刑初字第36号刑事附带民事判决,认定张辉犯强奸罪,判处死刑,剥夺政治权利终身;认定张高平犯强奸罪,判处无期徒刑,剥夺政治权利终身;张辉、张高平各赔偿附带民事诉讼原告人经济损失人民币5000元,互负连带责任。浙江省高级人民法院于2004年10月19日作出(2004)浙刑一终字第189号刑事附带民事判决,判决驳回附带民事诉讼原告人王朋里、吴玳君的上诉,撤销一审判决中的量刑部分,维持判决的其他部分,认定张辉犯强奸罪,判处死刑,缓期2年执行,剥夺政治权利终身,认定被告人张高平犯强奸罪,判处有期徒刑15年,剥夺政治权利5年。张高平之兄、张辉之父张高发不服,向浙江省高级人民法院申诉。浙江省高级人民法院于2013年2月6日作出(2012)浙刑申字第20号再审决定书,决定对本案进行再审。2013年3月26日,浙江省高级人民法院作出(2013)浙刑再字第2号刑事附带民事判决,判决内容为:(1)撤销本院

(2004)浙刑一终字第189号刑事附带民事判决和杭州市中级人民法院(2004)杭刑初字第36号刑事附带民事判决及本院(2006)浙刑执字第953号刑事裁定;(2)原审被告人张辉无罪;(3)原审被告人张高平无罪;(4)驳回原审附带民事诉讼原告人王朋里、吴玳君的起诉。

2013年5月2日,张辉、张高平以再审改判无罪为由,分别向浙江省高级人民法院申请国家赔偿,并提出以下赔偿请求:(1)赔偿因对张辉、张高平错误启动刑事诉讼程序而导致不应当支出的律师费各7万余元;(2)赔付张辉、张高平限制人身自由赔偿金各60万元及精神损害抚慰金各60万元,合计各120万元;(3)赔偿申请人以22万余元购置办理营运手续的"解放牌"大卡车在本案错判后不得已仅以7万元低价转卖的损失差价款15万元,其张辉6万元、张高平9万元;(4)赔偿西湖区公安分局对张辉、张高平错误立案侦查被暂扣至今未发还的"三星牌"手机折价款各5000元。

浙江省高级人民法院认为,赔偿请求人张辉、张高平自2003年5月23日被刑事拘留,至2013年3月26日经再审无罪释放,共被限制人身自由3596日。根据《国家赔偿法》第21条第4款的规定,本院为赔偿义务机关。《国家赔偿法》第33条规定:"侵犯公民人身自由的,每日赔偿金按照国家上年度职工日平均工资计算。"按照最高人民法院公布的2013年作出国家赔偿决定涉及的侵犯公民人身自由权每日赔偿金标准182.35元计算,应当支付赔偿请求人张辉、张高平侵犯人身自由权赔偿金65.57306万元。《国家赔偿法》第35条规定:"有本法第三条或者第十七条规定情形之一,致人精神损害的,应当在侵权行为影响的范围内,为受害人消除影响,恢复名誉,赔礼道歉;造成严重后果的,应当支付相应的精神损害抚慰金。"综合考虑赔偿请求人张辉、张高平被错误定罪量刑、刑罚执行和工作生活受到的影响等具体情况,本院决定支付精神损害抚慰金45万元。至于赔偿请求人张辉、张高平提出的律师费、医疗费、车辆转卖差价损失等其他赔偿请求,依法均不属于本院国家赔偿范围,本院不予赔偿。2013年5月17日,浙江省高级人民法院依照《国家赔偿法》第2条,第17条第3项,第21条第4款,第22条第1款,第32条第1款,第33条,第35条和第23条第1、2款之规定,分别作出(2013)浙法赔字第1号、第2号国家赔偿决定,决定分别支付赔偿请求人张辉、张高平侵犯人身自由权赔偿金65.57306万元、精神损害抚慰金45万元,共计110.57306万元。同时驳回赔偿请求人张辉、张高平的其他赔偿请求。

八、适用争点及裁决理由

本案就国家赔偿诉讼法层面、实体法层面的是否构成国家赔偿的问题点上没有争议,对于侵犯人身自由权的赔偿金也没有争议。

本案适用争点集中在于精神损害抚慰金数额的确定。具体来说又可划分为以下两个问题:第一,法院在确定精神损害抚慰金时要考虑哪些因素;第二,法院如何合理酌定精神损害抚慰金的数额。

(一)法院在确定精神损害抚慰金时要考虑哪些因素

一般而言,精神损害抚慰金可从肉体痛苦和精神痛苦两个方面进行确定。本案中没有证据证明张氏叔侄因为被羁押造成伤残,故浙江省高级人民法院驳回了张氏叔侄的医疗赔偿请求,因此本案的精神损害程度主要从精神痛苦方面进行判断。在精神痛苦方面可以从两个角度考虑:一是从侵权方角度,考虑侵权方过错程度、手段、次数与持续时间、侵权行为发生后侵权方的态度等;二是从受害方角度,考虑受害方受害程度、持续时间、谅解程度、社会影响、财产状况与生活状况等。

浙江省高级人民法院在决定书中综合考虑赔偿请求人张辉、张高平"被错误定罪量刑、刑罚执行和工作生活受到的影响等"决定支付张辉、张高平精神损害抚慰金各45万元。"错误""定罪""量刑""刑罚执行"和"工作生活受到的影响"就是法院作出精神损害抚慰金时在决定书中明列的考虑因素。

就"错误"而言,适用非法证据排除规则所确定的精神损害抚慰金要高于疑罪从无的案件。河北赵艳锦再审无罪赔偿案、河南李怀亮再审无罪赔偿案与张辉、张高平再审无罪赔偿案情况相似,同样羁押了10年之久,河北赵艳锦再审无罪赔偿案中河北法院支付了10万元精神损害抚慰金,河南李怀亮再审无罪赔偿案河南法院支付了20万元精神损害抚慰金,而张辉、张高平再审无罪赔偿案中浙江高院支付了45万元精神损害抚慰金。从侵权方角度考虑,因为运用非法证据排除规则,张氏叔侄被证明完全"清白",故相较于运用无罪推定原则适用疑罪从无规定被判无罪的河北赵艳锦、河南李怀亮,国家机关在张氏叔侄被错误定罪的过程中其侵害程度都要远过于河北的赵艳锦案、河南的李怀亮案,张氏叔侄精神痛苦更大。

就“定罪量刑”而言，原判决所确定的重罪和重刑导致的精神损害抚慰金要高于一般定罪量刑的案件。本案中强奸罪的定罪、死刑及无期徒刑的量刑都对申请人造成重大精神痛苦。并且从原一审判决的量刑看，张辉曾被判处死刑，张高平曾被判处无期徒刑，张辉受到的精神损害后果应较张高平严重。

就“刑罚执行”而言，一般来说，刑罚执行时间越长，精神抚慰金也应相应提高。就“工作生活受到的影响”而言，工作生活受到的影响越大精神损害抚慰金数额越高。张氏叔侄被错误定罪前从事汽车运输业，收入相当可观，其经济生活状况等各方面均优于河北赵艳锦、河南的李怀亮，所以在张氏叔侄案中确定的精神损害抚慰金也相对较高。同时，张高平被定罪量后，其怀孕多个月的妻子流产并与其离婚，大女儿为此辍学，因此在这点上张高平精神痛苦应大于张辉。这也成为张辉张高平在量刑不同的情况下获得相同精神损害抚慰金的根本原因。

（二）如何合理酌定精神损害抚慰金数额

精神损害抚慰金与限制人身自由赔偿金、医疗费赔偿金挂钩。精神损害的程度与公民的人身自由权、生命健康权损害的程度往往成正比例关系，因此精神损害赔偿金与公民的人身自由权、生命健康权损害赔偿金也应成正比例关系。在我国立法和实践中，人身自由权、生命健康权损害赔偿制度已相对成熟，国家赔偿中人身自由权、生命健康权损害赔偿金是主要的赔偿方式，精神损害赔偿金是新兴的赔偿方式，应当居辅助地位，因此精神损害赔偿金一般不应当超过人身自由权、生命健康权损害赔偿金总额。

浙江省高级人民法院《关于国家赔偿审判中确定精神损害抚慰金问题的会议纪要》明确，精神损害抚慰金的数额一般以人身自由权、生命健康权损害等国家赔偿总额的50%为基准，再根据案件具体情况适当增减，以其总额的100%为上限，在这一空间内确定具体数额。本案中，张辉、张高平没有从事任何违法或不当行为，被判有罪纯系冤案，应当适当增加精神损害抚慰金，故浙江省高级人民法院最终以其限制人身自由赔偿金及医疗费赔偿金总额的70%确定精神损害抚慰金。

九、学理评议

2010年4月，《国家赔偿法》在实施后的第16年首次作出修改，其中新增第35条精神损害抚慰金条款。《国家赔偿法》第35条规定："有本法第三条或者第十七条规定情形之一，致人精神损害的，应当在侵权行为影响的范围内，为受害人消除影响，恢复名誉，赔礼道歉；造成严重后果的，应当支付相应的精神损害抚慰金。"该规定被认为是我国在国家侵权后要承担受害人精神损害赔偿责任的完整表述，也是国家立法在综合民意、总结司法实践的基础上，在民主法治的道路上迈出的令人瞩目一步。①

但是与此同时，就如何确定精神损害抚慰金的数额却存在一定争议。《国家赔偿法》第35条对于精神损害抚慰金的规定相对抽象，法律既没有对"严重后果"的具体情形作出明确界定，也没有规定精神损害的具体赔偿标准，仅用"相应"两字带过。而之后颁布的《国家赔偿费用管理条例》和《人民检察院国家赔偿工作规定》等规范性法律文件也都回避了该问题。对此，曾参与《国家赔偿法》修改的学者指出："修法过程中曾经试图规定一个精神损害赔偿的标准，比如从几万元到几万元的一个幅度，但最后还是没有写。这是考虑到这个标准很难确定，因为精神损害的程度因案而异、因人而异，如果由国家立法统一规定一个标准，将难以适应复杂多变的现实本身，比如案件的复杂程度以及社会物价变化等因素。"②然而，"因案而异、因人而异"究竟为法院确立精神损害抚慰金时划定了多大的裁量幅度，以及法院究竟如何确定个案中的精神损害抚慰金金额，立法上语焉不详。

浙江省高级人民法院在决定书中综合考虑赔偿请求人张辉、张高平"被错误定罪量刑、刑罚执行和工作生活受到的影响等"得出精神损害抚慰金的数额。将上述要素进行抽象可以得出本案法院确定精神损害抚慰金所考量的因素：一是侵权机关及其工作人员的过错程度，即"错误"；二是侵害的具体情节，即"定罪""量刑"以及"刑罚执行"；三是受害人精神损害的后果，即"工作生活受到的影响"。上述因素的选择至少说明在本案纷繁复杂的事实要件中，法院认为侵权机关及其工作人员的过错程度、侵害的具体情节以及受害人精神损害的后果这三项因素对于本案当事人精神损害影响最为严重，

① 马怀德、张红：《国家赔偿法释义》，中国法制出版社2010年版，第3~6页。

② 《马怀德教授："张氏叔侄案"判决是公民期待的起点》，载《光明日报》：http://law.china.cn/features/2013-06/08/content_6020449.htm，最后访问日期：2015年9月5日。

必须作为精神损害抚慰金的考量因素,也即必要因素。可以说,浙江省高级人民法院的决定书为司法实践中确定精神损害抚慰金的金额提供了个案依据。与此同时,本案将精神损害抚慰金与限制人身自由赔偿金、医疗费赔偿金挂钩,以其限制人身自由赔偿金总额的70%确定精神损害抚慰金,因此张辉、张高平所获得的45万元精神损害抚慰金是自2010年《国家赔偿法》明确规定精神损害抚慰金以来国家支付精神损害抚慰金的最高纪录。

2014年7月29日,在张辉、张高平的国家赔偿决定作出的1年多后,最高人民法院就国家赔偿案件中的精神损害赔偿出台了专门规定。最高人民法院发布《关于人民法院赔偿委员会审理国家赔偿案件适用精神损害赔偿若干问题的意见》第7点规定了综合酌定"精神损害抚慰金"的具体数额的方式。该意见指出,人民法院赔偿委员会适用精神损害赔偿条款,决定采用"支付相应的精神损害抚慰金"方式的,应当综合考虑以下因素确定精神损害抚慰金的具体数额:精神损害事实和严重后果的具体情况;侵权机关及其工作人员的违法、过错程度;侵权的手段、方式等具体情节;罪名、刑罚的轻重;纠错的环节及过程;赔偿请求人住所地或者经常居住地平均生活水平;赔偿义务机关所在地平均生活水平;其他应当考虑的因素。意见同时表明,人民法院赔偿委员会确定精神损害抚慰金的具体数额,还应当注意体现法律规定的"抚慰"性质,原则上不超过依照《国家赔偿法》第33条、第34条所确定的人身自由赔偿金、生命健康赔偿金总额的35%,最低不少于1000元。

从上述意见中可以看出,最高人民法院就浙江省高级人民法院精神损害抚慰金作出的过程和结论作了有限度的承认。首先,就确定赔偿金额时需要考量的因素,最高人民法院对浙江省高级人民法院的考量因素进行了扩充,在浙江省高级人民法院所确立的过错程度、侵权情节和损害后果等因素外,增加了赔偿请求人所在地的平均生活水平和赔偿义务机关所在地的平均生活水平等因素。其次,就精神损害抚慰金的具体数额,最高人民法院对于精神损害抚慰金占人身自由赔偿金、生命健康赔偿金总额的比例进行了明确和限缩,以人身自由赔偿金、生命健康赔偿金的35%作为精神损害抚慰金的最高额度。

全庆哲申请辽宁省营口监狱虐待致伤国家赔偿案

北京大学　贺　剑
辽宁省高级人民法院　赵英伟

一、案件类型

刑事赔偿

二、判决要旨

1. 监狱机关作为国家刑罚执行机关,对服刑期间犯人的健康权负有法定的监管职责。监狱机关在执行禁闭过程中致犯人冻伤,不仅属于违法不履行或怠于履行法定职责,还可能构成虐待,应依《国家赔偿法》第17条第4项承担国家赔偿责任。

2. 若受害人的损害不仅源自赔偿义务机关的违法行为,还源自他人的违法行为或受害人自身过错,人民法院可以基于有关行为的原因力适当减轻赔偿义务机关的国家赔偿责任。在受害人仅有过错,但其过错与损害之间并无因果关系时,不减轻赔偿义务机关的国家赔偿责任。

3. 在人民法院赔偿委员会审理时,若当事人协商给付补偿金的数额超出国家赔偿的法定标准,并且损害了国家利益,应依《合同法》第52条第4项,认定超出部分无效。赔偿委员会审查确认后,应将协议写入国家赔偿决定书主文。

三、关键词

国家赔偿　刑事赔偿　人身监管职责　虐待致伤　协议审查　损害社会公共利益

四、涉案主体及司法文书

赔偿请求人:全庆哲

赔偿义务机关:辽宁省营口监狱(以下简称营口监狱)

裁决机关及司法文书:

1. 营口监狱于2010年8月12日作出辽营狱确字(2010)第1号不予刑事赔偿决定书;

2. 辽宁省监狱管理局于2011年4月22日作出辽监管函复(2011)2号复议决定书;

3. 辽宁省高级人民法院赔偿委员会于2013年10月28日作出(2013)辽法委赔字第10号国家赔偿决定书。

五、赔偿请求

赔偿请求人全庆哲诉称:请求被申请人赔偿赔偿请求人各项损失人民币合计3140262元(其中交通费11706元、住宿费25012元、误工费212260元、残疾生活辅助具费及更换费184800元、护理费720000元、康复费270000元、残疾赔偿金509424元、被抚养人生活费207060元、精神损害抚慰金100万元)。

六、赔偿决定

1. 撤销赔偿义务机关营口监狱作出的辽营狱确字(2010)第1号不予刑事赔偿决定书及复议机关辽宁省监狱管理局作出的辽监管函复(2011)2号复议决定书。

2. 营口监狱于2013年11月20日前一次性赔偿赔偿请求人全庆哲住院医疗费、残疾赔偿金、残疾生活辅助具费、精神损害抚慰金等共计人民币53.5万元(含营口监狱已先行垫付的8.5万元)。

七、基本案情

2003年3月10日,全庆哲因票据诈骗罪被大连市中山区人民法院以(2003)中刑初字第103号刑事判决书判处有期徒刑7年。大连市中级人民法院作出(2003)大刑终字第157号刑事裁定驳回上诉,维持原判。2003年11月15日在营口监狱服刑,2009年8月16日刑满释放。全庆哲入监后,因不愿意参加劳动,抗拒改造,营口监狱依法对其实行严管禁闭教育。关押禁闭从2003年12月3日至9日。禁闭室没有取暖设备。全庆哲在关禁闭期间不听劝阻经常脱鞋,9 日发现其双脚冻伤红肿,检查后医嘱:“留号休息,每日用热水温脚,后抹擦冻伤软膏,积极配合活动,随诊。”解除严管后,回分监区休息治疗。但全庆哲不配合治疗并用冷水泡脚,治疗至 19 日,变黑加重,未见好转。20 日监区带全庆哲到鞍山市冻伤医院诊断,院方会诊后建议截肢手术。23 日转至营口市中心医院住院治疗,诊断为“双脚冻伤 2% 三度,双足趾骨干性坏死”。2004 年 1 月 5 日,经全庆哲签字同意,进行双足趾截肢手术,医疗费用 10554.1 元全部由营口监狱垫付。

2006 年 12 月 26 日,石佛地区检察院作出《关于六监区在押服刑人员全庆哲控告情况调查》。2012 年 9 月 11 日,经营口监狱委托吉林天平司法鉴定中心为全庆哲进行伤残鉴定后得出的鉴定结论为:被鉴定人全庆哲本次损伤致右足跗跖关节以上缺失属七级伤残,左足 1 ~4 跖骨中段以远缺失属 10 级伤残。鉴定费 700 元由营口监狱垫付。营口监狱于 2012 年 4 月 26 日、9 月 26 日、10 月 31 日分 3 次给付全庆哲 8.5 万元。

全庆哲就双脚冻伤一事继续向石佛地区检察院控告。2013 年 1 月 30 日,石佛地区检察院作出了《关于原营口监狱服刑人员全庆哲控告情况复查意见》,对全庆哲控告情况复查意见中再次出具结论:“1. 全庆哲因拒绝参加生产劳动,经多次口头教育无效,营口监狱六监区依照《监狱法》第五十八条第五款的规定,经审批对全庆哲禁闭 7 天,其禁闭审批程序合法,手续完备。2. 全庆哲提出的因患高血压、心脏病不能参加劳动。经查,全庆哲在 2003 年 9 月在大连入监监狱‘罪犯收监身体检查表’,以及营口监狱的入监身体检查,身体各项指标均正常,没有任何疾病。3. 全庆哲的双脚冻伤并截肢,有证据证明,在对全庆哲的管理教育和执行禁闭期间,没有发生干警体罚虐待行为,监区对其冻伤的治疗是负责的。4. 监区发现全庆哲冻伤后,给予积极认真治疗,有证据证明,全庆哲消极对待治疗,没有积极配合。5. 营口监狱六监区对全庆哲关押禁闭的禁闭室无取暖设备,应承担管理责任。”

2013 年 7 月 18 日,辽宁省高级人民法院司法辅助办公室经摇号选定沈阳医学院法医鉴定所对全庆哲假肢费用等有关事项进行鉴定,2013 年 8 月 2 日,沈阳医学院法医鉴定所得出如下鉴定意见:冻伤后宜用 42℃ ~44℃ 的温水泡脚,足趾冻伤后是否截趾与冻伤程度有关,冷水泡脚不能导致截趾。营口监狱医院用温水泡脚(热敷)治疗方法得当。全庆哲假肢费用约 42000 元人民币。轮椅费用约3000元人民币,可以与假肢交替使用。安装半足假肢后不构成护理依赖。目前不需要康复治疗,不需要继续治疗费用。鉴定费2095元由全庆哲垫付。

程序方面,2010年8月12日,营口监狱作出辽营狱确字(2010)第1号不予刑事赔偿决定书,全庆哲不服,向辽宁省监狱管理局申请复议。辽宁省监狱管理局于2011年4月22日作出辽监管函复(2011)2号复议决定书,全庆哲仍不服,于2013年1月13日向辽宁省高级人民法院赔偿委员会申请作出赔偿决定。

八、适用争点及裁决理由

本案在法律适用上有以下三个争点:第一,监狱机关在执行禁闭过程中导致犯人冻伤是否适用《国家赔偿法》第17条第4项;第二,受害人冻伤后用冷水泡脚是否构成与有过失,从而减轻赔偿义务机关的国家赔偿责任;第三,当事人关于补偿金的给付约定是否可突破《国家赔偿法》的赔偿标准。

(一)监狱机关在执行禁闭过程中导致犯人冻伤是否适用《国家赔偿法》第17条第4项

《国家赔偿法》第17条第4项规定:“行使侦查、检察、审判职权的机关以及看守所、监狱管理机关及其工作人员在行使职权时有下列侵犯人身权情形之一的,受害人有取得赔偿的权利……(四)刑讯逼供或者以殴打、虐待等行为或者唆使、放纵他人以殴打、虐待等行为造成公民身体伤害或者死亡的。”这里区分了三种情形:一是刑讯逼供致人伤亡,二是以殴打、虐待等行为致人伤亡,三是放纵他人以殴打、虐待等行为致人伤亡。本案监狱机关在执行禁闭过程中,因为禁闭室内无取暖设备而导致犯人冻伤,究竟属于第二种情形还是属于第三种情形,做进一步讨论。

第三种情形规定的是以不作为方式致人伤亡,其不仅限于“放纵他人以殴打、虐待”方式致人伤亡。最高人民法院办公厅《关于国家赔偿法实施中若干问题的座谈会纪要》第14条第1款规定:“依照国家赔偿法第十七条第(四)项的规定,行使侦查、检察、审判职权的机关以及看守所、监狱管理机关及其工作人员,有放纵他人虐待、违法不履行或怠于履行法定职责等不作为情形,且与公民在羁押期间死亡或者受到伤害存在因果关系的,受害人有取得赔偿的权利。”据此,“违法不履行或怠于履行法定职责等不作为情形”也属于前述第三种情形。

本案中,营口监狱关押全庆哲的禁闭室无取暖设备,构成违法不履行或怠于履行法定职责。监狱机关作为国家刑罚的执行机关,对服刑期间犯人的人身健康负有法定的监管职责。根据《监狱法》第53条之规定:“罪犯居住的监舍应当坚固、通风、透光、清洁、保暖。”本案营口监狱对全庆哲禁闭时间为2003年12月3~9日,为东北地区的严冬时节;禁闭室内无取暖设备,不符合东北地区人居住房应有取暖设备的居住条件,并保证室温17度以上。在此,违反监舍保暖义务的行为主体是作为监狱管理机关的营口监狱。

第二种情形规定的以作为方式致人伤亡。其行为主体通常是行使侦查、检察、审判职权的机关以及看守所、监狱管理机关的工作人员,而非前述机关本身。本案的关键争点是,营口监狱有关工作人员在执行禁闭时将全庆哲关进没有取暖设备的禁闭室,是否构成虐待?

虐待,是指司法工作人员的行使职权过程中实施饥饿、饥渴、挨冻、不让睡觉等非暴力行为,也称冷暴力行为,侵犯公民生命健康权的违法行为。营口监狱依照《监狱法》第58条第5项“有劳动能力拒不参加劳动或者消极怠工,经教育不改的”之规定,决定对全庆哲禁闭7天符合法律规定,且审批程序合法,手续完备。虽然禁闭也是一种体罚,但依法的合理体罚不能认定为虐待。但是,执行禁闭并不意味着可以让犯人挨冻。本案营口监狱有关干警在执行禁闭时,将全庆哲关押在没有取暖设备的房间内致其冻伤,是否构成虐待,取决于有关干警有无虐待的故意,具体而言,主要取决于其是否明知有关禁闭室没有取暖设备。因为虐待与殴打一样,都须以故意为前提。根据本案有关情况,应认定有关干警存在虐待犯人的故意。

综上,本案营口监狱实际上有两个违法行为、两个刑事赔偿责任,一个是其自身不履行法定职责而导致他人冻伤的责任,另一个是其工作人员虐待致人冻伤的责任,二者导致了犯人冻伤这一相同后果,构成责任竞合。基于损害填补和禁止不当得利的法理,犯人只能择一请求。其法理依据分别是《国家赔偿法》第17条第4项规定的第二种情形和第三种情形。

(二)受害人与有过失与国家赔偿责任的减轻

最高人民法院办公厅《关于国家赔偿法实施中若干问题的座谈会纪要》第14条第2款规定:“人民法院赔偿委员会应当根据赔偿义务机关就前款所

述不作为情形对于造成损害结果所起的作用,决定其应当承担赔偿责任的比例及份额。”这实际上是认可了在还有其他违法行为(如直接实施殴打、虐待行为的他人)或其他致害原因(如受害人自身过错)时,人民法院可以基于有关行为的原因力而适当减轻赔偿机关的国家赔偿责任。基于相同事物相同处理的平等原则,不管赔偿义务机关的违法行为是不作为还是作为,前述责任减轻都有适用可能。

本案中,全庆哲冻伤后用冷水泡脚,没有积极配合温水泡脚,冻伤未见好转,是否构成有过失,从而可以减轻营口监狱的国家赔偿责任?

参照《侵权责任法》有关与有过失的规定,被侵权人不但须有过错,而且其过错与损害之间还必须存在因果关系。对于后者,《侵权责任法》第26条规定,被侵权人必须对损害的“发生”有过错;第27条规定,损害必须是因受害人故意“造成”。

本案中,首先可以肯定的是,全庆哲冻伤后用冷水泡脚的行为存在过失。2013年8月2日,沈阳医学院法医鉴定所的鉴定意见即指出:“冻伤后宜用42~44℃温水泡脚。”但是,全庆哲的前述过失行为与其截趾这一损害后果之间并无因果关系。《国家赔偿法》第26条第2款规定:“被羁押人在羁押期间死亡或者丧失行为能力的,赔偿义务机关的行为与被羁押人的死亡或者丧失行为能力是否存在因果关系,赔偿义务机关应当提供证据。”据此,营口监狱应承担本案因果关系的举证责任,并在证明不能时承担举证失败的不利后果。依据前述沈阳医学院法医鉴定所的鉴定意见,“足趾冻伤后是否截趾与冻伤程度有关,冷水泡脚不能导致截趾”,应认定全庆哲冻伤后用冷水泡脚的行为与其截趾之间并无因果关系;即便不一定没有因果关系,根据前述举证责任的分也应由营口监狱承担举证不利的后果。

综上,全庆哲的行为并不构成与有过失,营口监狱不能减轻其国家赔偿责任。

(三)当事人关于补偿金的给付约定是否可突破《国家赔偿法》的赔偿标准

《国家赔偿法》关于国家赔偿的规定很大程度上构成《侵权责任法》侵权损害赔偿的特别规定,如最高人民法院《关于审理人身损害赔偿案件适用法律若干问题的解释》(以下简称《人身损害赔偿司法解释》)第8条第2款规定:“属于《国家赔偿法》赔偿事由的,依照《国家赔偿法》的规定处理。”就一般的侵权损害赔偿而言,双方当事人之间可以自由达成和解协议或其他约定,低于或突破《侵权责任法》的法定赔偿标准,这是当事人意思自治的应有之义。但国家赔偿的特殊之处在于,其中一方当事人是国家机关,赔偿费用也是列入各级财政预算(《国家赔偿法》第 37 条第 1 款),因此,若对意思自治全无限制,在双方当事人的补偿约定突破国家赔偿法定标准时,就有浪费公帑、慷国家之慨的嫌疑。对此有两种可能的观点:

一种观点认为,《国家赔偿法》确立的法定赔偿标准在性质上属于强行法,因此,但凡当事人达成的补偿约定或对应的调解协议突破上述标准,便属于违反法律的(效力性)强制性规定,依据《合同法》第 52 条第 5 项、最高人民法院《关于适用〈中华人民共和国合同法〉若干问题的解释》(二)第 14 条,应认定补偿约定超出法定赔偿标准的部分无效。

另一种观点认为,《国家赔偿法》确立的赔偿标准并非强行法,但是,若当事人达成的补偿约定或其他协议突破上述标准,在一定情形下,将可能“损害社会公共利益”,从而依《合同法》第 52 条第 4 项而被认定为无效。

第二种观点更值赞同。它不仅同样可以实现保护国家利益的目的,而且在逻辑上更为周延,也更为公正。

在逻辑上,第二种观点可以解决第一种观点一些无法解决的问题。比方说,当事人约定的补偿金中可能包含其他无关事项(如赔偿请求人不能继续申诉、上访等)的对价,这部分对价与国家赔偿无关,自然不能以突破法定赔偿的强制性规定为由判定其无效。但依第二种观点,赔偿请求人不能继续申诉、上访,赔偿义务机关为此给予对价的约定显然有可能损害国家利益,据此可认定为无效。

更重要的是,第二种观点还容许作更实质的利益权衡。必须考虑到,目前的国家赔偿和一般的民事赔偿在损害赔偿的力度和范围上还有一些差距,前者对于受害人的救济相对要弱。比如,在实践中数额很大、当事人通常也最关切的死亡赔偿金或残疾赔偿金问题上,《国家赔偿法》第 35 条第 1 款第 2、3 项都是以国家上年度职工平均工资作为计算标准,在不少情形下,它就可能远低于《人身损害赔偿司法解释》第 25 条、第 29 条确立的受诉法院所在地上一年度城镇居民人均可支配收入或者农村居民人均纯收入的标准。又如,在误工收入的赔偿上,《国家赔偿法》第 34 条第 1 款第 1 项是按国家上年度职工平均工资计算,并且设定了5年工资的最高限额,而《人身损害赔偿司法解释》第20条则是按实际减少收入等计算,并且无最高额限制;在生活费计算标准上,《国家赔偿法》第34条第2款是参照当地最低生活保障标准,而《人身损害赔偿司法解释》第28条则是按照受诉法院所在地上一年度城镇居民人均消费性支出和农村居民人均年生活消费支出计算等。这种国家赔偿与民事赔偿在损害赔偿计算标准上的差距,以及由此造成的私人利益的"牺牲",在国库紧张、国家艰难的时刻或许有其正当性,但是,在国家富强、国库充盈的太平时代,一味坚持此种差别对待,正当性却值得考虑。因此,如果当事人之间的补偿约定名义上虽然一定高于国家赔偿的法定标准,但实际上不过是弥合了国家赔偿与一般侵权赔偿之间的差距,那么,该约定仍然没有损害社会公共利益。

综上,若当事人之间的补偿约定没有违反社会公共利益,即便其一定程度上突破了《国家赔偿法》的法定赔偿标准,仍应认定为有效。

本案中,根据《国家赔偿法》第34条第2项规定:"造成部分或者全部丧失劳动能力的,应当支付医疗费、护理费、残疾生活辅助具费、康复费等因残疾而增加的必要支出和继续治疗所必需的费用,以及残疾赔偿金。残疾赔偿金根据丧失劳动能力的程度,按照国家规定的伤残等级确定,最高不超过国家上年度职工年平均工资的二十倍。"关于医疗费,营口监狱已支付全庆哲住院期间的医药费和治疗费10554.10元。关于护理费、残疾生活辅助具费、康复费。根据沈阳医学院法医鉴定意见,全庆哲假肢费用约42000元人民币。轮椅费用约3000元人民币,可以与假肢交替使用。安装半足假肢后不构成护理依赖。目前不需要康复治疗,不需要继续治疗费用。营口监狱同意给付残疾生活辅助具费45000元。关于残疾赔偿金,应根据丧失劳动能力的程度,按照国家规定的伤残等级确定,最高不超过国家上年度职工年平均工资的20倍。全庆哲右左足分别为7级、10级残疾,不能分别计算残疾赔偿金,应取比较高的级别且上浮1级,本案可按6级伤残计算赔偿金。按最高20倍的适当比例,折算按8倍比例计算。根据2013年上年度职工年平均工作47593元×8倍,营口监狱应赔偿全庆哲残疾赔偿金380744元。上述医疗费、残疾生活辅助具费和残疾赔偿金合计为425744元。关于精神损害抚慰金,可根据受害人伤残等级、当地经济状况以及未来生活影响等支付适当精神抚慰金。营口监狱机关已于辽宁省高级人民法院赔偿委员会审理前自愿给付救助款8.5万元。2013年10月24日,全庆哲与营口监狱自愿达成协议,营口监狱一次性补偿全庆哲住院医疗费、残疾赔偿金、残疾生活辅助具费、精神损害抚慰金等共计人民币53.5万元。该约定补偿数额与法定赔偿标准之下的赔偿金额几乎一致,因此应为有效。

根据最高人民法院办公厅《关于人民法院赔偿委员会审理国家赔偿案件程序的规定》第11条的规定,赔偿请求人、赔偿义务机关经协商达成协议的,赔偿委员会审查确认后应当制作国家赔偿决定书。本案赔偿义务机关营口监狱与赔偿请求人全庆哲达成了协议,人民法院赔偿委员会经审查协议不违反法律规定,予以确认,并将协议写入国家赔偿决定书主文。

滕德刚申请吉林省四平监狱未尽监管职责侵害人身权国家赔偿案

华东政法大学　孙维飞
吉林省高级人民法院

一、案件类型

刑事赔偿

二、判决要旨

监狱服刑人员受其他服刑人员直接侵害而受伤或死亡时，若监狱管理机关有未尽法定监管职责的非故意的不作为行为，且其非故意的不作为行为和该服刑人员身体伤害或者死亡结果之间有一定的因果关系的，受害人依据《国家赔偿法》第17条第4项有请求部分比例的国家赔偿的权利；该比例需结合监狱管理机关的过错和受害人的过错等因素确定。

三、关键词

国家赔偿　刑事赔偿　法定监管职责　不作为　一定比例的赔偿责任

四、涉案主体及司法文书

赔偿请求人：滕德刚

赔偿义务机关：吉林省四平监狱（以下简称四平监狱）

裁决机关及司法文书：

1. 吉林省监狱管理局于2012年11月30日作出（2012）吉狱赔字第2号复议决定书；

2. 吉林省高级人民法院赔偿委员会于2013年7月1日作出（2013）吉法委赔字第3号国家赔偿决定书。

五、赔偿请求

滕德刚请求由四平监狱承担下列赔偿责任:(1)按照2012年度全国职工年平均工资的12倍支付其残疾赔偿金,即47593×12=571116元;(2)赔偿其从保外就医以来共花销的医疗费4568.10元;(3)其于2007年鉴定后续颅骨修复费用还需21000元,现物价上涨,要求赔偿4万元;(4)赔偿其伤残鉴定及鉴定检查费1158.60元。以上合计人民币616842.70元。

六、赔偿决定

根据《国家赔偿法》第17条第4项、第29条、第34条第2项的规定,吉林省高级人民法院赔偿委员会决定:(1)撤销吉林省监狱管理局(2012)吉狱赔字第2号复议决定;(2)由四平监狱向赔偿请求人滕德刚支付国家赔偿款总计人民币136519.11元。

七、基本案情

赔偿请求人滕德刚系四平监狱服刑人员,与同为服刑人员的吴占海、刘显新、孟凡友共4人,于1999年12月30日零时班中,被临时安排组成一个相互监督的互包组,在三监区六分监区内做推煤工作。4人推煤工作进行了1小时左右,吴占海擅自脱离推煤岗位。当日3时许,滕德刚与刘、孟3人找到在水泥包装楼二楼主控室室内的吴占海,催促其去推煤,因双方语言不当发生口角。随后4人不约而同在主控室内围着火炉打盹休息。当日3时许至4时45分期间,该监区现场安全员徐兆清(为服刑人员,系监区现场安全员岗位,负责对劳动现场的服刑人员每半小时查岗一次)经查岗发现4人一直在主控室休息。当日5时左右,吴占海趁滕德刚和刘、孟3人熟睡之机,拿起室内砸煤用的铁钎,向滕、刘、孟3人头部连续击打数下,发现3人没有反应后,认为3人已死亡,遂从该水泥包装二楼窗外铁梯爬到楼顶欲跳楼自杀。当日5时许,刘显新苏醒后爬到窗户处呼救,被徐兆清及孔凡山、于占江(均为服刑人员)发现,3人将滕、刘、孟拉出主控室后,徐兆清到监区办公楼找值班管教报告,孔凡山、于占江及崔风军等其他赶到现场的服刑人员准备将滕、刘、孟3人带出水泥包装楼进行救治。此间,吴占海在楼顶手持铁棒喊叫示威,并向楼下扔铁块、砖头阻止救助,其中孔凡山右脚跟被铁块砸伤,崔风军肩部被砖头砸伤。四平监狱管教员及其他监狱管理人员赶到现场后,对伤员进行了组织救治,并对楼顶的吴占海进行思想政治教育,劝导其下楼。

当日22时45分,在监狱管理人员的教育下,吴占海从楼顶下来被抓获。

滕德刚的伤情经法医鉴定为:右颞顶硬膜外血肿、硬膜下血肿、右颞枕叶脑挫裂伤、右颞枕同陷性粉碎性骨折、颅底骨折、右颞部头皮挫裂伤、右眼睑钝挫伤,系重伤。滕德刚后又经吉林三源司法鉴定所鉴定为:脑软化灶形成左侧肢体偏瘫,肌力4级,属7级伤残;颅脑缺损160平方厘米,属9级伤残。修复颅骨费用约5620元至21000元之间属合理。后吴占海被四平市中级人民法院以故意杀人罪判处死刑。

赔偿请求人滕德刚以赔偿义务机关四平监狱未尽监管职责致其被他人伤害致残为由,向该监狱申请国家赔偿,该监狱逾期未作决定。滕德刚向复议机关吉林省监狱管理局申请作出复议决定,该局复议认为四平监狱无责任,作出仅(2012)吉狱赔字第2号复议决定,不予赔偿。滕德刚不服,于2013年向吉林省高级人民法院赔偿委员会申请作出国家赔偿决定。

吉林省高级人民法院赔偿委员会认为,第一,四平监狱的劳动现场多处存在可作为犯罪工具的危险物品(如作案工具铁钎及楼顶的铁块、砖头等)且无有效管理,由此表明服刑人员的劳动现场存在安全问题;第二,案发当日零时许至5时许没有监狱的当班管教在劳动现场进行监管,而由服刑人员担任的安全员在发现吴占海等4名服刑人员擅自脱离推煤岗位后,并没有及时制止以及向监狱当班管教报告,四平监狱也不能提供案发期间有值班干警在劳动现场进行了监管的证据。因此,依据司法部于1997年3月10日下发的《关于加强监狱劳教所安全生产工作的通知》中“负责犯人、劳教人员生产现场管理的干警和职工,必须跟班上岗,对脱逃和擅离工作岗位者要严肃处理”之规定,可以认定四平监狱在监管上确有一定疏漏之处。

在赔偿数额方面,因本案中滕德刚所受伤害系吴占海直接造成,另滕德刚在受伤前亦随同其他服刑人员擅自脱离推煤岗位,其自身亦有一定违规之处,故根据本案具体情况,本院赔偿委员会确定由四平监狱承担30%的监管不作为责任,即承担应赔偿滕德刚相应国家赔偿款项总金额30%的比例。另根据《国家赔偿法》第34条第2项“侵犯公民生命健康权的,赔偿金按照下列规定计算:(二)造成部分或者全部丧失劳动能力的,应当支付医疗费、护理费、残疾生活辅助具费、康复费等因残疾而增加的必要支出和继续治疗所必需的费用,以及残疾赔偿金。残疾赔偿金根据丧失劳动能力的程度,按照国家规定的伤残等级确定，最高不超过国家上年度职工年平均工资的二十倍”的规定，以及滕德刚经鉴定共两处伤残（其中一处为7级，另一处为9级）的实际情况，具体确定四平监狱应当承担的赔偿标准、项目及数额为：（1）对于赔偿请求人滕德刚提出的支付其残疾赔偿金的请求，决定按照2012年度全国职工年平均工资的9倍确定该项目总金额，由四平监狱承担该项目总金额30%的比例，即该项总金额47593 ×9 =428337元的30%，为128501.10元；（2）对于赔偿请求人滕德刚提出的自保外就医以来共花销医疗费4568.10元的赔偿请求，其提供的相关医药票据可以确定基本为其治疗脑部疾病的支出，且该项费用不与（2000）四刑初第34号刑事附带民事判决书中所判定的医疗费重合（该判决书中判定的医疗费2.9万余元，为滕德刚在保外就医前住院治疗的费用，当时已由四平监狱交付，滕德刚对该费用未予主张），故对该赔偿项目予以支持，亦由四平监狱承担该赔偿项目总金额30%的比例，为1370.43元；（3）对于赔偿请求人滕德刚提出其于2007年经鉴定后续颅骨修复费用还需21000元，现物价上涨，要求赔偿4万元的请求。根据（2007）临鉴字第2号鉴定，修复颅骨总费用约5620元至21000元之间属合理。现滕德刚虽然提出对该项费用应赔偿4万元，但没有提供相关证据或依据。因此，考虑市场因素，按照临鉴字第2号鉴定该项费用的最高标准，即21000元确定该赔偿项目总金额，由四平监狱承担该赔偿项目总金额30%的比例，为6300元；（4）对于赔偿请求人滕德刚提出的赔偿其伤残鉴定及鉴定检查费1158.60元一项，滕德刚提供了相关票据。因该项费用系因其被伤残需要鉴定所增加的必要支出，故对该赔偿项目予以支持，四平监狱承担该项目总金额30%的比例，为347.58元。以上总计人民币136519.11元。

八、适用争点及裁决理由

本案在法律适用上有以下两个争点：第一，针对监狱管理机关不属于“放纵”情形的未尽监管职责导致服刑人员受他人伤害的不作为行为，《国家赔偿法》第17条第4项可否适用；第二，在第三人直接侵害行为导致伤害事故时，监狱管理机关就其不属于“放纵”情形的未尽监管职责的不作为行为是否应对受害人就全部损害承担赔偿责任。

(一)针对监狱管理机关不属于"放纵"情形的未尽监管职责导致服刑人员受他人伤害的不作为行为,《国家赔偿法》第14条第4项可否适用

《国家赔偿法》第17条第4项规定:"行使侦查、检察、审判职权的机关以及看守所、监狱管理机关及其工作人员在行使职权时有下列侵犯人身权情形之一的,受害人有取得赔偿的权利……(四)刑讯逼供或者以殴打、虐待等行为或者唆使、放纵他人以殴打、虐待等行为造成公民身体伤害或者死亡的。"照此明面文字,本案唯一可纳入考虑的加害行为就是"放纵他人以殴打、虐待",这就需要讨论"放纵"的含义。

在现有的法律规范体系中没有关于"放纵"一词的法律界定,但有其近义词"纵容"的解释。2001年湖南省司法厅曾就《司法行政机关行政赔偿、刑事赔偿办法》第5条第2款规定中的不确定概念进行请示,司法部2001年8月14日发布了《司法部关于〈对"纵容他人殴打服刑人员"如何理解的请示〉的批复》,指出被请示条款中的"殴打或者唆使、纵容他人殴打服刑人员,造成严重后果的"的规定中,"纵容"的行为系指"负有直接监管责任的干警处于监管现场,明知他人殴打服刑人员,应当制止而不予制止的行为"。该答复强调监狱干警必须在监管现场才构成纵容,如果可以适用到国家赔偿法规定的"放纵"概念,那本案监狱干警肯定够不上法定条件。将放纵或纵容限定在"现场不作为"似乎有些太过偏袒监狱管理部门,但通常讲,只有在明知自己的行为可能造成损害结果且可以制止而不加制止的情形下,才可能存在行为人的放纵或放任,本案显然不属于这个情况。

最高人民法院于2012年颁布了《关于国家赔偿法实施中若干问题的座谈会纪要》(法办〔2012〕490号),其第14条第1款规定:"依照国家赔偿法第十七条第(四)项的规定,行使侦查、检察、审判职权的机关以及看守所、监狱管理机关及其工作人员,有放纵他人虐待、违法不履行或怠于履行法定职责等不作为情形,且与公民在羁押期间死亡或者受到伤害存在因果关系的,受害人有取得赔偿的权利。"该纪要第14条第1款规定的特点在于:(1)将唆使和放纵区分开来,放纵被认为是不作为,而唆使并不是;(2)在对《国家赔偿法》第17条第4项的解释中,将不作为承担责任的情形从"放纵"扩张至"放纵"以及"违法不履行或怠于履行法定职责"等不作为情形。

《国家赔偿法》第17条第4项之规定并未明确涉及"放纵"以外的"违法

不履行或怠于履行法定职责”的不作为情形。如果认为“放纵”以外的不作为情形亦属于该项调整的范围,有两条解释的路径:一是认为“放纵”以外的不作为情形被《国家赔偿法》第17条第4项“以殴打、虐待等行为”“造成公民身体伤害或者死亡的”中的“等”字所涵盖。如此,则该“等”字针对的情形可以与“殴打、虐待”的作为的行为类型不同,可涵盖不作为的行为类型。二是认为上述“以殴打、虐待等”行为中的“等”仅涵盖作为的行为类型,“放纵”以外的不作为的行为类型可通过扩张《国家赔偿法》第17条第4项“唆使、放纵他人以殴打、虐待等行为造成公民身体伤害或者死亡的”中的“放纵”二字的适用范围来实现。由于“放纵”意指放任和纵容,无论如何不可能涵盖所有的“违法不履行或怠于履行法定职责”的情形,因此,第二种解释路径从法学方法论来说,属于“目的性扩张”,具有法律续造的特点。上述可导致同样法律适用结果的两种解释路径相比较,无须涉及法律续造的第一种“文义解释”(不超出文义可能范围)的路径应更值得赞同,以更好地实现立法和司法权限的区分。最高人民法院《关于国家赔偿法实施中若干问题的座谈会纪要》第14条第1款正体现了上述第一种解释,即在“放纵”之不履行行为之外,将“等”字具体化出了“违法不履行或怠于履行法定职责等不作为情形”,明面上又增加了“违法不履行”和“怠于履行法定职责”两种不作为情形。

本案中,吉林省高级人民法院赔偿委员会认定了四平监狱存在未尽监管职责的不作为行为,但并未认定其不作为行为构成放纵——这一点对于赔偿责任比例分配会有影响——所以赔偿决定其实是基于最高人民法院《关于国家赔偿法实施中若干问题的座谈会纪要》第14条第1款的规定,在赔偿构成要件上核心问题是四平监狱是否有“违法不履行或怠于履行法定职责等不作为情形”。法院给出肯定的判断,理由是:一方面,在司法部于1997年3月10日下发的《关于加强监狱劳教所安全生产工作的通知》中,有“负责犯人、劳教人员生产现场管理的干警和职工,必须跟班上岗,对脱逃和擅离工作岗位者要严肃处理”之规定,此规定强调了生产劳动现场的管理人员在岗要求,一定程度上具有保护犯人和劳教人员之目的,本案中监狱管理人员不在岗违背了此目的要求;另一方面,本案中劳动现场具有危险物品,监狱管埋机关也应当知道其无人员在岗可能引发服刑人员制造出伤害事故。

(二)在第三人直接侵害行为导致伤害事故时,监狱管理机关就其不属于"放纵"情形的未尽监管职责的不作为行为是否应对受害人就全部损害承担赔偿责任

吉林省最高人民法院在赔偿决定书中只列上《国家赔偿法》第34条第2项作为赔偿数额的确定依据。然而该项规定的原文是:"造成部分或者全部丧失劳动能力的,应当支付医疗费、护理费、残疾生活辅助具费、康复费等因残疾而增加的必要支出和继续治疗所必需的费用,以及残疾赔偿金。残疾赔偿金根据丧失劳动能力的程度,按照国家规定的伤残等级确定,最高不超过国家上年度职工年平均工资的二十倍。造成全部丧失劳动能力的,对其扶养的无劳动能力的人,还应当支付生活费。"该规定完全没有对本案涉及的数人侵权和侵权与有过失问题有任何指示,所以30%赔偿比例的确定依据另有其他。

依据依然是前文提到的最高人民法院《关于国家赔偿法实施中若干问题的座谈会纪要》,其第14条第2款规定:"人民法院赔偿委员会应当根据赔偿义务机关就前款所述不作为情形对于造成损害结果所起的作用,决定其应当承担赔偿责任的比例和份额。"该款规定的特点在于:(1)确立了赔偿义务机关的比例赔偿责任;(2)就比例赔偿责任来说,只适用于该《纪要》第14条第1款所述的"放纵他人虐待、违法不履行或怠于履行法定职责等不作为情形";(3)赔偿责任比例的确定依据不作为行为对于造成损害结果所起的作用来确定。就该款规定来说,尚未解决的问题有:赔偿义务机关对受害人的赔偿比例是多少,以及可否为100%?对此最高人民法院《关于国家赔偿法实施中若干问题的座谈会纪要》并未给出任何答案,这需要借助民事侵权相关理论。

就本案来说,吉林省高级人民法院赔偿委员会认为:"因本案中滕德刚所受伤害系吴占海直接造成,另滕德刚在受伤前亦随同其他服刑人员擅自脱离推煤岗位,其自身亦有一定违规之处,故根据本案具体情况,本院赔偿委员会确定由四平监狱承担30%的监管不作为责任,即承担应赔偿滕德刚相应国家赔偿款项总金额30%的比例。"其意味着两点:(1)本案中赔偿义务机关仅为部分比例的赔偿责任;(2)另外,确定比例时考虑了伤害系由他人直接造成和受害人亦有擅自脱离推煤岗位的过错行为等因素。

如前所述,不应将本案中的未尽监管职责解释为"放纵"行为。从本案仅确立了赔偿义务机关部分比例的赔偿责任的角度看,不解释为"放纵"的理由还在于:(1)若明知伤害事故可能发生而"放纵"不管,监狱管理机关或其工作人员的行为应属于"故意",其对最终伤害事故的发生的影响力更接近于《国家赔偿法》第 17 条第 4 项规定中之"唆使",不同于其他仅属于"过失"的未尽监管职责的不作为行为。(2)就"唆使"行为,最高人民法院《关于国家赔偿法实施中若干问题的座谈会纪要》第 14 条第 2 款并未规定赔偿义务机关的比例赔偿责任,如果就明知伤害事故可能发生下的"放纵"行为作更接近于"教唆"的处理,则应认为"放纵"的赔偿义务机关应承担的比例为 100%。

本案涉及的情形为:第三人(即吴占海)违法行为和监狱管理机关违法行为相结合导致同一损害结果。所谓"相结合导致同一损害结果",是指数违法行为和同一损害结果皆有因果关系。本案中,吴占海的行为和受害人滕德刚遭受的损害结果具有因果关系自不必多说,关键点在于:该损害结果的全部或部分也同时与四平监狱的未尽监管职责的不作为行为具有因果关系。如果四平监狱尽到监管职责,则全部损害不会发生,那么,该损害结果的全部与四平监狱的不作为行为有因果关系。由此,该损害结果的全部与四平监狱和第三人吴占海的违法行为皆有因果关系;如果四平监狱尽到监管职责,则部分损害不会发生,那么,仅该部分的损害结果与四平监狱的不作为行为有因果关系,其他部分应由吴占海单独负责。由此,仅该部分的损害结果与四平监狱和第三人吴占海的行为皆有因果关系。比如若认定:即使四平监狱尽到监管职责,滕德刚仍会受伤,只是伤情不会达到本案中的程度,支出的医疗费等费用也就不会达到本案中的数额,那么,仅损害结果中伤情加重的部分才是四平监护和第三人吴占海的行为"相结合导致的同一损害结果",即使四平监狱尽到监管职责也不可避免的损害结果应由吴占海单独负责。

观察本案有两个视角:(1)第三人(即吴占海)作为的违法行为和监狱管理机关不作为的违法行为相结合导致同一损害结果;(2)第三人(即吴占海)故意的违法行为和监狱管理机关过失的违法行为相结合导致同一损害结果。由于本案判决国家仅须赔偿 30% 的损害,但这只能在监狱管理机关过失而非故意的情形下成立,因此,应强调上述第(2)个视角。如果监狱管理机关故意不作为,如放纵损害结果的发生,那么,针对受害人来说,国家赔偿的比例应为100%(但这并不意味着国家赔偿后不得向第三人追偿),若第三人也是故意,国家赔偿义务机关应与第三人承担连带责任。虽然国家赔偿的相关法律法规并未就第三人与国家机关的行为相结合造成损害应如何分担责任给出明确规定,但是为抑制故意行为,至少应认为:故意造成损害结果的人,不论其行为是作为,还是不作为,不应就损害结果仅承担部分比例的赔偿责任。数个行为人皆属于故意造成同一损害结果的,不论是否构成共同侵权,其应承担连带责任。因此本案中赔偿义务机关仅承担部分比例(30%)的赔偿责任的根据并不在于四平监狱的行为仅具有不作为的性质,而在于其行为并非故意。

杨秀兰、张福均、张赫宇申请北京铁路公安处刑事赔偿案

上海财经大学法学院　叶名仪
北京市第二中级人民法院　钱　佳　王　琪

一、案件类型

违法使用武器、警械致伤、致死赔偿

二、判决要旨

1. 受害人损害虽距今10余年，但赔偿请求人一直未曾中断上访及信访，未放弃过权利的主张及行使，故其赔偿申请并未超过请求时效。

2. 公安民警在执行公务过程中，给犯罪嫌疑人戴上手铐，使其人身自由受到限制，却未尽到看管义务，致其发生坠桥死亡的后果，为此，公安处应承担主要责任，并赔偿相应的经济损失。

3. 受害人的死亡给赔偿请求人造成了精神损害后果，赔偿义务人应给付相应的精神损害抚慰金，具体数额由赔偿委员会酌定。

4. 受害人于深夜独自攀爬至距离冰面20余米的铁路专用桥上的行为亦存在过错，对其后来所遭受损害，亦负有责任，故应自行承担一定的经济损失。

三、关键词

限制人身自由　过错　合理注意义务（看管义务）　被扶养人生活费　受害人过错

四、涉案主体及司法文书

赔偿请求人：张福均、杨秀兰、张赫宇（分别系受害人张来新的父、母、子）

赔偿义务机关:北京铁路公安局北京公安处

裁决机关及司法文书:

1. 北京铁路运输检察院于2001年5月22日作出京铁检法不立(2001)3号不立案通知书;

2. 北京铁路运输检察院于2001年6月15日作出京铁检控议字(2001)第1号复议决定书;

3. 2010年6月10日,北京铁路运输检察院对杨秀兰和张福均的信访作出检信答(2010)1号信访事项答复意见通知书;

4. 北京铁路公安处于2012年2月8日作出铁京公刑赔字(2012)001号刑事赔偿决定书;

5. 北京铁路公安局于2012年4月23日作出京铁公赔复字(2012)1号刑事赔偿复议决定书;

6. 北京市第二中级人民法院赔偿委员会于2013年9月6日作出(2012)二中法委赔字第00020号赔偿决定书。

五、赔偿请求

1. 死亡赔偿金和丧葬费1008300元;

2. 精神损害抚慰金300000元;

3. 被扶养人生活费1156172元。

六、赔偿决定

1. 死亡赔偿金、丧葬费共计667000元;

2. 被扶养人生活费82200元[43700(张福均)+38500(张赫宇)];

3. 精神损害抚慰金250000元。

七、基本案情

2001年2月19日夜晚11时许,北京铁路分局三家店工务段养路工曹某向北京铁路公安处三家店车站派出所报警称,其家与斜军桥铁路电缆相连的电源断电,怀疑有人在斜军桥上盗割电缆。值班副所长殷彦生带领另外三名民警迅速赶到斜军桥上,曹某当场指认张来新盗窃铁路电缆,随后民警给张来新戴上手铐。张来新在押解过程中从斜军桥上坠落冰面经抢救无效死亡。2001年3月19日北京市公安局法医鉴定中心对张来新的尸体进行鉴定,并于2001年3月21日作出京公刑技(法)检字(2001)603号刑事科学技术鉴定书,结论为:左额颞部可见皮肤挫伤及头皮下出血,左侧第2、3、4、7、12肋脊柱端可见骨折,左侧第4、5肋骨软骨交界处及右侧第一肋骨可见骨折,枕骨大孔右缘可见线状骨折,左肺上叶及脾脏可见破裂口,其损伤外轻内重,符合高坠伤的特点。尸体检验结论为:张来新符合高坠致颅脑损伤合并创伤性失血性休克死亡。然后,杨秀兰向北京铁路运输检察院举报铁路民警在讯问其儿子张来新过程中刑讯逼供。北京铁路运输检察院于2001年5月22日作出京铁检法不立(2001)3号不立案通知书,认为没有证据证明民警有违法犯罪事实,故不予立案。杨秀兰不服,于2001年5月28日提出复议申请。北京铁路运输检察院于2001年6月15日作出京铁检控议字(2001)第1号复议决定书,维持了原不立案决定。

此后,杨秀兰持续信访。2004年1月6日,北京铁路公安局接到铁道部公安局转来的杨秀兰等14人联名举报信称张来新被迫害致死。2010年6月10日,北京铁路运输检察院对杨秀兰和张福均的信访作出检信答(2010)1号信访事项答复意见通知书,认为杨秀兰、张福均所称北京铁路公安处三家店车站派出所民警涉嫌故意伤害至张来新跳桥死亡的事实不能成立,维持原不立案的处理决定。

2011年12月12日,杨秀兰向北京铁路公安处申请刑事赔偿人民币1649480元。北京铁路公安处于2012年2月8日作出铁京公刑赔字(2012)001号刑事赔偿决定书,对杨秀兰不予赔偿。杨秀兰不服,于2012年2月28日向北京铁路公安局申请复议。北京铁路公安局于2012年4月23日作出京铁公赔复字(2012)1号刑事赔偿复议决定书,维持了北京铁路公安处的不予赔偿决定。

另查,张福均为残疾人,与杨秀兰系夫妻,育有一女张海燕和一子张来新。张赫宇系张来新非婚生子,在张来新死亡后不久,张赫宇之母离家出走至今下落明,张赫宇一直由杨秀兰扶养。再查,斜军桥位于北京市门头沟区三家店乡,横跨永定河,为单向铁路专用桥,桥上没有车辆及人行通道,亦无夜间照明设施。桥面距地面20余米,案发时正处冬季,河面结冰,张来新系深夜独自一人在该桥上。

又查,我国2012年度职工年平均工资为47593元,北京市2013年度最低生活保障标准每人每月520元。

北京市第二中级人民法院赔偿委员会认为,《国家赔偿法》第39条规定,赔偿请求人请求国家赔偿的时效为两年,自其知道或者应当知道国家机关及其工作人员行使职权时的行为侵犯其人身权、财产权之日起计算,但被羁押等限制人身自由期间不计算在内。本案中,赔偿请求人的申请虽然距今已有10余年,但杨秀兰一直在北京铁路公安局、北京铁路公安处、北京铁路运输检察院等机关上访及信访,没有放弃过权利的行使,且张来新的尸体至今未火化,北京铁路公安处没有对该案作出撤销案件及任何结论性意见,故该案尚未处理完结,北京铁路公安处所称赔偿请求人的赔偿申请超过赔偿请求时效的主张不能成立。铁路公安民警在执行公务过程中,给犯罪嫌疑人张来新戴上手铐,使其人身自由受到限制,却未尽到看管义务,导致张来新发生坠桥死亡的后果,为此,北京铁路公安处应当承担主要责任,并赔偿相应的经济损失。《国家赔偿法》第34条规定,造成死亡的,应当支付死亡赔偿金、丧葬费,总额为国家上年度职工年平均工资的20倍。对死者生前扶养的无劳动能力的人,还应当支付生活费。前款第2项、第3项规定的生活费的发放标准,参照当地最低生活保障标准执行。被扶养的人是未成年人的,生活费给付至18周岁止;其他无劳动能力的人,生活费给付至死亡时止。因此,张来新的死亡赔偿金、丧葬费应当按照我国2012年度职工年平均工资47593元的20倍予以计算。张来新之父张福均是残疾人,无劳动能力,应当支付其生活费至死亡时为止。张来新之子张赫宇是未成年人,应当支付其生活费至18岁止,生活费标准参照北京市2013年度最低生活保障标准每人每月520元执行。另外,因被扶养人张福均育有一女张海燕,扶养费应减半。张赫宇之母对张赫宇亦有扶养义务,故扶养费亦应减半。张来新死亡时杨秀兰有劳动能力,故对杨秀兰要求支付扶养费的请求不予支持。《国家赔偿法》第35条规定,有本法第3条或者第17条规定情形之一,致人精神损害的,应当在侵权行为影响的范围内,为受害人消除影响,恢复名誉,赔礼道歉;造成严重后果的,应当支付相应的精神损害抚慰金。张来新的死亡给赔偿请求人造成了精神损害后果,应给付相应的精神损害抚慰金,具体数额由本委酌定。杨秀兰承诺得到赔偿款之后自行火化张来新尸体并承担相应费用,本委不持异议。该案发生后,北京铁路公安处未及时善后处理,致使张来新的尸体存放于北京市公安局法医中心至今未火化,由此产生的尸体存放费用应由北京铁路公安处承担。另应指出的是,张来新于深夜独自攀爬至距离冰面20余米的铁路专用桥上的行为亦存在过错,对导致后来一系列事情的发生,具有不可推卸的责任,故应承担一定的责任,并自行承担相应的经济损失。综上,本案的具体赔偿数额,由本委结合本案的具体情况和双方应承担的责任,酌情确定。据此,依照《国家赔偿法》第17条、第34条、第35条和最高人民法院《关于人民法院赔偿委员会审理国家赔偿案件程序的规定》第19条,决定如下:

(1)撤销北京铁路公安局京铁公赔复字(2012)1号刑事赔偿复议决定书和北京铁路公安处铁京公刑赔字(2012)001号刑事赔偿决定书;

(2)北京铁路公安处赔偿杨秀兰、张福均、张赫宇死亡赔偿金、丧葬费人民币667000元;

(3)北京铁路公安处支付张福均扶养费人民币43700元、支付张赫宇扶养费人民币38500元;

(4)北京铁路公安处向杨秀兰、张福均、张赫宇支付精神损害抚慰金人民币250000元;

(5)驳回杨秀兰要求支付扶养费的申请。

八、适用争点及裁决理由

本案在诉讼法层面上,对于国赔请求原告适格问题上,并无争议;于至关重要的证明责任问题(被害人死因),本应成为争议焦点,但双方也未就过多纠缠,不过,证明责任问题实际上仍属于实体法问题。

本案在实体法上的适用争点主要有以下两点:(1)申请人的赔偿请求权是否超过请求时效?(2)作为责任构成要件之一的因果关系谁来证明?

(一)关于本案申请人的赔偿请求权是否超过请求时效的问题

北京市第二中级人民法院赔偿委员会认为,"本案中,赔偿请求人的申请虽然距今已有十余年,但杨秀兰一直在北京铁路公安局、北京铁路公安处、北京铁路运输检察院等机关上访及信访,没有放弃过权利的行使,且张来新的尸体至今未火化,北京铁路公安处没有对该案作出撤销案件及任何结论性意见,故该案尚未处理完结,北京铁路公安处所称赔偿请求人的赔偿申请超过赔偿请求时效的主张不能成立"。

事实上,国家赔偿不过是侵权赔偿的一种特殊形态,前者绝大部分的制度原理和具体规则，都源于后者，请求时效制度也不例外。

《国家赔偿法》第39条规定，“赔偿请求人请求国家赔偿的时效为两年，自其知道或者应当知道国家机关及其工作人员行使职权时的行为侵犯其人身权、财产权之日起计算，但被羁押等限制人身自由期间不计算在内……赔偿请求人在赔偿请求时效的最后六个月内，因不可抗力或者其他障碍不能行使请求权的，时效中止。从中止时效的原因消除之日起，赔偿请求时效期间继续计算”。

侵权损害赔偿的请求时效，适用《民法通则》的一般规定。《民法通则》第135条规定，普通诉讼时效为2年。同法第137条规定，诉讼时效期间从知道或者应当知道权利被侵害时起计算。同法第139条规定：在诉讼时效期间的最后6个月内，因不可抗力或者其他障碍不能行使请求权的，诉讼时效中止。从中止时效的原因消除之日起，诉讼时效期间继续计算。

对比两部法律可知，《国家赔偿法》关于请求时效的主要规定如普通时效的期限、起算点以及时效中止等，与《民法通则》关于诉讼时效的相关规定，如出一辙。但最为遗憾的是，《民法通则》第140条规定的诉讼时效中断制度，在《国家赔偿法》中却不见踪影。《民法通则》第140条规定：“诉讼时效因提起诉讼、当事人一方提出要求或者同意履行义务而中断。从中断时起，诉讼时效期间重新计算。”

诉讼时效中断规则，是诉讼时效制度内在不可分割的一部分。这可以从两方面来理解。一方面，诉讼时效制度的根本宗旨是迫使权利人尽快行使权利，制裁怠于行使权利的人，而当事人提出要求，这本身就是在积极行使权利，对这样的权利人若再加以惩罚，实在是有违诉讼时效制度的本旨。另一方面，如果诉讼时效制度里没有中断制度，那么这样的制度将是先天有致命缺陷的，并且会成为窒息权利人的恶法；试想一下，权利人走完各种各样的救济程序（如行政赔偿，行政复议，行政诉讼一审、二审，国家赔偿程序等），本身就需要一定的时长，考虑到目前各级行政机关及司法机关所存在的、并不罕见的超期及延期处理或裁判的情形，很可能出现这样的局面：当权利人最终向赔偿委员会申请赔偿时，早已超过了国家赔偿的请求时效。

因此，尽管《国家赔偿法》没有明文规定请求时效的中断，但时效中断属于时效制度内在的、不可分离的内容之一。鉴于国家赔偿与民事侵权赔偿的关系,鉴于国家赔偿诉讼时效规则对民事诉讼时效规则的广泛借鉴和引用,通过法律的目的解释、体系解释方法,在国家赔偿领域,探索引入时效中断规则。

目的解释方法的运用就是探求时效制度的宗旨和功能(督促权利人积极行使权利、制裁怠于行使权利者),得出缺乏中断规则的时效制度是有重大缺陷的、不完整的,时效中断是时效制度固有的内容之一。

(二)作为责任构成要件之一的因果关系谁来证明

民事侵权责任有三要件、四要件之说,作为侵权赔偿的一种特殊形态的国家赔偿责任,同样要有构成要件的分析。根据《国家赔偿法》第 2 条及第 3 条、第 4 条的规定,其一般性的构成要件包括职权行使行为、过错(侵犯……合法权益)、损害、因果关系。

一般情况下,原告要承担对各项构成要件的证明责任。《国家赔偿法》第 26 条第 1 款规定:“赔偿请求人和赔偿义务机关对自己提出的主张,应当提供证据。”据此,赔偿请求人对损害、过错及因果关系承担证明责任,而赔偿义务机关对抗辩事由承担证明责任,例如,当赔偿义务机关主张该法第 19 条所述免责事由时,应当承担证明责任。

另外,考虑到若干场合,特别是被害人死亡或丧失行为能力时,若仍维持此等证明责任分配,势必不公,因此,《国家赔偿法》第 26 条第 2 款规定:“被羁押人在羁押期间死亡或者丧失行为能力的,赔偿义务机关的行为与被羁押人的死亡或者丧失行为能力是否存在因果关系,赔偿义务机关应当提供证据。”这里的因关系推定,恰恰是为了弥补被害人举证之不可能的困局。

本案中,张来新的近亲属与北京市铁路公安处各执一词,前者主张办案民警存在刑讯逼供、违法使用警具警械等违法行为,致张来新坠桥身亡;后者主张,张来新系自杀身亡。双方均无法证实各自的主张。在本案中,关于因果关系证明的关键问题可以转化为:“押解途中”是否属于《国家赔偿法》第 26 条第 2 款的“羁押期间”?若可以,则适用因果关系推定和证明责任倒置,由北京市铁路公安处承担事实真伪不明的不利后果;若不可以,则由被害人近亲属承担事实真伪不明的后果。

在北京市第二中级人民法院赔偿委员会的赔偿决定书中,所依据的事实应该是:张来新在被使用警具警械押解途中,由于办案民警未尽到合理看管和指示义务,不慎失足坠落高台而导致死亡。这样隐晦的事实认定,固然可以达到较好的利益平衡,取得双方均可以接受的良好法律实施效果,但从严格的法律适用角度来说,仍然不够完美。因为赔偿委员会并没有就本案能否适用《国家赔偿法》第26条第2款给出明确立场,也没有对本案因果关系的证明责任分配问题进行分析,简言之,对于法律适用关键部分的说理,仍有所欠缺。

当然,从实际的效果看,赔偿委员会作出完全赔偿的决定,等于是宣告因果关系的证明无须由请求赔偿一方承担。决定书指出,"铁路公安民警在执行公务过程中,给犯罪嫌疑人张来新戴上手铐,使其人身自由受到限制,却未尽到看管义务,导致张来新发生坠桥死亡的后果,为此,北京铁路公安处应当承担主要责任"。言下之意,办案民警虽然并无刑讯逼供,并无违法使用警具警械,但存在过错,从而构成被害人张来新死亡的主要原因,因而须承担主要责任。在这里,赔偿委员会表面上没有援引和适用上述第26条第2款,但实际上可以说是适用了该条款。从事物的相似性程度上看,"押解途中"的确与"羁押期间"更接近,而与"处于人身自由状态"更遥远,因此,赔偿委员会在本案中援引了第26条第2款,认可被害人死亡与有过错的职权行为行使二者之间存在因果关系,值得赞同。

吕仕怀、俞正秀等申请西安市公安局碑林分局未尽救治义务国家赔偿案

陕西省高级人民法院　焦玉珍

一、案件类型

未尽救治义务赔偿

二、判决要旨

1.《国家赔偿法》第 17 条第 4 项规定的行为要件在解释适用上应包含“违法不履行或怠于履行法定职责等不作为情形”，看守所对被羁押人员未尽到及时救助义务，属于怠于履行法定职责的不作为情形，符合该项规定中的行为要件。

2. 对因果关系的判断应适用相当因果关系的判断标准。在赔偿义务机关对因果关系承担证明责任时，如果其提供的证据不足以证明其未尽及时救治义务与被羁押人员死亡之间不存在因果关系，则应当推定赔偿义务机关未尽及时救治义务与被羁押人员死亡之间存在因果关系。

三、关键词

羁押期间死亡　及时救治义务　因果关系

四、涉案主体及司法文书

赔偿请求人：吕仕怀、喻正秀、黎功建、黎晓红、黎晓梅（死者黎宗跃的近亲属）

赔偿义务机关：西安市公安局碑林分局

裁决机关及司法文书：

1. 西安市公安局碑林分局于 2011 年 6 月 14 日作出碑公刑赔字（2011）01 号刑事赔偿决定；

2. 西安市公安局于2011年9月19日作出西公赔复字(2011)002号刑事赔偿复议决定;

3. 陕西省西安市中级人民法院于2012年12月21日作出(2012)西委赔字第00002号国家赔偿决定书;

4. 陕西省高级人民法院赔偿委员会于2013年9月30日作出(2013)陕法委赔监字第00001号通知书。

五、赔偿请求

1. 死亡赔偿金和丧葬费742940元;

2. 精神损害抚慰金100000元(每人2万元);

3. 生活费50000元。

以上合计共892940元。

六、赔偿决定

1. 陕西省西安市中级人民法院对赔偿请求人的赔偿请求不予支持。

2. 赔偿请求人向陕西省高级人民法院申诉期间,赔偿请求人与赔偿义务机关达成协议,由赔偿义务机关陕西省西安市公安局碑林分局支付赔偿请求人人民币38万元,赔偿请求人撤回申诉。

七、基本案情

2010年12月22日,黎宗跃因涉嫌诈骗被西安市公安局碑林分局刑事拘留,羁押于西安市公安局碑林分局看守所。2011年1月8日上午9时43分,黎宗跃突感胸部不适,并伴发面色紫绀,呕吐食物等症状。经医务室、医院抢救无效,宣布认定死亡。在黎宗跃猝死之前,其已有胸闷、咳嗽等病症,看守所监管人员也多次接到报告,但未能及时对症治疗。在黎宗跃猝死当天早上,看守所监管人员在接到黎宗跃身体明显不适的报告后,未能及时救治,而是在2小时后黎宗跃已病情危重的情况下,才被送至医院。2011年3月4日,西安交通大学法医学司法鉴定中心鉴定结论为:黎宗跃系冠心病合并小叶性肺炎而猝死,并排除了机械性损伤及机械性窒息死亡。司法鉴定分析说明中还载明:死者生前患有支气管肺炎,对死亡过程具有促进作用。吕仕怀、俞正秀等人申请国家赔偿。2011年6月14日,西安市公安局碑林分局作出碑公刑赔字(2011)01号刑事赔偿决定,认为黎宗跃在关押期间系突发疾病死亡,与看守所的羁押行为无因果关系,故该局不予赔偿。吕仕怀、俞正秀等人不服,向西安市公安局申请复议。2011 年 9 月 19 日,西安市公安局作出西公赔复字(2011)002 号刑事赔偿复议决定,以黎宗跃在关押期间突发疾病死亡,西安市公安局碑林分局不存在法律规定的违法行为,故不承担国家赔偿责任为由,维持西安市公安局碑林分局作出的决定。

吕仕怀、俞正秀等不服上述决定,向陕西省西安市中级人民法院赔偿委员会申请作出赔偿决定。陕西省西安市中级人民法院于 2012 年 12 月 21 日作出(2012)西委赔字第 00002 号国家赔偿决定,决定书认为,“黎宗跃因突发疾病在羁押期间死亡,已经西安市碑林区人民检察院、西安市人民检察院委托相关部门进行了法医鉴定,鉴定结论为:黎宗跃系冠心病合并小叶性肺炎而猝死。并排除机械性损伤及机械性窒息死亡;毒物分析未发现常见毒物中毒;死者胸肋骨骨折符合抢救过程中胸外按压所致。据此,公安碑林分局对黎宗跃死亡之间并无直接的因果关系。故吕仕怀、俞正秀、黎功建、黎晓红、黎晓梅请求公安碑林分局国家赔偿之理由不能成立,依法不予支持”。陕西省西安市中级人民法院根据最高人民法院《关于国家赔偿案件立案工作的规定》第 1 条第 5 项,《国家赔偿法》第 21 条第 1 款、第 25 条第 2 款、第 26 条第 2 款之规定,决定维持陕西省西安市公安局碑林分局作出的碑公刑赔字(2011)01 号刑事赔偿决定及陕西省西安市公安局作出的西公赔复字(2011)002 号刑事赔偿复议决定。

吕仕怀、俞正秀等人不服陕西省西安市中级人民法院的上述决定,向陕西省高级人民法院赔偿委员会申诉。陕西省高级人民法院审理期间,向赔偿义务机关和赔偿请求人做了大量的解释说服工作,并积极协调,最终双方达成和解协议,由赔偿义务机关陕西省西安市公安局碑林分局支付赔偿请求人人民币 38 万元。赔偿请求人撤回申诉。

八、适用争点及裁决理由

本案在法律适用上有以下两个争点:第一,看守所未尽到及时救治义务的行为是否符合《国家赔偿法》第 17 条第 4 项中的行为要件;第二,看守所未尽到及时救治义务与被羁押人死亡之间是否具有因果关系。

(一)看守所未尽到及时救治义务的行为是否符合《国家赔偿法》第 17 条第 4 项中的行为要件

《看守所条例》第 26 条规定:“看守所应当配备必要的医疗器械和常用

药品。人犯患病,应当给予及时治疗;需要到医院治疗的,当地医院应当负责治疗;病情严重的可以依法取保候审。"根据该条规定,看守所对被羁押的患病人员负有及时治疗的义务。本案中,黎宗跃在羁押死亡之前,已患有胸闷、咳嗽等病症,看守所监管人员在多次接到报告的情况下未对其及时对症治疗,在黎宗跃猝死当天早上,看守所监管人员在接到黎宗跃身体明显不适的报告后,未能及时救治,在2小时后黎宗跃已病情危重的情况下,才将其送至医院。看守所的行为违反《看守所条例》第26条关于对羁押人员"应当给予及时治疗"的规定,属于未尽到及时救治义务的行为。

《国家赔偿法》第17条第4项规定,行使侦查、检察、审判职权的机关以及看守所、监狱管理机关及其工作人员在行使职权时有下列侵犯人身权情形之一的,受害人有取得赔偿的权利:……(四)刑讯逼供或者以殴打、虐待等行为或者唆使、放纵他人以殴打、虐待等行为造成公民身体伤害或者死亡的该项规定的结果要件是"造成公民身体伤害或者死亡",规定的行为要件包含三种情形:一是刑讯逼供行为,二是殴打、虐待等行为,三是放纵他人的殴打、虐待等行为。虽然这三种情形并未明确包含"看守所未尽及时救治义务的行为"这种情形,但《国家赔偿法》第17条第4项中的"等行为"是不完全列举的表述,在解释适用上并不仅限于"刑讯逼供""殴打、虐待"或"放纵他人殴打、虐待"这三类情形。最高人民法院办公厅《关于国家赔偿法实施中若干问题的座谈会纪要》第14条第1款规定:"依照国家赔偿法第十七条第(四)项的规定,行使侦查、检察、审判职权的机关以及看守所、监狱管理机关及其工作人员,有放纵他人虐待、违法不履行或怠于履行法定职责等不作为情形,且与公民在羁押期间死亡或者受到伤害存在因果关系的,受害人有取得赔偿的权利。"该款实际上进一步明确了《国家赔偿法》第17条第4项规定的行为要件,将"违法不履行或怠于履行法定职责等不作为情形"也纳入赔偿义务机关的行为要件中。据此,看守所对羁押人员未尽到及时救助义务,属于怠于履行法定职责的不作为情形,符合《国家赔偿法》第17条第4项中的行为要件。

(二)看守所未尽到及时救治义务与犯罪嫌疑人死亡之间是否具有因果关系

《国家赔偿法》第26条第2款规定:"被羁押人在羁押期间死亡或者丧

失行为能力的，赔偿义务机关的行为与被羁押人的死亡或者丧失行为能力是否存在因果关系，赔偿义务机关应当提供证据。”该款是关于举证责任倒置的规定，即在满足“羁押期间”和“被羁押人死亡或丧失行为能力”这两项要件时，由赔偿义务机关承担举证责任，即提供证据证明其行为与被羁押人的死亡或者丧失行为能力之间不存在因果关系。最高人民法院《关于人民法院赔偿委员会审理国家赔偿案件程序的规定》第12条第2款规定：“没有证据或者证据不足以证明其事实主张的，由负有举证责任的一方承担不利后果。”据此，如果赔偿义务机关没有证据，或者证据不足以证明其行为与被羁押人的死亡或者丧失行为能力之间不存在因果关系的，则赔偿义务机关应承担不利后果，即应推定为赔偿义务机关的行为与被羁押人的死亡或者丧失行为能力之间存在因果关系。

本案中，就因果关系问题，赔偿义务机关提供的证据主要是西安交通大学法医学司法鉴定中心鉴定结论，鉴定结论认为：黎宗跃系冠心病合并小叶性肺炎而猝死，并排除了机械性损伤及机械性窒息死亡；司法鉴定分析说明中还载明：死者生前患有支气管肺炎，对死亡过程具有促进作用。该鉴定结论表明黎宗跃死亡的直接原因是冠心病合并小叶性肺炎，但无法因此认定赔偿义务机关未尽及时救治义务的行为与黎宗跃死亡之间是否具有因果关系。

这里涉及因果关系的不同认定标准和学说。第一种认定标准是条件说，认为凡是引起损害结果发生的条件，都是损害的原因。第二种认定标准是相当因果关系说，即从“条件关系”和“相当性”两部分来判断因果关系。“条件关系”采用“若无，则不”的检验方式，即“若无此种行为，则不会发生此种损害”，满足该检验，则行为与结果之间就具备条件关系；“相当性”采用“有此行为，通常就会发生此种损害”的检验方式。当“条件关系”和“相当性”均满足时，即认定行为和结果之间具有因果关系。第三种认定标准是法规目的说，强调应根据法规的目的来判断行为人的行为与损害后果之间是否具有因果关系。上述三种认定标准中，条件说无法在相互牵连的世界中准确锁定法律上的因果关系，无法公平分配损害和责任，相比之下，相当因果关系说和法规目的说更加合理，但在适用上均存在不确定性，当前，我国普通侵权法审判实务中以相当因果关系说为主流。在我国当前国家赔偿审判领域中，法院通常使用“直接因果关系”这一术语来认定行为与损害结果之间是否存在因果关系,其具体含义似乎是"行为直接导致结果的发生",依据该标准,本案中,由于直接导致黎宗跃死亡的是其所患的冠心病,进而认定赔偿义务机关未尽及时救治义务与黎宗跃死亡之间没有因果关系。这一推理和认定标准并不恰当,例如,在一果多因的情形,多种因素的结合共同导致了损害结果的发生,很难认定何种因素或行为是直接的原因,即便能够认定直接原因,也无法排除其他行为对损害结果发生之间的因果关系。因此,参考我国普通侵权法审判实务中的主流因果关系认定标准,以"相当因果关系说"来作为本案的因果关系认定标准较为妥当。

本案中,在黎宗跃猝死之前,其已有胸闷、咳嗽等病症,看守所监管人员也多次接到报告,但未能及时对症治疗。在黎宗跃猝死当天早上,看守所监管人员在接到黎宗跃身体明显不适的报告后,未能及时救治,而是在2小时后黎宗跃已病情危重的情况下,才被送至医院。从常识上来讲,冠心病固然可能引起病人死亡,但在存在有效的医疗手段和条件的情况下,对患者及时治疗,很有可能会挽救患者的生命或推迟患者死亡的时间。而且,如果已经提前知道患者的病症,在平时就采取积极的预防保护措施,多加防范,也很有可能会降低病症突发的概率。而本案中的赔偿义务机关既未能在平时就对黎宗跃及时对症治疗,在病发当天也未能及时送医救治,这很有可能增加了黎宗跃患病死亡的概率。虽然无法就此确定如果赔偿义务机关及时将黎宗跃送医救治就会避免死亡后果的发生,但也不能否认这种可能性的存在。无论是从"条件关系"还是从"相当性"来判断,无法根据赔偿义务机关提供的鉴定结论,对其未尽及时救治义务与黎宗跃死亡之间是否具有因果关系作出认定。

根据《国家赔偿法》第26条第2款规定的举证责任倒置规则,以及最高人民法院《关于人民法院赔偿委员会审理国家赔偿案件程序的规定》第12条第2款的规定,本案中,赔偿义务机关负有举证责任,但其提供的证据不足以证明其未尽及时救治义务的行为与黎宗跃死亡之间不存在因果关系,故赔偿义务机关应当承担不利后果,即应当推定赔偿义务机关未尽及时救治义务与黎宗跃死亡之间存在因果关系。

卜新光申请刑事违法追缴赔偿案

最高人民法院案例指导工作办公室

一、关键词

国家赔偿　刑事赔偿　刑事追缴　发还赃物

二、判决要旨

公安机关根据人民法院生效刑事判决将判令追缴的赃物发还被害单位,并未侵犯赔偿请求人的合法权益,不属于《国家赔偿法》第18条第1项规定的情形,不应承担国家赔偿责任。

三、相关法条

《国家赔偿法》第18条

四、基本案情

赔偿请求人卜新光以安徽省公安厅皖公刑赔字(2011)01号刑事赔偿决定、中华人民共和国公安部(以下简称公安部)公刑赔复字(2011)1号刑事赔偿复议决定与事实不符,适用法律不当为由,向最高人民法院赔偿委员会提出赔偿申请,称安徽省公安厅越权处置经济纠纷,以其购买的"深坑村土地"抵偿银行欠款违法,提出安徽省公安厅赔偿经济损失316.6万元等赔偿请求。

法院经审理查明:赔偿请求人卜新光因涉嫌伪造公司印章罪、非法出具金融票证罪和挪用资金罪被安徽省公安厅立案侦查,于1999年9月5日被逮捕,捕前系深圳新晖实业发展有限责任公司(以下简称新晖公司)总经理。2001年11月20日,合肥市中级人民法院作出(2001)合刑初字第68号刑事判决,认定卜新光自1995年1月起承包经营安徽省信托投资公司深圳证券业务部(以下简称安信证券部)期间,未经安徽省信托投资公司(以下简称安信公司)授权,安排其聘用人员私自刻制、使用属于安信公司专有的公司印章,并用此假印章伪造安信公司法人授权委托书、法定代表人证明书及给深圳证券交易所的担保文书,获得了安信证券部的营业资格,其行为构成伪造印章罪;卜新光在承包经营安信证券部期间,违反金融管理法规,两次向他人开具虚假的资信证明,造成1032万元的重大经济损失,其行为又构成非法出具金融票证罪;在承包经营过程中,作为安信证券部总经理,利用职务之便,直接或间接将安信证券部资金9173.2286万元挪用,用于其个人所有的新晖公司投资及各项费用,与安信证券部经营业务没有关联,且造成的经济损失由安信证券部、安信公司承担法律责任,应视为卜新光挪用证券部资金归个人使用,其行为构成挪用资金罪。案发后,安徽省公安厅追回赃款1689.05万元,赃物、住房折合1627万元;查封新晖公司投资的价值2840万元房产和1950万元的土地使用权,共计价值8106.05万元。卜新光一人犯数罪,应数罪并罚,遂判决:(1)卜新光犯伪造公司印章罪,判处有期徒刑2年;犯非法出具金融票证罪,判处有期徒刑8年;犯挪用资金罪,判处有期徒刑10年,决定执行有期徒刑15年。(2)赃款、赃物共计8106.05万元予以追缴。卜新光不服,提起上诉。安徽省高级人民法院于2002年2月22日作出(2002)皖刑终字第34号刑事裁定,驳回上诉,维持原判。上述刑事判决认定查封和判令追缴的土地使用权即指卜新光以新晖公司名义投资的"深坑村土地"使用权。2009年8月4日,卜新光刑满释放。

又查明:在卜新光刑事犯罪案发后,深圳发展银行人民桥支行(原系深圳发展银行营业部,以下简称深发行)以与卜新光、安信证券部、安信公司存在拆借2500万元的债务纠纷为由,于1999年12月28日向深圳市中级人民法院提起民事诉讼,案号为(2000)深中法经调初字第72号;深发行还以与安信证券部、安信公司存在担保借款纠纷,拆借资金合同和保证金存款协议纠纷为由,于2000年3月10日,同时向深圳市罗湖区人民法院提起民事诉讼,该院立案审理,案号分别为(2000)深罗法经一初字第372号、(2000)深罗法经一初字第373号。2000年4月19日,安徽省公安厅致函深圳市中级人民法院、罗湖区人民法院,请法院根据最高人民法院《关于在审理经济纠纷案件中涉及经济犯罪嫌疑若干问题的规定》第12条的规定,对民事案件中止审理并依法移送安徽省公安厅统一侦办。2000年7月15日,罗湖区人民法院将其受理的(2000)深罗法经一初字第372号、(2000)深罗法经一初字第373号民事案件移送安徽省公安厅。2000年8月24日,安徽省公安厅刑事警察总队对"深坑村土地"进行查封。对(2000)深中法经调初字第72号深发行诉安信证券部、安信公司的拆借金额2500万元债务纠纷案件,深圳市中级人民法院经审理认为,该案涉嫌刑事犯罪,于2001年9月21日将该案移送安徽省公安厅侦查处理,同时通知深发行、安信公司、安信证券部已将该民事案件移送安徽省公安厅。安徽省公安厅在合肥市中级人民法院(2001)合刑初字第68号刑事判决生效后,对"深坑村土地"予以解封并将追缴的土地使用权返还被害单位安信证券部,用于抵偿安徽省公安厅侦办的(2000)深中法经调初字第72号民事案件中卜新光以安信证券部名义拆借深发行2500万元的债务。

再查明:在卜新光刑事犯罪案发后,深发行认为安信证券部向该行融资2000万元,只清偿1200万元,余款800万元逾期未付,以债券回购协议纠纷为由,向深圳市中级人民法院起诉卜新光及安信证券部、安信公司,要求连带清偿欠款800万元及利息300万元。深圳市中级人民法院1999年11月9日作出(1998)深中法经一初字第311号民事判决:卜新光返还给深发行2570016元及使用2000万元期间的利息;卜新光财产不足清偿债务时,由安信证券部和安信公司承担补充清偿责任。该民事判决在执行中已由深发行与安信公司达成和解,以其他财产抵偿。

五、裁判结果

最高人民法院赔偿委员会于2011年11月24日作出(2011)法委赔字第1号赔偿委员会决定:维持安徽省公安厅皖公刑赔字(2011)01号刑事赔偿决定和中华人民共和国公安部公赔复字(2011)1号刑事赔偿复议决定。

六、裁判理由

最高人民法院认为:卜新光在承包经营安信证券部期间,未经安信公司授权,私刻安信公司印章并冒用,违反金融管理法规向他人开具虚假的资信证明,利用职务之便,挪用安信证券部资金9173.2286万元,已被合肥市中级人民法院(2001)合刑初字第68号刑事判决认定构成伪造印章罪、非法出具金融票证罪、挪用资金罪,对包括卜新光以新晖公司名义投资的"深坑村土地"使用权在内的、共计价值8106.05万元(其中土地使用权价值1950万元)的赃款、赃物判决予以追缴。卜新光以新晖公司出资购买的该土地部分使用权属其个人合法财产的理由不成立,人民法院生效刑事判决已将新晖公司投资的"深坑村土地"价值1950万元的使用权作为卜新光挪用资金罪的赃款、赃物的一部分予以追缴,卜新光无权对人民法院生效判决追缴的财产要求国家赔偿。

关于卜新光主张安徽省公安厅以"深坑村土地"抵偿其欠深发行800万元,造成直接财产损失316.6万元的主张。在卜新光涉嫌犯罪案发后,深发行起诉卜新光及安信证券部、安信公司800万元债券回购协议案,深圳市中级人民法院作出(1998)深中法经一初字第311号民事判决并已执行。该案与深圳市中级人民法院于2001年9月21日移送安徽省公安厅侦办的(2000)深中法经调初字第72号,深发行起诉卜新光及安信证券部、安信公司拆借2500万元的债务纠纷案,不是同一民事案件。安徽省公安厅在刑事判决生效后,将判决追缴的价值1950万元的"深坑村土地"使用权发还给其侦办的卜新光以安信证券部名义拆借深发行2500万元资金案的被害单位,具有事实依据,没有损害其利益。卜新光主张安徽省公安厅以"深坑村土地"抵偿其欠深发行800万元,与事实不符。卜新光要求安徽省公安厅赔偿违法返还"深坑村土地"造成其316.6万元损失无事实与法律依据。

综上,"深坑村土地"已经安徽省高级人民法院(2002)皖刑终字第34号刑事裁定予以追缴,赔偿请求人卜新光主张安徽省公安厅违法返还土地给其造成316.6万元的损失没有法律依据,其他请求没有事实根据,不符合国家赔偿法的规定,不予支持。

七、指导案例44号的理解与参照

2014年12月25日,最高人民法院发布了指导案例44号《卜新光申请刑事违法追缴赔偿案》。为了正确理解和准确参照适用该指导案例,现对该指导案例的推选经过、裁判要点等有关情况予以解释、论证和说明。

(一)推选过程及指导意义

最高人民法院《关于案例指导工作的规定》第9条规定,对于本规定施行前,最高人民法院已经发布的对全国法院审判、执行工作具有指导意义的案例,应当清理、编纂后作为指导性案例公布。《最高人民法院公报》发布了各类典型案例,在案例指导制度确立以前,对于审判和执行工作,事实上发挥了一定的参考作用。2013 年 4 月 23 日，最高人民法院召开了案例清理工作会议，下发了《最高人民法院案例清理工作会议纪要》，决定对《最高人民法院公报》刊发的对全国法院审判、执行工作具有指导意义的案例进行清理、编纂。清理范围原则上以 2005 年 1 月后刊发的案例为主。本案例原刊登于《最高人民法院公报》2012 年第 2 期，鉴于其具有较为重要的指导价值，将其列入了《最高人民法院公报》案例清理、编纂的范围。

按照《最高人民法院案例清理工作会议纪要》的要求，最高人民法院赔偿办经过初审，同意推荐该案例。赔偿办经审查认为，本案是 2010 年修正的《国家赔偿法》实施后，最高人民法院赔偿委员会首例以"确赔合一"模式审理的、涉及公安机关刑事查封、扣押、冻结、追缴财产的案件，对审理国家赔偿案件具有重要指导意义。2013 年 7 月 9 日，案例清理工作领导小组办公室经征求《最高人民法院公报》编辑部意见，将该案例列为第二阶段案例清理范围，并再次送赔偿办征求意见。赔偿办经过复审，经主管院领导审核同意该案例进入下一阶段清理程序，并编写了指导性案例文本。2014 年 4 月 22 日，案例清理工作领导小组办公室经过修改，将该案例提交研究室室务会讨论，室务会同意推荐该案例，报院领导审核后提交最高人民法院审判委员会审议。10 月 21 日，审判委员会经过讨论同意该案例作为指导性案例。12 月 25 日，最高人民法院以法〔2014〕337 号文件将该案例列在第 9 批指导案例予以发布。

该指导案例旨在明确违法返还财产属于国家赔偿的范围，人民法院赔偿委员会有权审查返还财产行为是否合法。这对于保障赔偿请求人的合法权益，促进国家机关依法行使职权，正确理解人民法院赔偿委员会司法审查权的行使有重要指导意义，具有较强的普遍性和现实意义。

（二）裁判要点的理解与说明

该指导案例的裁判要点确认：公安机关根据人民法院生效刑事判决将判令追缴的赃物发还被害单位，并未侵犯赔偿请求人的合法权益，不属于《国家赔偿法》第 18 条第 1 项规定的情形，不应承担国家赔偿责任。根据本案例确认的裁判要点，公安机关的上述返还财产行为没有侵犯赔偿请求人的合法权益，因而不能纳入国家赔偿的范围。对这一问题的认定，结合本案案情，建立在两个前提之下，一是公安机关对追缴的财产进行处理，人民法

院赔偿委员会有权进行审查;二是违法返还财产属于国家赔偿的范围。现围绕裁判要点及相关问题逐一论证和说明如下:

1. 公安机关对追缴的财产进行处理,人民法院赔偿委员会是否有权进行审查

为了保证刑事诉讼活动的正常进行,法律赋予司法机关对财产采取查封、扣押、冻结、追缴等措施的权力。追缴是有关机关对于犯罪工具、物品、赃物、非法所得等进行追查、收缴、退回原主或上缴国家的措施,是刑事诉讼中保护国家、集体财产以及公民、法人和其他组织财产不受损失的必要手段。[①] 根据《刑法》第64条"犯罪分子违法所得的一切财物,应当予以追缴或者责令退赔"的规定和《刑事诉讼法》第280条"依照刑法规定应当追缴其违法所得及其他涉案财产的"的规定,追缴的范围不仅包括"违法所得",还包括"其他涉案财产"。从追缴回来的财物的实体处理结果而言,主要有两种结果:一是退回原主(返还受害人),二是上缴国家。对于追缴的"违法所得及其他涉案财产的",一般应当在退还原主后,才上缴国库。

本案中,合肥市中级人民法院作出(2001)合刑初字第68号刑事判决,判决内容为:(1)卜新光犯伪造公司印章罪,判处有期徒刑2年;犯非法出具金融票证罪,判处有期徒刑8年;犯挪用资金罪,判处有期徒刑10年,合并执行有期徒刑15年。(2)赃款、赃物共计8106.05万元予以追缴。卜新光不服,提起上诉。安徽省高级人民法院于2002年2月22日作出(2002)皖刑终字第34号刑事裁定,驳回上诉,维持原判。由此可见,本案的生效刑事判决决定追缴8106.05万元的赃款、赃物,但并未明确赃款、赃物追缴中的具体处理方式。

对于判后处置的财产,如果财产的处置系由生效裁判所决定,有关机关根据裁判,将财产返还权利人,或将查封、扣押、冻结的财物上缴国库等,只是执行生效裁判,本身并没有对财产进行处分。此时赔偿请求人以查封、扣押、冻结、追缴违法为由申请国家赔偿的,可以将财产处分行为与刑事生效裁判进行比对,如果财产处分行为已为生效刑事裁判所涵盖,是人民法院判

---

① 全国人大常委会法制工作委员会国家法室编著:《中华人民共和国国家赔偿法解读》,中国法制出版社2010年版,第94页。

决的明确意思表示，则请求赔偿的实质是对生效裁判不服，可在立案阶段即对其请求不予受理，告知其对生效裁判提出申诉；如果在立案阶段难以查清有关机关是否据生效裁判处分财产，可立案后再做进一步审查。本案中，卜新光认为安徽省公安厅违法处分追缴财产，该财产处分行为并未为生效刑事裁判所涵盖，人民法院应当予以立案审查。

此外，根据最高人民法院《关于国家赔偿案件立案工作的规定》第 1 条“本规定所称国家赔偿案件，是指国家赔偿法第十七条、第十八条、第二十一条、第三十八条规定的下列案件：……（七）在刑事诉讼过程中违法对财产采取查封、扣押、冻结、追缴等措施的”和第 7 条“赔偿请求人对行使侦查、检察职权的机关以及看守所、监狱管理机关作出的决定不服，经向其上一级机关申请复议，对复议机关的复议决定仍不服，依照国家赔偿法第二十五条的规定向复议机关所在地的同级人民法院赔偿委员会提出赔偿申请，收到申请的人民法院经审查认为其申请符合下列条件的，应予立案：（一）有复议机关的复议决定书；（二）符合法律规定的请求期间，因不可抗力或者其他障碍未能在法定期间行使请求权的情形除外”的规定。卜新光认为公安机关对追缴的财产进行处理损害了其合法权益，在经过赔偿义务机关和复议机关的先行处理程序后，有权向复议机关所在地的同级人民法院赔偿委员会提出赔偿申请，人民法院赔偿委员会受理后应当进行审查。

2. 违法返还财产是否属于国家赔偿的范围

我国《刑法》第 64 条，《刑事诉讼法》第 234 条、第 282 条以及其他的相关规定，明确了我国公安机关、人民检察院、人民法院在刑事侦查、审查起诉、刑事审判中可以依职权将涉案财物返还受害人。并且，从返还阶段看，分为审前返还和判后返还两种形式。公安机关和检察院在刑事侦查阶段，因财物权属明确，从诉讼经济效率与财物权使用效率考虑，先行作出返还决定，将财物返还所有权人，这种先行返还又称为“审前返还”，法院不再审理裁决。法院作出生效判决后，有关机关根据判决对查封、扣押、冻结的财物进行处理。根据法院判决作出的财产处置，称为判后返还。如《刑事诉讼法》第 282 条规定：“人民法院经审理，对经查证属于违法所得及其他涉案财产，除依法返还被害人的以外，应当裁定予以没收。对不属于应当追缴的财产的，应当裁定驳回申请解除查封扣押冻结措施。”并且，根据法律和司法解释的规定,返还被害人一般分为两种情形,其中一种是权属明确的,通常须经过人民法院判决、裁定作出处理,裁判生效后按比例返还被害人。本案中,由于相关财产的权属较为复杂,安徽省公安厅刑警总队在侦办过程中,于2000年8月24日,对"深坑村土地"进行了查封。"深坑村土地"的查封一直持续至合肥中院(2001)合刑初字第68号刑事判决生效后,安徽省公安厅将"深坑村土地"予以解封并返还受害单位安信证券部,用于抵偿安信证券部拆借深圳发展银行人民桥支行的资金。

从应然层面而言,"判决前已经发还被害人全部或者部分财产的,人民法院应当审查先行返还是否合法,尤其对于被告人、其他被害人或者第三人对先行返还提出异议的,应当在法庭上查证清楚,并在判决主文中予以明确"①。但司法实践中,返还财产存在以下几种情况:第一,人民法院未对先行发还行为的合法性进行审理,生效刑事裁判文书中也未作任何表述;第二,人民法院生效刑事裁判仅在文书正文的事实部分,写明有关机关先行发还的客观情况,而未对发还行为的合法性进行表态;第三,人民法院生效刑事裁判写明先行发还的事实,并在理由部分论述发还行为的合法性,但主文中未涉及;第四,人民法院生效刑事裁判在主文部分对先行返还行为进行确认,发还错误的予以纠正②。对于第三、四种情况,应当明确违法返还(返还错误)是否属于国家赔偿的范围;而对于第一、二种情况,还需要明确人民法院赔偿委员会是否有权审查返还行为并作出违法与否的最终判定。

从字面上看,国家赔偿法没有规定司法机关违法返还财产造成的损失,受害人有取得国家赔偿的权利,但国家赔偿法明确规定对于违法追缴而造成的损害,受害人有取得赔偿的权利,而由于追缴的处理结果中包括了返还受害人和上缴国家。并且《国家赔偿法》第18条第1项"违法对财产采取查封、扣押、冻结、追缴等措施"中的"等",涵盖了对财产造成损害的其他措施,这也包括了对财产的强制返还措施。由此可见,国家赔偿法将违法返还财产纳入了国家赔偿范围。2010年修正后的《国家赔偿法》取消了单独的确认

---

① 袁坦中、刘建:《论刑事诉讼法中追缴的性质》,载《中国刑事杂志》2010年第4期。

② 白雅丽:《侵犯财产权的刑事赔偿问题探析》,载《人民司法》2015年第9期。

程序,实现了“确赔合一”。既然违法返还受害人是国家赔偿的范围,那么根据“确赔合一”法律修改原意,人民法院赔偿委员会有权审查返还行为的合法性。综上,国家赔偿作为刑事诉讼程序的救济程序,当事人对返还受害人有异议的,有权申请国家赔偿。

3. 公安机关返还财产行为是否侵犯赔偿请求人的合法权益

根据《国家赔偿法》第 2 条“国家机关和国家机关工作人员行使职权,有本法规定的侵犯公民、法人和其他组织合法权益的情形,造成损害的,受害人有依照本法取得国家赔偿的权利”的规定,受害人取得国家赔偿,应当以合法权益被损害为前提。本案中,人民法院赔偿委员会审理中查明了以下事实:卜新光自 1995 年 1 月承包经营安信证券部期间,直接挪用安信证券部资金 2941.3909 万元替新晖公司付款;同时,还从安信证券部汇出 10412.8944 万元入新晖公司账户,至少挪用了安信证券部的资金6232.369263万元;卜新光共挪用安信证券部资金 9173.760163 万元。案发后,追回赃款、赃物共计价值 8106.05 万元,其中包括“深坑村土地”51.3% 的使用权。刑事判决认定“深坑村土地”属于涉案财产,并作为赃物依法予以追缴。另外,卜新光还提出“深坑村土地”是其涉嫌犯罪之前投入 1639 万元购买,属个人合法财产,当时仅欠深圳发展银行本金 800 万元,并向深圳发展银行递交了延期还款申请及还款计划,安徽省公安厅以“深坑村土地”抵偿 800 万元欠款损害其利益的赔偿事项。从本案事实看,在卜新光案发后,深圳发展银行以债券回购协议纠纷起诉卜新光及安信证券部、安信公司,并经深圳市中级人民法院(1998)深中法经一初字第 311 号民事判决书作出判决,该案与深圳市中级人民法院于 2001 年 9 月 21 日将深圳发展银行诉安信证券部拆借 2500 万元债务纠纷案移送安徽省公安厅侦办,并非同一民事案件。安徽省公安厅在侦办卜新光利用职务之便,挪用安信证券部资金系列案件中,包括卜新光以安信证券部名义拆借深圳发展银行 2500 万元资金的案件,刑事判决已将新晖公司投资的“深坑村土地”价值 1950 万元的使用权作为卜新光挪用的赃款、赃物的一部分予以追缴。卜新光所述新晖公司出资购买“深坑村土地”是其个人合法财产既没有提供证据予以证明,也与事实不符。综上,在人民法院判决主文中已经明确“赃款、赃物共计 8106.05 万元予以追缴”的情形下,卜新光以追缴的赃款和赃物返还违法为由申请国家赔偿,由于并未损害赔偿请求人的合法权益,卜新光的赔偿请求于法无据。

(三)其他需要说明的问题

本案中,赔偿义务机关的设定是个值得研究的问题。人民法院的生效刑事判决,判令"赃款、赃物共计8106.05万元予以追缴",根据赔偿义务机关后置设定的原则,应当由人民法院作为赔偿义务机关。但在特定情况下,国家赔偿义务主体设定原则以"谁侵权,谁赔偿"为主,以"后置设定原则"为辅。[①] 本案中,人民法院仅仅判决予以追缴,并没有返还受害人的意思表示,返还的依据不是执行生效裁判,而是源于返还机关自身的意志,故本案中应当以安徽省公安厅为赔偿义务机关。易言之,如果法院对涉案财物作出刑事判决,司法机关是依据法院的生效判决执行的,此种情形下如果返还违法引发国家赔偿,法院应吸收上述机关行为,作为财产返还的赔偿义务机关。

---

① 所谓"后置设定原则",是指司法行为经历侦查、起诉、并持续到审判等阶段,最终作出有罪认定的司法机关,吸收前面司法机关的司法行为,由其作为赔偿义务机关。

新世界彩色冲印有限公司申请违法保全赔偿案

浙江大学光华法学院 周 翠
海南省高级人民法院

一、案件类型

违法保全赔偿

二、判决要旨

1.《国家赔偿法》第38条没有明确规定违法保全责任属于过错责任，但最高人民法院《关于人民法院赔偿委员会适用质证程序审理国家赔偿案件的规定》(2013年)第6条第2项规定赔偿义务机关对"无过错"负举证责任，由此可推导出并不是所有违法保全赔偿责任都不需要过错要件。

2. 人民法院在保全执行过程中违法过错性地行使职权造成损害的，应当赔偿因此造成的直接损失。直接损失仅指未以恰当方式实施强制执行而产生的"伴随损失"。

3.《侵权责任法》中关于与有过失的规定也对国家赔偿责任适用。如果受害人对损害结果的发生或者扩大具有过错，应当依法减轻或者免除赔偿义务机关的损害赔偿责任。

三、关键词

申请错误　直接损失　举证责任　与有过失

四、涉案主体及司法文书

赔偿请求人：海南新世界彩色冲印有限公司

赔偿义务机关：海口市中级人民法院

裁决机关及司法文书：

1. 海口市中级人民法院作出(1995)海口法民保字第38－1号民事

裁定;

2. 海南省高级人民法院作出(1997)琼民终字第62号民事判决;

3. 海口市中级人民法院于2000年6月5日作出(1999)海中法执字第132－1号民事裁定;

4. 海口市中级人民法院于2000年12月1日作出(1999)海中法执字第132－2号民事裁定;

5. 海口市中级人民法院于2001年7月30日作出(2001)海中法执字第113－1号民事裁定;

6. 海口市中级人民法院于2001年12月3日作出(2001)海中法执字第113－2号民事裁定和(2001)海中法执字第113－3号民事裁定;

7. 海口市中级人民法院于2003年6月23日作出海中法执字第113－4号民事裁定;

8. 海南省高级人民法院于2009年2月20日作出(2006)琼确申字第2－2号裁定书;

9. 海口市中级人民法院作出(2009)海中法赔字第2号赔偿决定书;

10. 海南省高级人民法院赔偿委员会于2010年11月18日作出(2010)琼法委赔字第1号赔偿决定书。

五、赔偿请求

赔偿经济损失共计人民币3366634.32元(以下"元"均指"人民币元")。

六、赔偿决定

赔偿国家赔偿金122951.53元。

七、基本案情

1993年9月4日,香港百士活有限公司(以下简称百士活公司)在与三亚市海天彩色冲印实业公司(以下简称三亚海天公司)企业经营纠纷申请仲裁期间,向海口市中级人民法院申请保全其与三亚海天公司合资设立的海南新世界彩色冲印有限公司(以下简称新世界公司)和三亚海天公司的财产,并提供两套房屋作为担保。海口市中级人民法院扣收担保房屋的房产证原件,作出(1995)海口法民保字第38－1号民事裁定,裁定查封新世界公司、三亚海天公司的财产,并指定新世界公司负责保管。三亚海天公司以百士活公司申请保全财产错误,造成其与新世界公司财产损失为由,向海口市中级人民法院提出赔偿诉讼,请求百士活公司赔偿其损失 50 万元及设备维护费用等。经三亚海天公司申请,海口市中级人民法院委托海南审计师事务所审计认定:截至 1995 年 8 月 3 日,海口市中级人民法院查封该公司的财产清单所记录的财产价值为 332395.16 元。自 1995 年 8 月 3 日起至 1996 年 7 月 31 日止,查封期间所发生的各项费用支出合计 201795.78 元。

经海南省高级人民法院作出(1997)琼民终字第 62 号民事判决,认定财产保全时查封了三亚海天公司的仓库及部分财产,属错误查封,应予赔偿,遂判令百士活公司赔偿三亚海天公司损失共计78152.1元,该判决已发生法律效力。在海口市中级人民法院对上述判决强制执行的过程中,海口市中级人民法院于 2000 年 6 月 5 日作出(1999)海中法执字第 132 -1 号民事裁定,查封百士活公司用作财产保全担保的两套房屋中位于海口市南航路佳宝大厦 D306 室。后因百士活公司足额缴纳了赔偿款,2000 年 12 月 1 日,海口市中级人民法院作出(1999)海中法执字第 132 -2 号民事裁定解除了对该房屋的查封。同日,海口市中级人民法院将百士活公司因仲案申请财产保全提供的两套担保房产的房产证退回给担保人。

根据仲裁裁决,1997 年 1 月 6 日,百士活公司向海口市中级人民法院申请对新世界公司组织清算,并分配剩余的财产。海口市中级人民法院立案后,在执行过程中,封存财产的铺面所有权人海口港集团公司致函海口中院,称:海口市中级人民法院查封的三亚海天公司的机器设备所存放的铺面系该公司所有,因三亚海天公司不履行租赁合同,海口港集团公司已自行终止合同,并将铺面收回,请求海口市中级人民法院将所封机器设备转移出铺面。1998 年 11 月 12 日至 13 日,海口市中级人民法院执行庭通知了三亚海天公司及新世界公司,并在海口市公安局博爱南派出所干警全程见证下转移查封财产至海口港集团公司自愿提供的另一地点保存,不便拆卸的两部空调及一部冲印设备仍留原地(委托)交海口港集团公司保管。

2001 年 7 月 30 日,海口市中级人民法院根据三亚海天公司申请,作出(2001)海中法执字第 113 -1 号民事裁定,将在仲裁阶段百士活公司申请保全的合资公司所有的摄影冲印器材委托海南省物资拍卖市场拍卖,得 3 万元,扣除拍卖佣金 1500 元,实际退给三亚海天公司 28500 元。

2001 年 12 月 3 日,海口市中级人民法院再次以(2001)梅中法执字第

113－2号和(2001)海中法执字第113－3号民事裁定对百士活公司申请财产保全时提供的两案外人提供的房产查封并委托评估，价值为148990元。因案外人提出异议，海口市中级人民法院于2003年6月23日作出的海中法执字第113－4号民事裁定，解除对案外人提供的财产的查封，对三亚海天公司的执行申请不予执行，退给三亚海天公司的28500元拍卖款应列人被清算企业新世界公司的清算财产进行处理。

2009年2月20日，海南省高级人民法院作出(2006)琼确申字第2－2号裁定书，确认海口市中级人民法院于1995年7月25日作出的(1995)海口法民保字第38－1号民事裁定中的执行措施违法。2009年3月30日，赔偿请求人新世界公司以(1995)海口法民保字第38－1号民事裁定中的执行措施已被确认违法为由，要求海口市中级人民法院赔偿其经济损失共计3366634.32元人民币。海口市中级人民法院作出(2009)海中法赔字第2号赔偿决定书，决定赔偿新世界公司被违法采取保全措施的国家赔偿金48880.6元。

新世界公司不服，向海南省高级人民法院赔偿委员会提出申诉，称：(1)海口中院违法采取保全措施，超越诉讼请求扩大查封范围造成新世界公司400余万元的损失，应予赔偿；(2)海口市中级人民法院不予赔偿查封期间的管理费用错误；(3)赔偿损失应当以海南省高级人民法院裁定和海南省人民政府确认的《清算报告》为依据。出具(1997)002号《审计报告》的海南省审计师事务所属海口市中级人民法院单方委托，认定片面；(4)利息不赔是错误的；(5)海口市中级人民法院扣除已赔付给三亚海天公司的57992.10元错误；(6)海口市中级人民法院只承担50%的赔偿责任没有法律依据；(7)违法查封财产和铺面造成的扩建2层房屋及装修损失应予赔偿。综上，新世界公司要求撤销海口市中级人民法院作出的(2009)海中法赔字第2号赔偿决定书，赔偿其损失共计5375068.86元。

海南省高级人民法院赔偿委员会于2010年11月18日作出(2010)琼法委赔字第1号赔偿决定书，决定：(1)撤销海口市中级人民法院于2009年12月20日作出的(2009)海中法赔字第2号决定；(2)由海口市中级人民法院赔偿新世界公司被违法采取执行措施的国家赔偿金122951.53元。

八、适用争点及裁决理由

本案是一件因保全执行错误引发国家赔偿的典型案件，赔偿请求人提出要求执行法院赔偿财产损失的请求。本案的争点涉及赔偿责任成立的构成要件，也涉及损害赔偿范围，根据具体案情主要分析以下几点：(1)过错要件；(2)损失范围；(3)责任分担。

(一)过错要件

通常来说，违法过错性地实施公职行为造成损害的，引发国家赔偿责任。法院的执行人员采取执行措施，是代表国家实施高权行为，因此法院执行人员违反义务的过错行为可能导致国家负担赔偿责任。本案中，海口市中级人民法院的执行人员在执行职务时存在两项违法行为。首先，被查封的财产转移至秀英港以后，海口市中级人民法院未委托或指定专人负责看管，也未依法采取适当保全措施，这违反了最高人民法院《关于民事、行政诉讼中司法赔偿若干问题的解释》(2000 年)第 3 条第 4 项前半句。依此，对查封、扣押的财物不履行监管职责，严重不负责任，造成毁损、灭失的，属于违法采取保全措施。其次，海口市中级人民法院在保全裁定未撤销的情况下擅自将两套担保房产的房产证退还给担保人。依照上述司法解释第 3 条第 1 项后半句，依法不应当解除保全措施而解除保全措施的，亦属违法采取保全措施。由此，“实施公职行为”和“违法性”这两项要件均已满足，唯在过错要件上尚存在探讨的余地。

我国的国家赔偿责任究竟是过错责任还是无过错责任？就此存在争论。从文意解释的角度出发，《国家赔偿法》第 38 条的立法者并不要求法院存在主观过错，而是仅强调客观“错误”与“违法”。但最高人民法院《关于人民法院赔偿委员会适用质证程序审理国家赔偿案件的规定》(2013 年)第 6 条第 2 项又强调，赔偿义务机关对“无过错”负举证责任。这里显然认可过错属于国家赔偿责任的构成要件。事实上，海南省高级人民法院在本案中亦持此观点，并认定海口市中级人民法院“有疏漏……未尽谨慎审查义务”，这表明，我国法院在审理此类违法保全赔偿案的实践中要求具备“过错要件”，也即执行职务的行为人应当存在故意或过失。

但如何理解第 6 条所称的“举证责任”，仍须详讨。《最高人民法院关于民事诉讼证据的若干规定》(2000 年)中亦使用“举证责任”概念，但其有时指向客观的证明责任,而最高人民法院《关于适用〈中华人民共和国民事诉讼法〉的解释》(2015年)使用"举证证明责任"这一模糊概念。最高人民法院在不同的司法解释中使用相异的措词,亦表明实务界对"举证责任"概念不存在统一的理解。这也意味着,最高人民法院《关于人民法院赔偿委员会适用质证程序审理国家赔偿案件的规定》(2013年)第6条所称的"举证责任"既可能指向结果意义上的所谓的客观证明责任,也可能指向行为意义上的主观举证责任,后者可能称作"举证义务"更为妥当。如果是前者,就意味着最高人民法院通过第6条为过错、违法性和责任构成的因果关系这三项要件设定了法律推定规范,也即实行证明责任倒置。如此一来,赔偿义务机构对"行为的合法性""无过错""与死亡或者丧失行为能力不存在因果关系"的证明必须达到本证的证明标准("高度盖然性"),而赔偿申请人甚至都无须主张这3项要件,而仅须主张和证明"存在损失"和"责任范围的因果关系"即可。然而,采此解释路径也意味着最高人民法院冲破了立法者对证明不能的风险分配,因为《国家赔偿法》第38条并未对这三项要件设定证明责任倒置的规范。需要强调的是,对客观证明责任进行分配,属于也仅属于立法者的任务,从这一视角出发,将第6条所称的"举证责任"理解为行为意义上的举证责任显得更为合理。采此解释路径的结果是,申请人仍应对过错、违法性、责任构成的因果关系负证明责任,而鉴于待证事实通常处于赔偿义务机关的风险控制领域,法院可能借助高盖然性的经验法则(表见证明)或第二位主张责任推定存在过错、违法和因果关系,从而加强了赔偿义务机关对"无过错""合法""无责任构成的因果关系"的主张与举证责任,也即其必须提起反证动摇(而非推翻)法官的确信。

(二)损失范围

在责任范围方面,界定损失的范围,亦属疑难。在保全领域,应当区分三种损失:其一,单纯因命令保全而产生的损失。这类损失仅应在满足一般的过错侵权责任要件时才能主张,其范围恰如不当起诉致他人损害而产生的赔偿责任的范围相同,也即只能依照《侵权责任法》中有关过错侵权责任的规定予以主张。属于此类损失的例如有被申请人因公布保全措施而产生的信用损失、非因执行而产的健康受损、为了避免发布保全裁定而与债权人达成和解协议从而遭受的损失等。

其二,因执行“不当的保全裁定”而产生的损失。这类损失的主张依据是《民事诉讼法》第105条规定,“申请有错误的,申请人应当赔偿被申请人因保全所遭受的损失”。此赔偿责任是风险责任,不以过错为要件,也即债权人在执行保全裁定时虽以法院的裁判为基础,但他知道该裁判建立在对债务人不利的简要程序的基础之上且具有临时性质,因此若执意对该执行名义进行执行,就应当承担由此产生的危险。这种风险损失主要指被申请人因执行保全裁定或为了避免执行保全裁定提供担保而遭受的直接或间接损失,例如,因查封、扣押或者交还某物致使无法出售而产生的收益损失,因冻结资金无法开展正常的收益活动而产生的财产损失,因查封或者扣押财产权证照并通知产权登记部门不予办理财产转移手续而产生的信用担保损失,为了减少不作为保全引发的利润减损而额外增加的广告投入,被申请人为解除保全措施而提供担保所遭受的损失,诸如利息损失、在提供有价证券作为担保时的汇率或行情损失、为获得保证金或贷款而支出的费用等。

其三,因违法过错性地采取保全执行措施而产生的损失,《国家赔偿法》第38条规定的违法保全赔偿责任指向的即为这类损失之赔偿,其显然有别于前述第二类单纯因执行“不当的保全裁定”而遭受的损失。鉴此,最高人民法院《关于民事、行政诉讼中司法赔偿若干问题的解释》(2000年)第7条第1项明文强调,国家赔偿责任并不包括因申请人申请保全错误造成的损失。而且,最高人民法院还将国家赔偿责任中应予赔偿的损失限定为直接损失:依照最高人民法院《关于民事、行政诉讼中司法赔偿若干问题的解释》(2000年)第6条第1款的规定,人民法院及其工作人员在执行过程中造成损害的,应承担直接损失的赔偿责任。此处的直接损失显然亦仅指因违法错误地采取保全执行措施而造成的直接损失。当然,在实践中如何区分直接损失和间接损失,可能存在疑难。通常来说,我国最高人民法院使用的直接损失的概念相当于德国联邦最高法院使用的“伴随损失”(BegleitschSden)这一表述。与我国类似,德国国家赔偿责任亦仅包含未以恰当方式实施强制执行而产生的“伴随损失”。

保全领域内的损害赔偿责任的类型

	命令损失(过错侵权赔偿责任)	执行损失《民事诉讼法》第105条	错误执行损失《国家赔偿法》第38条
规则原则	过错责任	风险责任(不以过错为要件)	过错责任
损失范围	被申请人因命令保全裁定或为了避免被命令保全财产而遭受的损失,应当由申请人依照过错侵权赔偿责任的一般规定予以赔偿。属于此范围的损失有:因公布保全措施产生的损害后果、因不取决于保全执行而产生的财产不利等	在保全裁定自始不当或者被解除的情形,被执行人因执行或避免执行这些非终局裁定而遭受的损失,以及为了申请解除执行而提供担保所遭受的损失,应当由申请人赔偿	因错误违法地采取保全执行措施而导致被申请人遭受的损失,应当由国家赔偿

就本案而言,赔偿申请人因违法错误的保全执行行为(未合理看管被查封的财产和在未撤销保全裁定的情形下擅自返还担保的房地产证件)遭受到部分财产损毁的后果,这部分损失无疑应当由国家予以赔偿。依照《国家赔偿法》第36条第2~4项的规定,涉及查封、扣押、冻结财产的,应当返还的财产损坏的,能够恢复原状的恢复原状,不能恢复原状的,按照损害程度给付相应的赔偿金;应当返还的财产灭失的,给付相应的赔偿金。对财产权造成其他损害的,按照直接损失给予赔偿(《国家赔偿法》第36条第8项)。本案中,既然赔偿请求人的财产已经部分损毁,因此只能采取给付赔偿金的方式予以赔偿。

至于新世界公司主张的查封财产的管理费用、投资利息损失、铺面装修和扩建损失等,并非由法院前两项违法错误的保全执行措施而引起,因此并不属于国家赔偿责任的范畴。这些损失属于执行事后仍可变更或撤销的临时裁定而产生的风险损失,故应依照《民事诉讼法》第105条要求保全申请人予以赔偿。

(三)责任分担

民法中有关责任减轻的规范,亦应对国家赔偿责任适用。本案中,《侵权责任法》第26条确立的与有过失原则(被侵权人对损害的发生也有过错的,可以减轻侵权人的责任)具有重要意义。赔偿请求人自身不予配合和未尽保管之责的相应减轻了国家赔偿的责任。因此造成的损失或扩大的损失,不属于国家赔偿的责任范围。但通常来说,即便赔偿请求人的损失与有过失程度极其重大,亦不导致国家赔偿责任完全被免除的后果。

古厚学申请汉中市中级人民法院违法执行财产保全国家赔偿案

对外经济贸易大学　傅广宇
陕西省高级人民法院　焦玉珍

一、案件类型

民事司法赔偿

二、判决要旨

1. 审查处理民事司法赔偿案件时,要注意区分人民法院的财产保全审判行为和财产保全执行行为;

2. 在财产损害的发生为多因一果的情形下,应承担赔偿责任的被保全人确无财产可供执行的,以赔偿义务机关承担补充责任为宜;

3. 未进行违法性确认的行为所致损失,不在国家赔偿范围之内;

4. 违法执行财产保全的国家赔偿,不应超出财产保全金额的范围。

三、关键词

财产保全　违法执行　多因一果　责任分配　赔偿责任范围

四、涉案主体及司法文书

赔偿请求人:古厚学

赔偿义务机关:汉中市中级人民法院

裁决机关及司法文书:

1. 汉中市中级人民法院于1999年2月3日作出(1999)汉经保字第06号民事裁定书;

2. 汉中市中级人民法院于1999年9月20日作出(1999)汉中法经裁字第65号民事裁定;

3. 汉中市中级人民法院于 1999 年 12 月 5 日作出(1999)汉中法经裁字第 69 号民事裁定；

4. 汉中市中级人民法院于 2000 年 3 月 6 日作出(2000)汉中法执旧字第 74 号民事裁定；

5. 汉中市中级人民法院于 2000 年 4 月 3 日向华森厂发出(2000)汉中执旧字第 74 -01 号执行通知书；

6. 汉中市中级人民法院于 2000 年 4 月 3 日作出(2000)汉中法执旧字第 74 -03 号民事裁定；

7. 汉中市中级人民法院于 2000 年 4 月 10 日作出(2000)汉中法执旧字第 74 -5 号民事裁定；

8. 汉中市中级人民法院于 2000 年 9 月 12 日作出(2000)汉中法执字第 06 号拘留决定；

9. 汉中市中级人民法院于 2000 年 9 月 22 日作出(2000)汉中法执旧字第 74 -6 号民事裁定；

10. 汉中市中级人民法院于 2000 年 9 月 27 日作出(2000)汉中法执旧字第 74 -2 号拘留决定；

11. 汉中市中级人民法院于 2000 年 12 月 19 日作出(2000)汉中法执旧字第 74 -11 号民事裁定；

12. 汉台区人民法院于 2001 年 1 月作出(2002)汉刑初字第 182 号刑事判决；

13. 汉中市中级人民法院于 2002 年 7 月 25 日作出(2002)汉中民裁执字第 08 号民事裁定；

14. 汉中市中级人民法院于 2004 年 12 月 3 日作出(2004)汉中法确字第 02 号裁定；

15. 陕西省高级人民法院于 2006 年 12 月 28 日作出(2006)陕确申字第 011 号裁定；

16. 汉中市中级人民法院于 2008 年 2 月 3 日作出(2007)汉中法赔字第 01 号决定；

17. 陕西省高级人民法院赔偿委员会于 2009 年 9 月 1 日作出(2008)陕赔他字第 17 号决定书。

五、赔偿请求

1. 未足额执行款 61.5 万元及利息 22.14 万元;

2. 裁决利息 21.1408 万元;

3. 误工费和精神损失费 2.45 万元;

4. 医药费 100 元;

5. 仲裁费 3.37 万元;

6. 鉴定费及鉴定差旅费 1.52 万元;

7. 退回保全费 4400 元及申请执行费 3016 元。

六、赔偿决定

1. 汉中市中级人民法院赔偿古厚学财产损失 602000 元;

2. 对古厚学的其他赔偿请求不予赔偿。

七、基本案情

1999 年 1 月 7 日,古厚学以其与汉中市华森木业制品厂(以下简称华森厂)借款纠纷为由向汉中仲裁委员会申请仲裁。1999 年 1 月 12 日,古厚学向汉中市中级人民法院提出财产保全申请,请求对华森厂的财产进行扣押,扣押金额限定在 77.5 万元或冻结存款 77.5 万元。在古厚学提供担保和交纳保全费用后,汉中市中级人民法院于 1999 年 2 月 3 日作出(1999)汉经保字第 06 号民事裁定,对华森厂的财产进行扣押,扣押金额 77.5 万元或冻结银行存款 77.5 万元。1999 年 2 月 3 日、2 月 4 日和 6 月 23 日,汉中市中级人民法院先后 3 次对华森厂的 16 项目物资进行就地扣押,并制作了查封、扣押清单,注明扣押财产一律不准销售、转移、转借,否则要承担法律后果。但是,汉中市中级人民法院并未张贴查封、扣押公告,对部分物资未进行编号。1999 年 3 月 23 日,华森厂向汉中市中级人民法院申请对扣押的 50 立方米圆棒材进行出售。汉中市中级人民法院予以同意,但事后并未对销售价格进行监督,也未对变卖价款进行控制。

1999 年 5 月 28 日,汉中仲裁委员会作出(1999)汉仲裁字第 02 号裁决:(1)华森厂返还古厚学本金 754490 元、利息 201408.40 元(1996 年 3 月 8 日至 1999 年 5 月 31 日);(2)王观营村委会负 6110 元的连带责任;(3)驳回申请人的其他仲裁请求。

1999 年 6 月 6 日,古厚学向汉中市中级人民法院申请执行仲裁裁决。

1999 年 6 月 8 日,汉中仲裁委员会致函汉中市中级人民法院强制执行。此后,华森厂先后申请撤销和不予执行仲裁裁决,均被汉中市中级人民法院驳回。

2000 年 4 月 3 日,汉中市中级人民法院向华森厂发出(2000)汉中执旧字第 74 - 01 号执行通知书。2000 年 4 月 5 日,经汉中市中级人民法院执行庭工作人员现场核实清点,原查封、扣押的 50 立方米圆棒材及 50 立方米圆木材已被华森厂法定代表人胡金泉出售;青岗木板材 75 立方米、山毛榉板材 25 立方米,因保全时未编号登记、未加贴封条,执行庭执行中无法辨认原物,根据胡金泉的指认,将厂内堆放的地板条毛坯料 99.815017 立方米异地封存;查封、扣押清单上所登记的其余财物均在。

因胡金泉隐藏、转移、变卖已被查封、扣押的财产,拒不执行生效法律文书,以及擅自转移、隐藏已被法院查封用于偿还债务的地板条刨光板,汉中市中级人民法院先后于 2000 年 9 月 12 日和 27 日,对其作出拘留 15 天的决定。汉台区人民法院于 2001 年 1 月 10 日作出一审刑事判决,以胡金泉犯非法处置查封、扣押财产罪,判处其有期徒刑 2 年。

2000 年 4 月至 2002 年 7 月,汉中市中级人民法院先后作出多次裁定,并委托汉中市价格事务所和汉中市四方有限责任会计师事务所对现存保全财产进行价格评估,委托汉中市通惠拍卖中心 5 次组织拍卖,所得价款在扣除相关费用后分 4 次支付给古厚学,金额共计 171000 元。华森厂所有的陕 F - 01069 号标致牌小轿车被作价 2000 元抵偿给古厚学。

2002 年 12 月 23 日,因华森厂已无财产可供执行,汉中市中级人民法院终结本案执行。

2003 年 1 月 9 日,古厚学向汉中市中级人民法院提出赔偿确认申请。汉中市中级人民法院于 2003 年 6 月 23 日作出(2003)汉中法确字第 02 号决定,对古厚学提出的汉中市中级人民法院 1999 年 2 月 3 日在执行(1999)汉经保字第 06 号财产保全裁定时,在不便贴封条的情况下,又未张贴查封扣押公告的行为违法予以确认。古厚学不服该决定,向陕西省高级人民法院提出申诉。陕西省高级人民法院于 2004 年 6 月 17 日作出(2004)陕赔确字第 1 号决定,撤销汉中市中级人民法院(2003)汉中法确字第 02 号决定,指令汉中市中级人民法院重新予以确认。

2004年12月3日,汉中市中级人民法院作出(2004)汉中法确字第02号裁定,确认该院执行(1999)汉经保字第06号财产保全裁定时:(1)在不便贴封条的情况下又未张贴查封、扣押公告的行为违法;(2)没有监督被执行人按照合理价格在指定的期限内变卖财产,并控制变卖价款的行为违法。

古厚学不服上述裁定,再次向陕西省高级人民法院提出申诉。陕西省高级人民法院于2006年12月28日作出(2006)陕确申字第011号裁定,其内容为:(1)对汉中市中级人民法院作出(1999)汉经保字第06号民事裁的行为不予确认违法;(2)对汉中市中级人民法院在执行(1999)汉经保字第06号民事裁定的过程中,在不便对保全财产加贴封条的情况下又未张贴查封、扣押公告的行为确认违法;(3)对汉中市中级人民法院在执行(1999)汉经保字第06号民事裁定书的过程中,没有组织监督被执行人按照合理价格在指定期限内变卖保全财产和没有采取措施控制变卖价款的行为确认违法。

2007年6月25日,古厚学以汉中市中级人民法院违法诉讼保全为由申请国家赔偿。请求赔偿未足额执行款61.5万元及利息22.14万元,裁决的利息21.1408万元,误工费和精神损失费2.45万元,医药费100元,仲裁费3.37万元,鉴定费及鉴定差旅费1.52万元,共计赔偿112万余元,并要求退回该案保全费4400元和申请执行费3016元。

2008年2月3日,汉中市中级人民法院作出(2007)汉中法赔字第01号国家赔偿决定,其主要内容为:(1)对汉中市中级人民法院在执行(1999)汉经保字第06号财产保全裁定中,因违法行为给赔偿请求人古厚学造成的经济损失赔偿人民币25万元(50立方米圆棒材和50立方米圆木材);(2)对古厚学的其他赔偿请求不予赔偿。

古厚学不服上述决定,向陕西省高级人民法院申请作出赔偿决定。2009年9月1日,陕西省高级人民法院作出(2008)陕赔他字第17号决定书,维持汉中市中级人民法院(2007)汉中法赔字第01号决定第2项,变更该决定第1项为:汉中市中级人民法院赔偿古厚学此处损失602000元。

八、适用争点及裁决理由

本案是一件典型的因人民法院违法执行财产保全引起的国家赔偿案。在法律适用方面,本案主要涉及以下三个争议点:第一,应否区分裁定行为和执行行为确认违法性；第二，应否在法院与华森厂之间分配偿责任；第三，如何确定赔偿责任的范围。

（一）应否区分裁定行为和执行行为确认违法性

国家赔偿的前提之一，是相关行为具有违法性。在审查与认定财产保全措施的违法性时，应注意区分裁定财产保全的行为和执行财产保全的行为。

本案中，古厚学提出财产保全申请，请求对华森厂的财产进行扣押，扣押金额限定在77.5万元或冻结存款77.5万元。在古厚学提供担保和交纳保全费用后，汉中市中级人民法院作出（1999）汉经保字第06号民事裁定，对华森厂的财产进行扣押，扣押金额77.5万元，或冻结银行存款77.5万元本身并无不当，亦即法院作出的这一裁定过程中，对保全的财产，在不便加贴封条的情况下，未张贴查封、扣押公告，查封的具体措施明显不当；而没有组织监督被执行人按照合理价格在指定期限内变卖保全财产，以及没有采取措施控制变卖价款的行为，当属最高人民法院《关于民事、行政诉讼中司法赔偿若干问题的解释》（2000年）第3条第4项规定的“对查封、扣押的财物不履行监管职责，严重不负责任，造成毁损、灭失”，构成“违法采取保全措施”。

陕西省高级人民法院的裁定区分了行为和执行行为，对汉中市中级人民法院作出（1999）汉经保字第06号民事裁定的行为不予确认违法，对该院实施上述具体执行行为确认违法。这种处理方式，较之汉中市人民法院的确认违法裁定在逻辑上更加清晰，有利于对司法行为是否违法作出准确判定。

（二）应否在法院和华森厂之间分配赔偿责任

在国家赔偿案件中，并不鲜见的一种情形是，造成赔偿请求人财产损失的，不只是国家机关及其工作人员的违法行为，而是还有其他的原因，即所谓的多因果。对于这种情形，按照最高人民法院《关于民事、行政诉讼中司法赔偿若干问题的解释》（2000年）第6条的规定，人民法院“只赔偿因违法侵权行为所造成的直接损失”。问题在于，本案是否属于这种情况。

从本案事实来看，赔偿请求人古厚学蒙受损失，一方面，是因为汉中市中级人民法院未张贴查封、扣押公告，未组织监督被执行人按照合理价格在指定期限内变卖保全财产和未采取措施控制变卖价款;另一方面,也因为被执行人华森厂的法定代表人胡金泉隐藏、转移、变卖已被查封、扣押的财产,拒不执行生效法律文书。因此,我们可以判断,赔偿请求人的财产损失是由多种原因共同导致的。对于这种情况,一个困扰司法实践的难题是,如何对法院与导致财产损失的其他人的赔偿责任进行分配。他们承担的是连带责任还是按份责任?抑或一方承担主要责任,另一方承担补充责任?这一问题的产生,与现行立法的相关规则不够清晰和明确有关。按照侵权法的一般规则,固然可以按照侵权行为在损害过程和结果中所起的作用来确定各行为人的责任。然而,在国家赔偿责任的框架内,由华森厂承担部分责任在逻辑上是存在疑问的。因为国家赔偿有别于普通侵权赔偿的一个重要特征,就是侵权主体或责任主体的特定性。国家赔偿的责任主体是国家,而非国家以外的私法主体。①

汉中市中级人民法院认为,本案只对已被(2006)陕确申字第001号裁定确认的违法行为是否给申请人造成直接损失,以及符合《国家赔偿法》规定的应当予以赔偿的情形作出赔偿决定。裁定中确认该院违法的行为有两项:第一项与保全财产的灭失虽无直接因果关系,但却造成胡金泉处置财产时无法监管的后果;第二项与部分保全财产被胡金泉处置后未能收回变卖价款造成不能足额执行有因果关系,对此造成的损失应承担赔偿责任。该院执行(1999)汉经保字第06号民事裁定时核实灭失的财物,包括50立方米圆棒材、50立方米圆木材及青岗木板材75立方米、山毛榉板材25立方米。其中50立方米圆棒材,古厚学在申请保全时提供财产价值清单上所列为20万元,根据1998年10月11日北京兴京木制品有限公司与华森厂签订的订货单单价为每立方米4000元,应为20万元,且该批圆棒材已是半成品,经烘干成型,注明是塑料袋包装,短时间不会大幅折价,该院1999年2月3日保全后,华森厂于1999年3月23日申请以每立方米1600元处理,该院同意,但未能收回变卖款,后来胡金泉称只卖了4.6万元,与实际情况不符,对价值20万元的圆棒材损失责任在该院,应依法赔偿。对50立方米圆木材损

---

① 沈岿:《国家赔偿法:原理与案例》,北京大学出版社2011年版,第115~116页;王利明、周友军、高圣平:《中国侵权责任法教程》,人民法院出版社2010年版,第103页。

失问题,该批圆木材在古厚学提供财产清单上价值为 5 万元(因原提供为 200 立方米,价值 20 万元,查封时办案人员改为 50 立方米,价值按 5 万元计算)。就这部分财产的处理,华森厂于 1999 年 4 月 12 日对该院有书面说明,称"50 立方米圆木由于时间太长,基本变质、腐朽,为减少损失,已于 3 月底用带锯解板,将有用的约 15 立方米板子装窑烘干",但该院未采取任何措施,导致该部分财物在执行时已灭失,对这部分损失应按 5 万元予以赔偿。对被查封、扣押的青岗木板材 75 立方米(查封时认定价格为 30 万元)、山毛榉板材 25 立方米(查封时认定价格为 15 万元),在执行中查明胡金泉将其中部分改为地板条,对该部分木材的处置胡金泉并未取得法院同意,且制成的地板条法院已实施了拍卖,故对该部分财产损失法院不应承担赔偿责任。综上,汉中市中级人民法院决定,就其违法执行行为给赔偿请求人古厚学造成的经济损失赔偿人民币 25 万元。但对于华森厂的赔偿责任则并未提及。

而在陕西省高级人民法院作出的赔偿决定书中,同样未提及华森厂的赔偿责任分配问题,也未提及赔偿请求人财产损害的多因一果问题,而是将汉中市中级人民法院的赔偿金额由 25 万元变更为 602000 元。本案实际上由法院承担了全部的赔偿责任。应该说,这是一种比较实用的处理方式,从当下注重化解纠纷、案结事了和保护赔偿请求人权益的角度来看,有其合理性和正当性。这种处理可以解释为,华森厂应承担赔偿责任,但其无财产赔偿时,由法院承担补充责任。然而正如上文所述,在国家赔偿责任的框架内,由华森厂承担赔偿责任在逻辑上并非毫无问题。

(三)如何确定赔偿责任的范围

汉中市中级人民法院最终赔偿的 602000 元于赔偿请求人申请赔偿的金额 112 万元。这里涉及依何种标准来确定赔偿责任范围的问题。陕西省高级人民法院的(2008)陕赔他定书主要遵循了以下两个标准:

1. 对未经确认违法的行为所致损害不予赔偿

关于行为违法应作为国家赔偿的一般构成要件,学界存在不同的主张。在 2010 年修正以前,《国家赔偿法》第 2 条对"违法"作了明文规定。这应该也是本案确定赔偿责任范围遵循的标准。古厚学申请的汉中市中级人民法院未依照其保全申请足额进行保全,因未被确认违法,故汉中市中级人民法院对此不承担国家赔偿责任,而仅须对被确认违法的行为给古厚学造成的损失承担国家赔偿责任。原查封的烘干窑、手机、传真机,这三项财产并未因汉中市中级人民法院的违法行为而灭失,其价值的实现应在执行程序中解决,与被确认违法行为无关。

2. 应在保全数额的范围内确定赔偿金额

赔偿请求人古厚学提出财产保全申请以及法院裁定保全的财产金额是 77.5 万元,国家赔偿责任也不得超出该金额。由于古厚学已先后实现债权 173000 元,因此,汉中市中级人民法院因其违法行为承担国家赔偿责任应以 602000 元为限。因为只有该范围内的财产,法院才负有监管职责。对古厚学申请超出保全数额范围外的损失数额,国家不应承担责任。

此外,陕西省高级人民法院还认为,对古厚学主张的误工费、精神损失费、仲裁费、鉴定费、差旅费,以及退还该案保全费、申请执行费等赔偿请求,因超出国家赔偿的范围,汉中市中级人民法院对此不承担国家赔偿责任。

国泰君安证券股份有限公司海口滨海大道(天福酒店)证券营业部申请错误执行赔偿案

最高人民法院案例指导工作办公室

一、关键词

国家赔偿　司法赔偿　错误执行　执行回转

二、裁判要旨

1. 赔偿请求人以人民法院具有《国家赔偿法》第 38 条规定的违法侵权情形为由申请国家赔偿的,人民法院应就赔偿请求人诉称的司法行为是否违法,以及是否应当承担国家赔偿责任一并予以审查。

2. 人民法院审理执行异议案件,因原执行行为所依据的当事人执行和解协议侵犯案外人合法权益,对原执行行为裁定予以撤销,并将被执行财产回复至执行之前状态的,该撤销裁定及执行回转行为不属于《国家赔偿法》第 38 条规定的执行错误。

三、相关法条

《国家赔偿法》第 38 条

四、基本案情

赔偿请求人国泰君安证券股份有限公司海口滨海大道(天福酒店)证券营业部(以下简称国泰海口营业部)申请称:海南省高级人民法院在未依法对原生效判决以及该院(1999)琼高法执字第 9－10、9－11、9－12、9－13 号裁定(以下分别简称 9－10、9－11、9－12、9－13 号裁定)进行再审的情况下,作出(1999)琼高法执字第 9－16 号裁定(以下简称 9－16 号裁定),并据此执行回转,撤销原 9－11、9－12、9－13 号裁定,造成国泰海口营业部已合法取得的房产丧失,应予确认违法,并予以国家赔偿。

海南省高级人民法院答辩称:该院9-16号裁定仅是纠正此前执行裁定的错误,并未改变原执行依据,无须经过审判监督程序。该院9-16号裁定及其执行回转行为,系在审查案外人执行异议成立的基础上,使争议房产回复至执行案件开始时的产权状态,该行为与国泰海口营业部经判决确定的债权,及其尚不明确的损失主张之间没有因果关系。国泰海口营业部赔偿请求不能成立,应予驳回。

法院经审理查明:1998年9月21日,海南省高级人民法院就国泰海口营业部诉海南国际租赁有限公司(以下简称海南租赁公司)证券回购纠纷一案作出(1998)琼经初字第8号民事判决,判决海南租赁公司向国泰海口营业部支付证券回购款本金3620万元和该款截至1997年11月30日的利息16362296元;海南租赁公司向国泰海口营业部支付证券回购款本金3620万元的利息,计息方法为:从1997年12月1日起至付清之日止按年息18%计付。

1998年12月,国泰海口营业部申请海南省高级人民法院执行该判决。海南省高级人民法院受理后,向海南租赁公司发出执行通知书并查明该公司无财产可供执行。海南租赁公司提出其对第三人海南中标物业发展有限公司(以下简称中标公司)享有到期债权。中标公司对此亦予以认可,并表示愿意以景瑞大厦部分房产直接抵偿给国泰海口营业部,以偿还其欠海南租赁公司的部分债务。海南省高级人民法院遂于2000年6月13日作出9-10号裁定,查封景瑞大厦的部分房产,并于当日予以公告。同年6月29日,国泰海口营业部、海南租赁公司和中标公司共同签订《执行和解书》,约定海南租赁公司、中标公司以中标公司所有的景瑞大厦部分房产抵偿国泰海口营业部的债务。据此,海南省高级人民法院于6月30日作出9-11号裁定,对和解协议予以认可。

在办理过户手续过程中,案外人海南发展银行清算组(以下简称海发行清算组)和海南创仁房地产有限公司(以下简称创仁公司)以海南省高级人民法院9-11号裁定抵债的房产属其所有,该裁定损害其合法权益为由提出执行异议。海南省高级人民法院审查后分别作出9-12号、9-13号裁定,驳回异议。2002年3月14日,国泰海口营业部依照9-11号裁定将上述抵债房产的产权办理变更登记至自己名下,并缴纳相关税费。海发行清算组、创仁公司申诉后，海南省高级人民法院经再次审查认为：9－11号裁定将原金通城市信用社（后并入海南发展银行）向中标公司购买并已支付大部分价款的房产当作中标公司房产抵债给国泰海口营业部，损害了海发行清算组的利益，确属不当，海发行清算组的异议理由成立，创仁公司异议主张应通过诉讼程序解决。据此海南省高级人民法院于2003年7月31日作出9－16号裁定，裁定撤销9－11、9－12、9－13号裁定，将原裁定抵债房产回转过户至执行前状态。

2004年12月18日，海口市中级人民法院对以海发行清算组为原告、中标公司为被告、创仁公司为第三人的房屋确权纠纷一案作出（2003）海中法民再字第37号民事判决，确认原抵债房产分属创仁公司和海发行清算组所有。该判决已发生法律效力。2005年6月，国泰海口营业部向海口市地方税务局申请退税，海口市地方税务局将契税退还国泰海口营业部。2006年8月4日，海南省高级人民法院作出9－18号民事裁定，以海南租赁公司已被裁定破产还债，海南租赁公司清算组请求终结执行的理由成立为由，裁定终结（1998）琼经初字第8号民事判决的执行。

（1998）琼经初字第8号民事判决所涉债权，至2004年7月经协议转让给国泰君安投资管理股份有限公司（以下简称国泰投资公司）。2005年11月29日，海南租赁公司向海口市中级人民法院申请破产清算。破产案件审理中，国泰投资公司向海南租赁公司管理人申报了包含（1998）琼经初字第8号民事判决确定债权在内的相关债权。2009年3月31日，海口市中级人民法院作出（2005）海中法破字第4－350号民事裁定，裁定终结破产清算程序，国泰投资公司债权未获得清偿。

2010年12月27日，国泰海口营业部以海南省高级人民法院9－16号裁定及其行为违法，并应予返还9－11号裁定抵债房产或赔偿相关损失为由向该院申请国家赔偿。2011年7月4日，海南省高级人民法院作出（2011）琼法赔字第1号赔偿决定，决定对国泰海口营业部的赔偿申请不予赔偿。国泰海口营业部对该决定不服，向最高人民法院赔偿委员会申请作出赔偿决定。

五、裁判结果

最高人民法院赔偿委员会于2012年3月23日作出（2011）法委赔字第

3号国家赔偿决定:维持海南省高级人民法院(2011)琼法赔字第1号赔偿决定。

六、裁判理由

最高人民法院认为:被执行人海南租赁公司没有清偿债务能力,因其对第三人中标公司享有到期债权,中标公司对此未提出异议并认可履行债务,中标公司隐瞒其与案外人已签订售房合同并收取大部分房款的事实,与国泰海口营业部及海南租赁公司三方达成《执行和解书》。海南省高级人民法院据此作出9-11号裁定。但上述执行和解协议侵犯了案外人的合法权益,国泰海口营业部据此取得的争议房产产权不应受到法律保护。海南省高级人民法院9-16号裁定系在执行程序中对案外人提出的执行异议审查成立的基础上,对原9-11号裁定予以撤销,将已被执行的争议房产回复至执行前状态。该裁定及其执行回转行为不违反法律规定,且经生效的海口市中级人民法院(2003)海中法民再字第37号民事判决所认定的内容予以印证,其实体处理并无不当。国泰海口营业部债权未得以实现的实质在于海南租赁公司没有清偿债务的能力,国泰海口营业部及其债权受让人虽经破产债权申报,仍无法获得清偿,该债权未能实现与海南省高级人民法院9-16号裁定及其执行行为之间无法律上的因果联系。因此,海南省高级人民法院9-16号裁定及其执行回转行为,不属于《国家赔偿法》及相关司法解释规定的执行错误情形。

七、指导案例43号的理解与参照

2014年12月25日,最高人民法院发布了指导案例43号《国泰君安证券股份有限公司海口滨海大道(天福酒店)证券营业部申请错误执行赔偿案》。为了正确理解和准确参照适用该指导案例,现对该指导案例的推选经过、裁判要点等有关情况予以解释、论证和说明。

(一)推选经过及其指导意义

最高人民法院《关于案例指导工作的规定》第9条规定,对于本规定施行前,最高人民法院已经发布的对全国法院审判、执行工作具有指导意义的案例,根据本规定清理、编纂后,作为指导性案例公布。《最高人民法院公报》发布了各类典型案例,这些案例在案例指导制度确立以前,对于审判和执行工作,事实上发挥了一定的参考作用。2013年4月23日,最高人民法院召开了案例清理工作会议，下发了《最高人民法院案例清理工作会议纪要》，决定对《最高人民法院公报》刊发的对全国法院审判、执行工作具有指导意义的案例进行清理、编纂。清理范围原则上以2005年1月后刊发的案例为主。本案例原刊登于《最高人民法院公报》2012年第12期，鉴于其具有较为重要的指导价值，将其列入了《最高人民法院公报》案例清理、编纂的范围。

按照《最高人民法院案例清理工作会议纪要》的要求，最高人民法院赔偿办经过初审，同意推荐该案例。7月9日，案例清理工作领导小组办公室经征求《最高人民法院公报》编辑部意见，将该案例列为第二阶段案例清理范围，并再次送最高人民法院赔偿办征求意见。赔偿办经过复审，经主管院领导审核同意该案例进入下一阶段清理程序，并编写了指导性案例文本。2014年4月22日，该案例经最高人民法院研究室室务会讨论同意推荐，报院领导审核同意后提请最高人民法院审委会讨论。11月21日，该案例经最高人民法院第202次审委会审议通过。12月25日，最高人民法院以法〔2014〕337号文件将该案例列在第九批指导案例予以发布。

该指导案例旨在明确2010年修订后的国家赔偿法取消了赔偿确认前置程序，针对人民法院保全、执行行为提起的赔偿申请，人民法院赔偿委员会应当在赔偿案件的审理中一并审查人民法院司法行为是否违法以及是否承担国家赔偿责任，对类似案件的审理具有重要指导意义。

（二）裁判要点的理解与说明

该指导案例的裁判要点确认：（1）赔偿请求人以人民法院具有《国家赔偿法》第38条规定的违法侵权情形为由申请国家赔偿的，人民法院应就赔偿请求人诉称的司法行为是否违法，以及是否应当承担国家赔偿责任一并予以审查。（2）人民法院审理执行异议案件，因原执行行为所依据的当事人执行和解协议侵犯案外人合法权益，对原执行行为裁定予以撤销，并将被执行财产回复至执行之前状态的，该撤销裁定及执行回转行为不属于《国家赔偿法》第38条规定的执行错误。现围绕裁判要点及相关问题逐一论证和说明如下：

1. 关于第一个裁判要点的说明

国家赔偿法修改之前，赔偿请求人要提出国家赔偿请求，必须先得到有关义务机关对其行为是否侵犯人身权、财产权的事实进行确认。1994年《国家赔偿法》第20条规定:“赔偿义务机关对依法确认有本法第十五条、第十六条规定的情形之一的,应当给予赔偿。赔偿请求人要求确认有本法第十五条、第十六条规定情形之一的,被要求的机关不予确认的,赔偿请求人有权申诉。赔偿请求人要求赔偿,应当先向赔偿义务机关提出。”但是,国家赔偿法并未就如何具体适用确认程序、义务机关不确认违法如何保障赔偿请求人的申诉权等问题进行规定。1996年5月6日,最高人民法院公布了两个司法解释:一是最高人民法院《关于人民法院赔偿委员会审理赔偿案件程序的暂行规定》(法发〔1996〕14号),该司法解释第2条规定:“赔偿请求人依法向赔偿委员会申请作出赔偿决定的被侵权事项,应当先经过依法确认。根据赔偿法第二十条第二款的规定,被要求确认的机关不予确认的,赔偿请求人有权申诉。赔偿委员会不受理要求确认的申诉案件。”二是最高人民法院《关于人民法院执行〈中华人民共和国国家赔偿法〉几个问题的解释》(法发〔1996〕15号)。该解释第3条规定:“公民、法人和其他组织申请人民法院依照赔偿法规定予以赔偿的案件,应当经过依法确认。未经依法确认的,赔偿请求人应当要求有关人民法院予以确认。被要求的人民法院由有关审判庭负责办理依法确认事宜,并应以人民法院的名义答复赔偿请求人。被要求的人民法院不予确认的,赔偿请求人有权申诉。”2004年10月1日起施行的最高人民法院《关于审理人民法院国家赔偿确认案件若干问题的规定》(试行)(法释〔2004〕10号),对确认程序进一步予以规范、细化。该解释第一条规定:“公民、法人或者其他组织认为人民法院及其工作人员的职务行为侵犯其合法权益提起国家赔偿请求的,除本规定第五条规定的情形外,应当依法先行申请确认。”

根据上述规定,结合国家赔偿法修正之前的赔偿工作实践,关于确认,一般应理解为:对于原来在刑事诉讼过程中发生的违法侵权情形(侵犯生命健康权的事实行为除外),尤其是针对侵犯人身自由权、财产权情形的确认,通常在原刑事诉讼程序中一并解决,即一般是由刑事诉讼程序中作出的生效法律文书等予以认定。在原刑事诉讼或者民事、行政诉讼以及执行程序过程中,对于原违法侵权行为已作出定性或者已经予以纠正的,在赔偿实践中一般应视为该申请赔偿的确认环节已完成,即该申请赔偿已经依法确认,无须再行通过相关程序予以确认。而对于那些在三大诉讼中未作出定性的有关行为，实践中主要包括侵犯公民生命健康权等事实行为，以及在民事、行政诉讼及执行过程中采取的相关侵权情形，如在原有关程序中未加以认定和作出定性，则只能通过设立一个单独的确认程序予以解决确认问题。最高人民法院《关于审理人民法院国家赔偿确认案件若干问题的规定》（试行）即是解决有关确认问题的司法解释。从最高人民法院《关于审理人民法院国家赔偿确认案件若干问题的规定》（试行）施行以后的实践情况来看，该规定多数情况下适用于针对民事、行政诉讼中司法赔偿案件申请依法确认的情形。

客观地说，1994 年国家赔偿法以请求赔偿的行为需经过依法确认，作为该求偿提起的条件，仅从国家赔偿责任需要先行认定行为性质，判断求偿之行为是否属于法定侵权情形，能否构成国家赔偿责任的角度而言，这一规定有其合理之处。然而，由于该规定缺乏有效的监督及制约条款，以至于实践中一些司法机关将其随意滥用，作为规避确认及赔偿义务的“保护伞”，使该规定失去了善意初衷并因此饱受争议。

2010 年国家赔偿法取消了国家赔偿程序中的确认程序，相应地删除了 1994 年《国家赔偿法》第 9 条第 1 款、第 20 条第 1 款中的“依法确认”4 个字，并删除了第 20 条第 2 款有关确认申诉的规定。修改后的国家赔偿法虽然取消了确认程序，但并不等于今后国家赔偿案件中就绝对不存在确认问题，司法赔偿案件在 2010 年 12 月 1 日后实行“确赔合一”的处理机制。赔偿请求人以人民法院具有《国家赔偿法》第 38 条规定的违法侵权情形为由申请国家赔偿的，人民法院应就赔偿请求人诉称的司法行为是否违法，以及是否应当承担国家赔偿责任一并予以审查。具体而言，国家赔偿法修订后，对 1994 年《国家赔偿法》规定的原确认问题的理解，应把握以下几方面：

第一，涉及人身自由权、财产权被侵害的，或者说针对修正的《国家赔偿法》第 17 条第 1、2、3 项，第 38 条规定情形申请赔偿的，赔偿请求人原则上应在原刑事追诉程序终结，或者民事、行政诉讼及执行程序终结后提出赔偿请求。

第二，涉及生命健康权被侵害的，或者说针对修正的《国家赔偿法》第 17 条第 4、5 项规定情形申请赔偿的，赔偿请求人能够提出损害结果已发生，以及该结果与司法机关的违法侵权行为之间存在因果关系的一般证据，原则上即应予受理，并按照举证责任分配的有关原则予以审查。

第三，对于诉讼程序终结后，侦查、检察、审判等机关在原诉讼程序中作出并已生效的法律文书，在赔偿程序中仍应作为赔偿案件审查定性的主要依据，赔偿程序中不能撤销或者变更原诉讼程序中作出的生效法律文书。

第四，对于刑事案件中，部分机关在原刑事诉讼程序已终结或对犯罪嫌疑人已终止刑事追诉的情况下，未对原案件嫌疑人的人身及财产等作出法律文书或者其他结论性意见，赔偿请求人申请赔偿的，应予受理并应在刑事赔偿程序中一并予以审查。

第五，原需要通过单独确认程序予以确认的案件，在修正的国家赔偿法施行后，应在赔偿程序中对职务行为是否属于法定的违法侵权情形，是否应予赔偿一并予以审查。

2. 关于第二个裁判要点的说明

(1)执行异议，是指在执行过程中，案外人对执行标的提出不同意见。执行程序强调效率，执行机构在实施执行行为时遵循所谓形式化原则，在对标的物进行处理时难免会出现侵害案外人实体权益的情况。有损害必有救济。对此，民事诉讼法规定了执行异议程序。案外人对执行标的提出异议，往往涉及实体权利义务争议。实践中，案外人执行异议主要有三种情形：一是对生效判决、裁定指向的标的权属有异议；二是对判决、裁定并未涉及但执行过程中被作为执行标的予以执行有异议；三是认为执行行为影响了自己对执行标的物的使用权而提出异议。如果认为据以执行的原判决、裁定有错误，按照审判监督程序办理。1991年《民事诉讼法》第208条规定："执行过程中，案外人对执行标的提出异议的，执行员应当按照法定程序进行审查。理由不成立的，予以驳回；理由成立的，由院长批准中止执行。如果发现判决、裁定确有错误，按照审判监督程序处理。"

本案中，海南省高级人民法院的执行行为发生在1998年至2003年之间，应当适用1991年《民事诉讼法》及最高人民法院《关于人民法院执行工作若干问题的规定》(试行)的相关规定。赔偿请求人国泰海口营业部认为：海南省高级人民法院9-16号民事裁定未经审判监督及再审程序，在没有合法、有效地执行回转根据的情况下，违法撤销正确、合法、有效的9-11、

9－12、9－13 号民事裁定，系违法的执行回转。海南省高级人民法院答辩认为：该院 9－16 号民事裁定是人民法院在执行程序中作出的裁定，仅是纠正了此前执行裁定的错误，并未改变原执行依据，无须经过审判监督程序，该行为并无不当。根据本案查明的事实，海南省高级人民法院 9－16 号民事裁定作出的有关背景是：海南省高级人民法院依据生效的（1998）琼经初字第 8 号民事判决，在执行赔偿请求人诉海南租赁公司证券回购纠纷一案中，根据海南租赁公司提供的线索，在第三人中标公司对到期债务予以认可，且该公司向海南省高级人民法院隐瞒出售本案争议房产之大部的事实，以及赔偿请求人、海国租公司及第三人中标公司达成和解协议的情况下，以裁定的形式对三方和解协议予以认可，并将查封的景瑞大厦的部分房产予以执行。嗣后，案外人关闭海发行清算组、创仁公司提出执行异议，经海南省高级人民法院裁定驳回后又提出异议之诉（即对争议房产提出的房屋确权之诉），请求确认其享有被海南省高级人民法院执行的相关房产的所有权，其同时也多次向海南省高级人民法院提出有关执行异议的申诉。海南省高级人民法院经重新审查，认为海发行清算组、创仁公司提出的执行异议理由成立，即作出 9－16 号民事裁定，对原执行行为予以纠正，将争议房产回复至执行之前状态。

本案中，根据 1991 年《民事诉讼法》第 208 条、最高人民法院《关于人民法院执行工作若干问题的规定》（试行）第 70 条、第 73 条的规定，海南高院 9－16 号裁定系在执行程序中对案外人提出的执行异议审查成立的基础上，对原执行裁定予以撤销，将不属于法律文书指定交付特定物的争议房产回复至执行之前状态。1991 年《民事诉讼法》第 208 条“判决、裁定确有错误”中的判决、裁定，是指作为执行依据的原生效判决或者裁定，不包括执行程序中作出的裁定。海南省高级人民法院 9－16 号裁定，未改变原执行依据，无须经过审判监督程序。

（2）执行回转，是指在民事执行过程中或执行结束后，由于据以执行的法律文书被依法撤销或变更，人民法院根据当事人的申请或依职权，将已经执行的财产的一部分或全部，返还给被执行人的法律制度。执行回转的主要目的是纠正据以执行的法律文书错误而造成的执行失误。1991 年《民事诉讼法》第 214 条对执行回转进行规定：“执行完毕后，据以执行的判决、裁定和其他法律文书确有错误，被人民法院撤销的，对已被执行的财产，人民法院应当作出裁定,责令取得财产的人返还;拒不返还的,强制执行。"本条只规定了原生效裁判文书被撤销、执行完毕后才存在执行回转的问题,最高人民法院《关于人民法院执行工作若干问题的规定》(试行)增加了法律文书被"变更"及"执行中"的规定。最高人民法院《关于人民法院执行工作若干问题的规定》(试行)第109条规定:"在执行中或执行完毕后,据以执行的法律文书被人民法院或其他有关机关撤销或变更的,原执行机构应当依照民事诉讼法第二百一十四条的规定,依当事人申请或依职权,按照新的生效法律文书,作出执行回转的裁定,责令原申请执行人返还已取得的财产及其孳息。拒不返还的,强制执行。执行回转应重新立案,适用执行程序的有关规定。"根据法律及司法解释的规定,发生执行回转的原因主要有以下几种:一是人民法院作出的先予执行的裁定,被生效的判决否定。二是人民法院制作的判决书、裁定书、调解书,依审判监督程序再审后,被本院或者上级法院依法撤销或变更。三是其他机关制作的依法由人民法院强制执行的法律文书,被人民法院撤销或被其制作机关撤销或变更的。实行执行回转,应当符合以下条件:第一,必须是人民法院按照执行程序将生效法律文书执行完毕或已经执行了部分财产,如果法律文书尚未执行,不发生执行回转。第二,必须是据以执行的法律文书被依法撤销或变更。法律文书未经法定程序撤销或变更,即使认为执行错误,也不能实行执行回转。根据上述分析,本案中海南省高级人民法院的裁定及其行为,亦不属于1991年《民事诉讼法》第214条规定的执行回转情形。

虽然海南省高级人民法院在作出9-16号裁定及该院对原房屋确权之诉启动再审程序的前后衔接及具体操作上有所不妥,但综观全案情况,该裁定及其行为不违反1991年《民事诉讼法》及相关司法解释规定,且经生效的海口市中级人民法院(2003)海中法民再字第37号民事判决所认定的内容予以印证,其实体处理并无不当。因此,海南省高级人民法院9-16号裁定及其行为,不属于国家赔偿法及其司法解释规定的违法侵权情形,国泰海口营业部提出的该裁定应予确认违法的理由不成立。

3. 人民法院的执行行为与赔偿请求人所受损失之间无法律上因果关系,人民法院不承担国家赔偿责任

《国家赔偿法》第2条规定:"国家机关和国家机关工作人员行使职权,

有本法规定的侵犯公民、法人和其他组织合法权益的情形，造成损害的，受害人有依照本法取得国家赔偿的权利。”本条确立了国家赔偿责任的构成要件，即国家在什么条件下才承担赔偿责任。根据本条规定，国家赔偿责任的构成要件可概括为四个方面，分别为行为主体要件、行为要件、损害结果要件以及因果关系要件。因果关系要件，是指行为主体的侵权行为与造成损害的结果之间有因和果的关系。关于因果关系，理论界大致有三种学说，分别为相当因果关系说、直接因果关系说及必然因果关系说。多数学者认为，我国国家赔偿中的因果关系应采用相当因果关系说。该学说的经典表述为“无此行为，虽必不生此损害，有此行为，通常足生此损害者，是为有因果关系。无此行为，必不生此损害，有此行为，通常亦不生此损害者，即无因果关系。”

本案赔偿请求人的法定权益，是海南省高级人民法院生效判决确定的其对海国租公司享有的证券回购款本金及利息，其合法权益未得以实现的实质在于：一是被执行人海南租赁公司没有清偿债务的能力（嗣后海南租赁公司进入破产清算程序，赔偿请求人及其权利承受人虽经破产债权申报，仍无法获得清偿）；二是第三人中标公司隐瞒本案争议房产之大部已被其售出的事实，向海南省高级人民法院认可履行第三人到期债务，其行为存在过错，在此基础上中标公司与赔偿请求人、海南租赁公司签订三方和解协议约定以房抵债，存在重大瑕疵，客观上亦侵犯了案外人的合法权益。海南省高级人民法院虽裁定认可该和解协议并予以执行，但嗣后经重新审查，认定案外人执行异议成立，据此纠正该院原认可三方和解协议的执行行为，将该争议房产回复至执行之前的状态。该执行行为并无不当，且未对赔偿请求人的合法权益产生影响。赔偿请求人合法权益未得以实现，并非赔偿请求人所称系由于海南省高级人民法院违法执行行为所致。该债权未能实现与海南省高级人民法院 9 – 16 号裁定及其执行行为之间无法律上的因果联系。因此，海南省高级人民法院 9 – 16 号裁定及其执行回转行为，不属于国家赔偿法及相关司法解释规定的执行错误情形。

海复公司申请大连海事法院错误执行赔偿案

北京航空航天大学法学院　王天凡
辽宁省高级人民法院　赵英伟

一、案件类型

民事诉讼中错误执行适用刑事赔偿

二、判决要旨

1. 法院的司法拍卖应以完整交付结束,非拍卖成交结束。

2. 法院拍卖的船舶属于特殊动产,应按照特殊法规定执行。

3. 法院执行拍卖船舶中存在错误,又未能扣减船价款,应承担错误执行的国家赔偿责任。

三、关键词

国家赔偿　司法拍卖　瑕疵

四、涉案主体及司法文书

赔偿请求人:大连海复船务代理有限公司

赔偿义务机关:大连海事法院

裁决机关及司法文书:

1. 大连海事法院作出(2014)大海赔字第1号赔偿决定;

2. 辽宁省高级人民法院赔偿委员会作出(2014)辽法委赔字第14号国家赔偿决定书。

五、赔偿请求

1. 依法撤销大连海事法院(2014)大海赔字第1号赔偿决定第2部分;

2. 被申诉人增加赔偿金143985元和全部赔偿金236785元10年的利息112473元;

3. 追究被申诉人当事者违法行为的法律责任；

4. 被申诉人向申诉人作出公开道歉。

六、赔偿决定

1. 撤销大连海事法院(2014)大海赔字第1号赔偿决定。

2. 大连海事法院赔偿大连海复公司缺失设备损失236785元。

3. 驳回大连海复公司的其他赔偿请求。

七、基本案情

2003年8月,大连海事法院在审理原告丹东金沅矿产有限公司诉被告朝鲜首阳山海运公司海运货损赔偿案中,大连海事法院根据原告丹东金沅矿产有限公司的申请,在丹东大东港扣押了朝鲜首阳山海运有限公司所属的"首阳山"号货轮,并委托丹东边防对该轮进行看管。

2004年4月6日,大连海事法院对"首阳山"轮进行了拍卖,根据"首阳山"轮拍卖成交确认书,赔偿请求人大连海复船务代理公司(以下简称大连海复公司)以228万元的最高报价买下了该轮。

2004年4月22日,大连海事法院"首阳山"轮拍卖委员会与大连海复公司进行了船舶交接。在交接时,双方签订了"首阳山"轮移交完毕确认书附件,内容为接船时发现缺少设备:(1)TCOM单边带1台,(2)气象传真机1台,(3)航行报警器2台,(4)GPS1台,(5)应急不位标2台,(6)雷达应答器1台,(7)手持双向对讲机3台,(8)VHF座机话筒1个。并注明(1)、(2)、(3)、(8)项缺少。(4)、(5)、(6)、(7)项设备底座存在,设备缺少,待与船舶检验资料核准后处理。双方签字确认船上缺少11件通讯导航设备。在大连海事法院拍卖委员会工作人员离船后,大连海复公司称又有设备缺少,并将该情况电话报告给大连海事法院,大连海事法院承认接到大连海复公司的电话。

2004年4月29日,大连海复公司致函大连海事法院,对买受的"首阳山"轮,在接船后短缺的主要设备列明细表,除附件确认缺少的11件通讯导航设备外,还缺少单向无线电话3部、救生阀释放器3个、应急示位释放器2个、霍尔锚1个、缆绳3根、气压表1个、救生艇应急物资共14件设备。鉴于"五一"节假在即,为缩小经济损失,尽快把该轮恢复到"航行安全状态",请求大连海事法院尽早赐复。

2004年6月,大连海复公司向海事法院提交了其购置上述25件设备的发票,发票总额为236785元。赔偿请求人大连海复公司请求大连海事法院从船舶拍卖价款中退回其236785元。

大连海复公司自认买受的“首阳山”轮已于2009年因其他案件被法院执行抵债。

2008年3月26日,大连海事法院对“首阳山”轮债权进行分配,扣除了边防检查站执勤补助费、公告费、加油加水伙食款、停泊费、拖轮费、遣返费、差旅费、拍卖费、垫付上诉费等费用。

2008年3月26日,大连海事法院根据丹东金沅矿产有限公司的执行申请,从拍卖价款中支付丹东金沅矿产有限公司765056元,剩余436282.25元则存在大连海事法院账户。

2009年5月,朝鲜首阳山海运公司向大连海事法院提出返还“首阳山”轮剩余款的请求。大连海事法院于2009年5月31日将剩余的436282.25元全部返还给了朝鲜首阳山海运有限公司。

上述事实,有大连海事法院(2003)大海东商外初字第3号民事裁定书、民事判决书、“首阳山”轮价值评估报告、2004年4月22日大连海事法院的询问笔录、“首阳山”轮移交完毕确认书附件“接船时发现缺少设备”,(2003)大海东商外初字3号“首阳山”轮债权分配说明、大连海复公司提供的缺少设备明细表、函书、购买设备发票、法院质证笔录、询问笔录等证据证明。

大连海复船务代理有限公司因此向大连海事法院国家赔偿委员会提出国家赔偿申请,大连海事法院国家赔偿委员会在(2014)大海赔字第1号赔偿决定中认为,赔偿请求人大连海复船务公司所主张的损失系因该院交付的拍卖船舶与展示状况不符引起的。海事法院在发现朝鲜首阳山海运有限公司交付的“首阳山”轮的状况与展示时的状况不符后未扣减船价款,并将“首阳山”轮的拍卖价款的尾款全部返还给朝鲜首阳山海运有限公司的行为,违反了法律规定。在船价款已经无法追回的情况下,海事法院应该承担该违法行为所造成的后果,向赔偿请求人赔偿损失。在赔偿请求人主张的丢失设备中,确认丢失TCOM单边带、气象传真机、航行报警器、VHF座机话筒等4件设备。其余设备因赔偿请求人没有提供证据予以证明,该院不能认定。决定、海事法院向赔偿请求人大连海复船务公司赔偿损失 92900 元驳回赔偿请求人大连海复船务公司的其他赔偿请求。

大连海复船务代理有限公司不服大连海事法院(2014)大海赔字第 1 号赔偿决定,向辽宁省高级人民法院赔偿委员会申请作出赔偿决定。

辽宁省高级人民法院赔偿委员会认为,拍卖后的交付属执行拍卖的延续,拍卖物交付完毕才能执行终结。本案系拍卖物交付时,在朝鲜首阳山海运有限公司没有参与船舶交接的情况下,大连海事法院将船舶直接移交给大连海复公司,对大连海复公司提出缺少设备的情况没有及时检验核实,一直未予答复。大连海事法院对交付拍卖船舶状况与船舶展示状况不符时,应予扣减船价款。本案大连海事法院 2004 年 4 月交付拍卖船舶,2009 年 5 月才将拍卖剩余款给付朝鲜公司。因原船东为朝鲜的公司,且大连海事法院已经将“首阳山”轮的拍卖价款的剩余款返还给了原船东,已经无法扣减船舶剩余款。因此,大连海事法院应承担未予扣减船价款造成大连海复公司的损失。大连海复公司提出缺少 25 件设备,因大连海事法院没有及时检验,一直没有提出质疑。大连海事法院委托的船舶检验评估机构已经在《价值评估报告》中确认“首阳山”轮处于航行安全状态,就应该认定船上具备这些设备。大连海复公司为减少损失,让该轮尽快恢复到航行安全状态,致函大连海事法院,并自行购买缺少设备,大连海事法院没有提出异议。大连海复公司提供的其购置缺失设备发票,大连海事法院对发票及金额没有提出异议。大连海事法院决定赔偿4 件设备损失不当,应予纠正。大连海复公司提出购买 25 件设备价值 236785 元的赔偿请求应予支持。关于大连海复公司提出的购买缺少设备赔偿金的利息损失不属于国家赔偿的法定范围,该请求不予支持。关于大连海复公司提出追究当事者法律责任的请求不属国家赔偿案件审理范围。关于公开道歉的请求,不符合《国家赔偿法》第 35 条规定的范围,该请求不予支持。

八、适用争点及裁决理由

本案在法律适用上的核心问题是:本案是否属于《国家赔偿法》第 38 条所指执行错误的情形?《国家赔偿法》第 38 条规定:“人民法院在民事诉讼、行政诉讼过程中,违法采取对妨害诉讼的强制措施、保全措施或者对判决、裁定及其他生效法律文书执行错误,造成损害的,赔偿请求人要求赔偿的程序,适用本法刑事赔偿程序的规定。”而对于本条中的“执行错误”应当如何理解,包括哪些情形,最高人民法院《关于民事、行政诉讼中司法赔偿若干问题的解释》第 4 条规定:“对判决、裁定及其他生效法律文书执行错误,是指对已经发生法律效力的判决、裁定、民事制裁决定、调解、支付令、仲裁裁决、具有强制执行效力的公证债权文书以及行政处罚、处理决定等执行错误。包括下列行为:(一)执行尚未发生法律效力的判决、裁定、民事制裁决定等法律文书的;(二)违反法律规定先予执行的;(三)违法执行案外人财产且无法执行回转的;(四)明显超过申请数额、范围执行且无法执行回转的;(五)执行过程中,对查封、扣押的财产不履行监管职责,严重不负责任,造成财物毁损、灭失的;(六)执行过程中,变卖财物未由合法评估机构估价,或者应当拍卖而未依法拍卖,强行将财物变卖给他人的;(七)违反法律规定的其他情形。”本案的情形似乎并不属于上述列明的 1 ~6 项,而是否属于第 7 项“违反法律规定的其他情形”,对此又只能回到《国家赔偿法》第 38 条,对其构成要件进行分析。该条虽然从字面上看是关于民事、行政司法赔偿的程序适用问题,但同时也限定了民事、行政司法赔偿的构成要件。由该条规定可知,民事执行错误导致国家赔偿通常需要以下构成要件:第一,职务侵权行为,即对判决、裁定及其他生效法律文书执行错误;第二,损害;第三,因果关系;第四,民事执行过程中。

首先,本案中大连海事法院组织船舶移交的行为属于法院及其工作人员的职务行为,即民事执行行为。而由于涉案船舶作为特定物,就其所适用的拍卖规则而言,船舶司法拍卖应当适用《海事诉讼特殊程序法》及相应的司法解释,只有在特别法未作规定时,才能适用《拍卖法》的有关规定。本案中,船舶的交付应当依据《海事诉讼特别程序法》第 38 条规定:“买受人付清全部价款后,原船舶所有人应当在指定的期限内于船舶停泊地以船舶现状向买受人移交船舶。拍卖船舶委员会组织和监督船舶的移交,并在船舶移交后与买受人签署船舶移交完毕确认书。”但大连海事法院却并未按《海事诉讼特别程序法》第 38 条的规定,组织朝鲜首阳山海运有限公司与大连海复公司进行船舶移交,即人对人、点对点移交。而是在朝鲜首阳山海运有限公司没有参与船舶交接的情况下,直接由大连海事法院“首阳山”轮拍卖委员会与大连海复公司进行了船舶交接。此移交行为违反了《海事诉讼特别程序法》的规定，导致大连海复公司失去与原船舶所有人进行直接的船舶移交、确认标的物事实状况和进一步直接追究对方标的物瑕疵担保责任的可能性。另外，最高人民法院《关于适用〈中华人民共和国海事诉讼特别程序法〉若干问题的解释》第35条规定："海事诉讼特别程序法第三十八条规定的船舶现状指船舶展示时的状况。船舶交接时的状况与船舶展示时的状况经评估确有明显差别的，船舶价款应当作适当的扣减，但属于正常损耗或者消耗的燃油不在此限。"由此可知，扣减船舶价款的前提条件是经评估确有明显差别。但是在大连海事法院发现朝鲜首阳山海运有限公司交付的"首阳山"轮的状况与展示时的状况不符后，并未及时组织检验核实缺失设备，而且现已无法评估，且大连海事法院在2009年5月，依朝鲜首阳山海运公司提出返还"首阳山"轮剩余款的请求后，即将剩余款项全部返还给了朝鲜首阳山海运有限公司，导致拍卖船舶相应款项已经无法追回。

其次，船舶移交时通过附件确认缺失11件设备，加上在船舶移交之后大连海复公司致函大连海事法院说明欠缺另外14件设备，总共缺少25件设备。这些设备的缺少与船舶展示情况不符，根据大连海事法院委托的船舶检验评估机构已经在《船舶价值评估报告》中确认"首阳山"轮处于航行安全状态，应推定这些设备为大连海复公司通过拍卖所取得的"首阳山"号船舶所具有，因此在大连海复公司支付的价款中也应认为包括了这些设备的价金。而该缺失的设备均由大连海复公司自行购买，大连海事法院没有提出异议。大连海复公司提供的其购置缺失设备发票，大连海事法院对发票及金额没有提出异议。且该相应款项已无法再向原船舶所有人追回。此为损害。

在因果关系方面，对于大连海事法院移交船舶给大连海复公司时通过附件确认缺失的11件设备，就本案事实部分而言尚有几种可能性：第一，原船舶所有人（朝鲜首阳山海运有限公司）在船舶扣押时即已存在设备缺失；但大连海事法院委托的船舶检验评估机构已经在《价值评估报告》中确认"首阳山"轮处于航行安全状态，因此应该认定在原船舶所有人交船时船上即具备这些设备。第二，原船舶所有人交船时设备齐全而在委托丹东边防进行船舶看管的过程中发生的灭失。但是在大连海事法院发现朝鲜首阳山海运有限公司交付的"首阳山"轮的状况与展示时的状况不符后，并未及时组织检验核实缺失设备,导致现已无法查清事实或进行评估。而且对于在船舶移交之后大连海复公司致函大连海事法院说明欠缺另外 14 件设备,大连海事法院在收到大连海复公司提出缺少设备的通知后,一直不作为,既没有及时检验核实,亦一直不予答复。因此,事实情况及损失情况亦无法再查清。且大连海事法院在 2009 年 5 月,依朝鲜首阳山海运公司提出返还"首阳山"轮剩余款的请求后,即将剩余款项全部返还给了朝鲜首阳山海运有限公司,导致拍卖船舶相应款项已经无法追回。违背《海事诉讼特别程序法》规定的移交行为、未组织检验核实缺失设备及评估(不作为)及未进行扣减而直接将船舶剩余款项返还原所有人,此三项行为相结合与损害结果的发生存在因果关系。正是由于移交行为违法,且未组织检验核实与评估,且未扣减相应价款,导致大连海复公司遭受损害,且无法通过扣除船舶拍卖剩余价款得到补偿。

根据司法解释规定,当买受人接收的船舶与展示状况不符时,船舶价款应相应减少,其目的是保护善意买受人的合法权益。本案船舶拍卖交接完毕后,大连海事法院在没有查清设备丢失原因并进行评估的情况下,即对债权进行分配,将剩余船价款返还给原船东,已经无法扣减船舶价款,造成善意买受人多支付船舶价款的损失。根据国家赔偿法"错误执行"的归责原则,大连海事法院应承担上述损失的国家赔偿责任。

另外,在本案的法律适用背后,可能还存在以下更为基础的问题值得探讨。

第一,在船舶司法拍卖中,买受人是否享有的船舶的物之瑕疵担保请求权。根据学界多数的观点,竞拍人事先已经获得被拍卖船舶的拍卖验船报告,并在船舶展示期间登船检查,且其拍卖竞价大多低于同类船舶的市场价格,故拍定者应对船舶的物的瑕疵自负其责。但是,在船舶展示后到船舶移交前这一期间内,船舶仍然有可能受到各种损害,导致实际移交船舶时,船舶的状况已与检验和展示时不相符。根据《海事诉讼特别程序法》第 38 条的规定:"买受人付清全部价款后,原船舶所有人应当在指定的期限内于船舶停泊地以船舶现状向买受人移交船舶。拍卖船舶委员会组织和监督船舶的移交,并在船舶移交后与买受人签署船舶移交完毕确认书。"与最高人民法院《关于强制变卖被扣押船舶清偿债务的具体规定》(1987 年)及最高人民法院《关于海事法院拍卖被扣押船舶清偿债务的规定》(1994年)相比,该条规定将拍卖船舶委员会从办理船舶交接的一方当事人调整为交接过程的组织者、监督者,将船舶的状况由“原状”修改为“现状”。而“现状”该如何理解,最高人民法院《关于适用〈中华人民共和国海事诉讼特别程序法〉若干问题的解释》第35条规定,船舶现状指船舶展示时的状况。船舶交接时的状况与船舶展示时的状况经评估确有明显差别的,船舶价款应当作适当的扣减,但属于正常损耗或者消耗的燃油不在此限。以此为据,买受人才有在船舶交接时的状况与展示时状况不符的情况下要求船舶的物之瑕疵担保请求权的基础。

第二,在船舶司法拍卖中,买受人是否应当向扣船法院请求赔偿的问题。损害若发生在扣船之后、船舶移交前,在该期间船舶的所有权并非归属于买受人,因此其无权向侵权人要求损害赔偿;在委托拍卖的条件下,拍卖行作为受托人既不占有船舶也不承担监管责任,且不履行实际交付义务,因此也不应成为赔偿义务人。而对于裁定扣押、拍卖船舶的法院而言,扣船法院通常委托船舶所有人或占有人自行保管被扣船舶,在扣押外轮的情况下,海事法院一般还同时委托公安边防机关监管船舶,但公安边防机关的责任主要在于防止船舶逃逸,船舶的实际看管者仍是船舶所有人或占有人。《海事诉讼特别程序法》第38条规定,拍定船舶由原船舶所有人向买受人交付。由此,理论上买受人即应当直接向原船舶所有人请求赔偿。但这种观点在实务中很难具有操作性。因为在许多船舶扣押、拍卖案件中,船舶所有人经常不予配合,导致拍定船舶的移交等事实上由法院组织进行。且买受人在其中所处地位也非常被动,因为即使在对出卖人提起的瑕疵担保之诉中胜诉,而由于原船舶所有人除了该被拍卖船舶之外往往并无其他财产可供执行,尤其是在船舶原所有人为外国公司的情形。因此对于买受人的权利保护而言,船舶拍卖价款的退回可能是最好的选择。根据最高人民法院《关于适用〈中华人民共和国海事诉讼特别程序法〉若干问题的解释》第35条第2款的规定,船舶交接时的状况与船舶展示时的状况经评估确有明显差别的,船舶价款应当作适当的扣减,但属于正常损耗或者消耗的燃油不在此限。据此,若船舶在扣船至移交期间发生损毁灭失等损害,其风险是由船舶的原所有人来承担,这也是符合风险负担的基本规则的。因此,若买受人主张在船舶交接时的状况与船舶展示时的状况有明显差别的,海事法院应当组织评估,经过评估检验确认损害并核定数额后,应当适当扣减拍卖价款。如本案的情形,海事法院未组织评估检验便将拍卖剩余款退还船舶原所有人,导致无法扣减的,买受人可以通过国家赔偿诉讼要求拍卖法院承担相应赔偿责任。

张嫦娥因错误执行申请重庆市渝北区人民法院国家赔偿案

重庆市第一中级人民法院　王立新　王　蓓

一、案件类型

司法赔偿

二、判决要旨

赔偿请求人在已经履行了生效判决确定义务的情况下，遭受法院重复执行，造成损害后果，其有权依照《国家赔偿法》第38条的规定申请国家赔偿。赔偿范围包括在法院扣留银行存款期间的存款利息的损失。

三、关键词

国家赔偿　司法赔偿　错误执行　责任主体　责任确定

四、涉案主体及司法文书

赔偿请求人：张嫦娥

赔偿义务机关：重庆市渝北区人民法院

裁决机关及司法文书：

1. 重庆市渝北区人民法院2011年5月13日作出（2011）渝北法赔字第3号国家赔偿决定书；

2. 重庆市第一中级人民法院2011年9月26日作出（2011）渝一中法委赔字第7号国家赔偿决定书。

五、赔偿请求

赔偿请求人张嫦娥以重庆市渝北区人民法院执行错误造成其银行定期存款利息损失31379.14元为由，申请国家赔偿。

六、赔偿决定

根据最高人民法院《关于人民法院赔偿委员会审理国家赔偿案件程序的规定》第16条之规定，重庆市第一中级人民法院决定：准予赔偿请求人张嫦娥撤回要求重庆市渝北区人民法院国家赔偿的申请。

七、基本案情

赔偿请求人张嫦娥以重庆市渝北区人民法院执行错误造成其银行定期存款利息损失31379.14元为由，申请国家赔偿。其理由是：2008年8月24日，赔偿请求人在中国银行股份有限公司重庆嘉州支行存入人民币40万元，定期两年，利率为0.0468%。2010年8月24日存款到期，赔偿请求人到银行要求转存时，被银行工作人员告知其帐户上的存款351863元于2009年11月16日被重庆市渝北区法院执行局强制扣划。其后，赔偿请求人找到该院执行局，执行局于2010年8月31日向请求人退还了存款本金351863元，但利息损失至今仍未赔偿。该院未给请求人送达任何法律文书，在发现扣划错误后也未及时通知请求人，造成请求人3万多元的利息损失，根据《国家赔偿法》第38条的规定，赔偿请求人要求赔偿其利息损失31379.14元。

赔偿义务机关重庆市渝北区人民法院认为，人民法院的生效判决，依法具执行力。重庆市渝北区人民法院院根据广东省惠州市惠城区法院的委托执行函，代为执行(2008)惠城法民一初字第1858号民事判决书，扣划了赔偿请求人(被执行人)张嫦娥的银行存款，符合法律规定。在收到惠州法院终结执行的公函后，重庆市渝北区人民法院及时向请求人的账户汇款，因该帐户系定期存款账户，汇款被退回。在款项进账不能，又查找不到请求人的情况下，重庆市渝北区人民法院遂公告通知请求人前来领取退款。因此，本案中，没有证据证明重庆市渝北区人民法院执行行为存在违法情形，赔偿请求人张嫦娥要求赔偿因执行错误而给其造成的经济损失32934.4元的理由不能成立。遂于2011年5月13日，作出(2011)渝北法赔字第3号国家赔偿决定书，决定不予赔偿。

重庆市第一中级人民法院赔偿委员会经审理查明，广东省惠州市惠城区人民法院受理原告彭学芬诉被告张嫦娥、第三人万芊撤销赠与纠纷一案，于2008年12月16日，以(2008)惠城法民一初字第1858号民事判决书，判决张嫦娥返还彭学芬各类款项合计310000元并负担案件受理费4960元。

判决生效后，张嫦娥未按生效判决履行义务，彭学芬乃向广东省惠州市惠城区人民法院申请执行。2009 年 7 月 2 日，该院以（2009）惠城法执字第 1029 号委托执行函委托重庆市渝北区人民法院代为执行。2009 年 11 月 2 日，重庆市渝北区人民法院以邮寄方式向被执行人张嫦娥发出执行通知书和传票，责令其在 2009 年 11 月 9 日前自动履行义务并到该院接受调查，逾期将依法强制执行。被执行人张嫦娥于 2009 年 11 月 9 日收到执行通知和传票后，未到该院接受调查，亦未申明其是否已履行义务。2009 年 11 月 16 日，重庆市渝北区人民法院以（2009）渝北法委执字第 75 号民事裁定书及协助扣划存款通知书，将被执行人张嫦娥在中国银行股份有限公司重庆嘉州支行定期存款账户上的存款 351863 元（含迟延履行期间的债务利息）扣划至交通银行重庆分行渝北支行重庆市渝北区人民法院账户。2009 年 11 月 17 日，该院以公告向张嫦娥送达了上述执行裁定。同日，重庆市渝北区人民法院收到广东省惠州市惠城区人民法院向其发出的公函，称双方当事人自行和解达成协议且申请执行人彭学芬已撤回强制执行申请，要求对该案终结执行。2010 年 1 月 13 日，重庆市渝北区人民法院通过原渠道以转账方式向张嫦娥设在中国银行股份有限公司重庆嘉州支行的定期银行存款账户退款未果。在终结执行后，该院没有就上述退款事宜继续联系和查找张嫦娥。2010 年 8 月 31 日，张嫦娥到重庆市渝北区人民法院了解情况后，领回其被该院扣划的 351863 元。此后，张嫦娥以重庆市渝北区人民法院违法执行损害其合法权益为由向该院提出国家赔偿请求。2011 年 5 月 13 日，重庆市渝北区人民法院作出（2011）渝北法赔字第 3 号国家赔偿决定书，以该院的执行行为符合法律规定为由，决定不予赔偿。2011 年 6 月 10 日，张嫦娥向重庆市第一中级人民法院赔偿委员会申请作出赔偿决定。

另查明，2008 年 8 月 24 日，赔偿请求人张嫦娥在中国银行股份有限公司重庆嘉州支行存入人民币 40 万元，存款类型为定期，时间两年。该存款的年利率为 0.0468%，预期可得收益 37440 元。2010 年 8 月 24 日，张嫦娥到银行取款时发现，上述存款因被重庆市渝北区人民法院于 2009 年 11 月 16 日依法强制扣划 351863 元，已被银行按活期存款对待。张嫦娥实际取回本金 48137 元，利息 1555.23 元。在此期间，张嫦娥、万彬与彭学芬、万芊因遗产继承和撤销赠与纠纷分别向广东省惠州市惠城区人民法院相互提起诉讼,广东省惠州市惠城区人民法院分别以(2008)惠城法民一初字第437号民事调解书和(2008)惠城法民一初字第1858号民事判决书审结,双方互负义务。2009年9月29日,张嫦娥、万彬与彭学芬、万芊就上述两份生效法律文书所确定的义务自行和解达成协议:(1)张嫦娥依照广东省惠州市惠城区人民法院(2008)惠城法民一初字第1858号民事判决书应当返还给彭学芬的款项从彭学芬依照(2008)惠城法民一初字第437号民事调解书应当支付给万彬的款项中扣除。(2)扣除上述款项后,彭学芬、万芊还应当支付给万彬的款项由彭学芬、万芊在3个月内分期支付给万彬。(3)彭学芬在3天内向法院撤回(2008)惠城法民一初字第1858号民事判决的执行申请。2009年11月6日,彭学芬向广东省惠州市惠城区人民法院提出撤回执行申请,2009年11月13日,广东省惠州市惠城区人民法院向重庆市渝北区人民法院发函,告知双方当事人已达成和解的情况并要求终结执行。

重庆市第一中级人民法院赔偿委员会拟依照《国家赔偿法》第36第7项、第38条及最高人民法院《关于人民法院赔偿委员会审理国家赔偿案件程序的规定》第19条第1款第2项之规定,作出如下决定:(1)撤销重庆市渝北区人民法院(2011)渝北法赔字第3号国家赔偿决定;(2)决定重庆市渝北区人民法院支付赔偿请求人张嫦娥相当于按351863元本金计算的2009年11月17日至2010年8月30日期间的银行同期存款利息的赔偿金。

在赔偿委员会作出决定之前,因赔偿义务机关重庆市渝北区人民法院与赔偿请求人张嫦娥已庭外自行和解达成协议,赔偿请求人张嫦娥提出撤回赔偿申请。经审查,该申请系赔偿请求人真实意思表示,且不违反相关法律规定,故依照最高人民法院《关于人民法院赔偿委员会审理国家赔偿案件程序的规定》第16条的规定,决定准予赔偿请求人张嫦娥撤回赔偿申请。

八、适用争点及裁决理由

本案争议的焦点问题:第一,在委托执行案件当中,赔偿义务机关应如何确定?第二,如何确定赔偿义务机关的赔偿责任?

(一)关于在委托执行案件中,如何确定赔偿义务机关的问题

依照法律法规对委托执行的具体规定,委托法院在委托执行之后,原则上不再享有对该案件继续执行的职权。委托执行在两个法院之间建立的不是通常意义上的委托法律关系,受托法院在办理委托执行案件时,有责任对

委托执行事项依法进行审查,并采取相应的强制执行措施,而与某一损害后果之间有直接因果关系的职权行为往往是受托法院实施的具体执行行为。因此,在因委托执行案件产生的国家赔偿中,一般以受托法院为赔偿义务机关,承担错误执行的国家赔偿责任。当然,也较少地存在由于委托法院的违法行为导致国家赔偿责任产生的情况,如委托函中的执行要求错误、委托法院未经受托法院同意自行执行发生错误等情形。在上述情形下,国家赔偿责任的产生是由于委托法院的违法行为产生,委托法院应为赔偿义务机关。

(二)如何确定赔偿义务机关的赔偿责任

人民法院采取执行措施,应当以具有执行效力的生效法律文书为基础,以有关当事人拒不履行生效法律文书所确定的义务为前提。受托法院在赔偿请求人已经完全履行了生效判决所确定义务的情况下,仍依据该生效判决对赔偿请求人的定期银行存款采取扣划措施,造成赔偿请求人银行存款及利息减少的损害后果,属于对当事人重复采取强制执行措施的错误情形。赔偿请求人可以依照《国家赔偿法》第 38 条的规定申请国家赔偿。但是,在本案中,受托法院的执行工作是严格按照法律法规规定的程序开展的,受托法院履行了在采取强制执行措施之前的谨慎注意义务。该案件的双方当事人在达成执行和解协议之后,迟迟未将和解情况告知受托执行法院或者撤回执行申请,造成受托法院错误判断赔偿请求人没有履行生效法律文书所确定的义务而采取强制执行措施。包括赔偿请求人在内的案件当事人应当对此承担责任,受托法院具有免除过错责任的理由。因此,在受托法院知晓或应当知晓该案已执行完毕前,其免除重复执行的国家赔偿责任。

另外,受托法院在发现错误地扣划了赔偿请求人的存款的情况下,应当及时采取补救措施并返还存款。因受托法院消极对待,未及时返还款项,致使赔偿请求人的银行存款被错误扣留 9 个多月,受托法院对此有过错。依照《国家赔偿法》第 32 条、第 36 条第 7 项的规定,尽管受托法院可以免除赔偿请求人定期变活期后银行存款利息损失部分的赔偿责任,但仍应及时返还赔偿请求人存款,并支付银行同期存款利息。

刘伟、刘强申请河南省南召县人民法院错误执行国家赔偿案

南阳市中级人民法院 张 雪

一、案件类型

执行错误赔偿

二、判决要旨

1. 人民法院在民事诉讼中查封、扣押共有人不可分割的财产时未尽财产权属关系之审查义务,并不必然构成执行错误。

2. 被查封、扣押财产在查封、扣押期间产生的贬值损失,不属于直接损失。

3. 赔偿请求人与赔偿义务机关达成息诉协议后撤回国家赔偿申请,人民法院赔偿委员会查证属实的,应依法准许。

三、关键词

查封 扣押共有财产 超期扣押 贬值损失

四、涉案主体及司法文书

赔偿请求人:刘伟、刘强

赔偿义务机关:河南省南召县人民法院

裁决机关及司法文书:

1. 南召县人民法院于1996年作出(1996)召经初字第1722号经济判决;

2. 南召县人民法院于1998年6月18日作出(1998)南召法执裁字第90号执行裁定;

3. 南召县人民法院于2006年3月9日作出(1998)召法执裁字第90-1号执行裁定;

4. 南阳市中级人民法院于2006年9月26日作出(2006)南民商初字第27号民事判决;

5. 南召县人民法院于2009年6月4日作出(1998)召法执裁字第90－2号执行裁定;

6. 南召县人民法院于2011年8月9日作出(2011)南法赔字第1号决定;

7. 南阳市中级人民法院于2013年3月18日作出(2012)南法委赔字第7号决定;

8. 河南省高级人民法院于2012年12月23日作出(2013)豫法委赔监字第40号决定。

五、赔偿请求

赔偿请求人刘伟、刘强诉称:南召县人民法院违法查封、扣押其共有财产造成严重损失应予赔偿。

六、赔偿决定

1. 指令南阳市中级人民法院赔偿委员会重新审理;

2. 重新审理期间,中止原赔偿决定的执行。

七、基本案情

1999年3月12日,河南省南召法院受理了南召县利达通信公司(以下简称利达通信公司)与王付营(又名王营)拖欠投资款、利润款纠纷一案,南召县人民法院作出(1996)召经初字第1722号经济判决,判决王付营退还利达通信公司投资款151600元。因王付营不履行法院生效判决所确定的义务,南召县人民法院于1997年1月17日依法查封了被执行人王付营的两部车、框拉锯、门面楼两层、厂房、住宅房及汉白玉大理石镶嵌工艺画《清明上河图》(包括简介共11块,绘图刘伟、制作刘强、监制王营),但未经评估。1997年12月12日,由于王付营下落不明,南召县人民法院裁定中止执行。1997年12月26日,南召县人民法院委托南召价格事务所对车辆、大理石制品及大理石设备进行鉴定,价值总额为136800元。1998年6月18日,南召县人民法院作出(1998)南召法执裁字第90号执行裁定,变更执行措施为扣押,交由利达通信公司保管。利达通信公司负责人接收后出具收条,并愿承担损坏、丢失等责任,如因风化出现裂纹利达通信公司不负责任。8月19

日，被执行人王付营不同意将《清明上河图》工艺画评估，故未对该画进行评估。9月10日，王付营提出执行异议，认为南召县人民法院在执行过程中超标的查封应予返还。12月7日，南召县人民法院公告对上述财产进行变卖，无人购买，遂在1999年5月28日笔录告知王付营，对查封的财产除《清明上河图》工艺画外，其他财产依法解除查封。2005年10月6日，刘伟、刘强提出执行异议，称《清明上河图》工艺画系3人共有，要求解除对该工艺品中的应得份额的扣押，并赔偿其损失。南召县人民法院随即对执行异议进行审查，经调查，王付营否认"3人共有"一说。南召县人民法院于2006年3月9日作出(1998)召法执裁字第90－1号执行裁定，驳回案外人刘伟、刘强的执行异议，并告知刘伟、刘强通过诉讼途径解决权属问题。

2006年6月9日，刘伟、刘强就《清明上河图》工艺画著作权属纠纷向南阳市中级人民法院提起诉讼。该院审理后认为，在制作工艺画过程中，虽然利用了王付营石材厂的场地、设备、材料等，但刘伟、刘强不是该厂员工，亦未与该厂签订受其委托创作该作品的协议，且其与王付营签订的协议明确载明该作品所有权归王付营、刘伟、刘强共同所有，王付营未对该协议提出实质性的异议。根据上述事实，南阳市中级人民法院于2006年9月26日作出(2006)南民商初字第27号民事判决，认定王付营、刘伟、刘强共同享有汉白玉镶嵌工艺画《清明上河图》的著作权。根据该判决，南召县人民法院于2009年6月4日作出(1998)召法执裁字第90－2号执行裁定，对扣押的汉白玉镶嵌工艺画《清明上河图》解除扣押，退回被执行人王付营保管，对属于被执行人王付营份额部分予以查封。2009年6月16日，南召县人民法院将由利达通信公司保管的《清明上河图》工艺画退还给王付营。王付营在收条上备注木框有腐朽情况，且镶嵌铜丝氧化变质，大理石面与扣押时无异。2009年6月26日，利达通信公司的承继人南召邮政局出示证明，王付营所欠款项已经付清，该案执行终结。

2011年4月12日，刘伟、刘强向南召县人民法院提出国家赔偿申请。南召县人民法院认为，刘伟、刘强虽然与王付营对《清明上河图》工艺画享有著作权，但未能提供任何据证明3人对该物享有所有权，南召县人民法院在执行中对王付营采取执行措施，扣押王付营持有的大理石镶嵌工艺画《清明上河图》具有法律依据，遂于2011年8月9日作出(2011)南法赔字第1号决定,驳回刘伟、刘强的请求。

刘伟、刘强不服,向南阳市中级人民法院赔偿委员会提出申请。南阳市中级人民法院赔偿委员会审理后认为,刘伟、刘强虽然与王付营对《清明上河图》工艺画共享著作权,但依据最高人民法院《关于人民法院民事执行中查封、扣押、冻结财产的规定》第 2 条“人民法院可以查封、扣押、冻结被执行人占有的动产……”第 14 条“对执行人与他人共有的财产,人民法院可以查封、扣押、冻结,并及时通知共有人”规定的精神,南召县人民法院采取执行措施,扣押被执行人王付营组织生产并实际占有的工艺画并不违法。关于刘伟、刘强提出的南召县人民法院严重超期执行,给其造成财产损失的请求,有一定道理。但是,南召县人民法院扣押《清明上河图》工艺画时,系对被执行人王付营所为,王付营又否认该物有其他共有人,且该工艺画尚未出售,利润无法确定,刘伟、刘强的损失数额也无法确定。因此,在当前的客观情况下,刘伟、刘强提出国家赔偿申请没有法律依据。据此,南阳市中级人民法院赔偿委员会于 2013 年 3 月 18 日作出(2012)南法委赔字第 7 号决定,维持了南召县人民法院(2011)南法赔字第 1 号不予赔偿决定。

刘伟、刘强不服,向河南省高级人民法院赔偿委员会提出申诉。河南省高级人民法院赔偿委员会审查认为,南阳市中级人民法院赔偿委员会未对刘伟、刘强与被执行人王付营对工艺画是否存在共有关系,对该工艺画的查封、扣押期间的保管、保养责任归属,查封、扣押期间工艺画的贬值损失是否属于直接损失以及南召县人民法院是否应该承担赔偿责任作出认定,属事实不清,依照《国家赔偿法》第 30 条第 2 款的规定,于 2013 年 12 月 23 日作出(2013)豫法委赔监字第 40 号决定,指令南阳中院赔偿委员会重新审理。

南阳市中级人民法院赔偿委员会重新审理期间,经多次与刘伟、刘强和南召县人民法院沟通,做双方工作,最终于 2014 年 12 月 16 日促使赔偿请求人与赔偿义务机关达成协议:(1)南召县人民法院对刘伟、刘强救助 5 万元。(2)刘伟、刘强自愿撤回国家赔偿申请。后刘伟、刘强向南阳市中级人民法院赔偿委员会提出撤回赔偿申请,南阳市中级人民法院赔偿委员会审查认为,上述协议不违反法律规定,申请撤回赔偿请求系真实意思表示,依照最高人民法院《关于人民法院赔偿委员会审理国家赔偿案件程序的规定》第 16 条的规定,准许刘伟、刘强撤回国家赔偿申请。

八、适用争点及裁决理由

本案在法律适用上,有以下六项争点(标分为核心争点):

第一,人民法院在民事诉讼中查封、扣押共有人不可分割的财产时,未尽共有物权属审查义务,是否构成执行错误;

第二,扣押财产是否存在超期违法问题;

第三,查封、扣押财产受损,法院是否承担责任;

第四,查封、扣押财产在查封、扣押期间产生的贬值损失,是否属于直接损失;

第五,如何确定查封扣押财产的直接价值;

第六,赔偿请求人与赔偿义务机关达成息诉协议后撤回国家赔偿申请,是否应予准许。

(一)人民法院在民事诉讼中查封、扣押共有人不可分割的财产时,未尽共有物权属审查义务,是否构成执行错误

最高人民法院《关于人民法院民事执行中查封、扣押、冻结财产的规定》第14条规定:"对被执行人与其他人共有的财产,人民法院可以查封、扣押、冻结,并及时通知共有人。"为保护债权人的利益,执行法院可以对该共同共有财产就被执行人所有部分采取查封等控制性措施,如果该共有财产是不可分割物,则执行法院可就该共有财产做整体查封,避免被执行人或其他共有人转移财产、逃避执行。

本案中,南召县人民法院在民事诉讼中查封、扣押共有人不可分割财产时,未尽审查义务(财产所有权共有问题),是否构成执行错误,囿于最高人民法院《关于人民法院民事执行中查封、扣押、冻结财产的规定》和相关民事诉讼法律及司法解释对此未作明文规定,须做进一步讨论。

首先,尽管南召县人民法院在查封、扣押过程中,对于工艺画上著有刘伟、刘强名字未尽详细审查注意义务,但是,该工艺画系不可分物,南召县人民法院在执行时仅扣押工艺画,并未变卖、拍卖或折价,工艺画实物仍然存在。并且,南召县人民法院于1996年作出(1996)召经初字第1722号经济判决,并于1997年1月17日查封包括工艺画在内的债务人财产,而相关共有人始于2005年提出执行异议,认为该工艺画系共有物,自1997年执行财产至共有人提出执行异议,时隔8年。此外,刘伟、刘强于2005年提出执行

异议时,亦未能提供证据证明对工艺画共有,加之,被执行人王付营否认共有之说。可以认为,法院依据表面证据(王付营占有工艺画,且法院并不需要以明确的权属证书或证明作为执行依据,且1997年执行时,王某未提出执行异议),因此,以南召县人民法院在1997年执行时未通知共有人为由,认为南召县人民法院执行错误,不具有合理性,本案中,法院在1997年执行时未尽到审查义务,属于执行瑕疵,但不构成执行错误。

然而,从南阳市中级人民法院(2006)南民商初字第27号民事判决可以看出,涉案工艺画为合作作品,且王付营、刘伟和刘强明确约定其所有权归3人共同所有,而南召县人民法院对该工艺画的权属认定却出现了前后矛盾:最初,南召县人民法院依据南阳市中级人民法院判决(3人共同享有著作权)解除扣押,认为法院不应扣押他人共有著作权之物;而后,在审理国家赔偿时,又否认了3人共有著作权系执行错误的依据。然而,著作权的准共有和共同所有权是两个层次的问题。3人所有权协议的存在,使得涉案工艺画为3人共同所有这一事实已明晰,而无须考虑著作权问题。因此,南召县人民法院在这一问题上前后矛盾的态度,以及以"未能提供证据证明3人对该物享有所有权"为由,驳回刘伟、刘强的诉讼请求的做法,存在瑕疵。

《物权法》第103条规定:"共有人对共有的不动产或者动产没有约定为按份共有或共同共有,或者约定不明确的,除共有人具有家庭关系等外,视为按份共有。"第104条规定:"按份共有人对共有的不动产或者动产享有的份额,没有约定或者约定不明确的,按照出资额确定;不能确定出资额的,视为等额享有。"就共同著作财产权而言,共同著作各著作人应有部分,依共同著作人之约定定之。无约定者,依各著作人参与创作之程度定之。各著作人参与创作之程度不明时,推定为均等。共同著作之著作人抛弃其应有部分者,其应有部分由其他共同著作人依其应有部分比例分享之。尽管享有合作作品的著作权并不当然地共有所有权,但本案中有协议证明3人共同所有,因此,本案中3人对工艺画的共同所有问题是明确的。

(二)南召县人民法院扣押《清明上河图》工艺画,是否存在超期违法

2005年1月1日最高人民法院《关于人民法院民事执行中查封、扣押、冻结财产的规定》施行前,除了当时法律、司法解释及有关通知对期限问题有专门规定的以外,对查封、扣押、冻结措施没有期限限制。该案自1997年

1月17日查封《清明上河图》工艺画,后于1998年变更执行措施为扣押,至2009年6月4日裁定解除扣押,扣押行为跨越上述规定施行前后。因规定实施前对查封、扣押行为没有期限限制,故不存在超期查封、扣押问题;但2005年1月1日起规定实施后,南召县人民法院未按"查封、扣押动产的期限不得超过1年"的规定及时解除扣押,亦未续行扣押,因此,从2005年1月1日至2009年6月4日期间的扣押,应认定为超期扣押。

(三)《清明上河图》工艺画在扣押期间损坏,是否应由法院承担责任

最高人民法院《关于民事、行政诉讼中司法赔偿若干问题的解释》第12条规定:"国家赔偿法第二十八条第(七)项规定的直接损失包括下列情形:(一)保全、执行过程中造成财物灭失、毁损、霉变、腐烂等损坏的……"《国家赔偿法》第28条(注:修正后为第36条,其中第7项改为第8项)规定:"侵犯公民、法人和其他组织的财产权造成损害的,按照下列规定处理……(二)查封、扣押、冻结财产的,解除对财产的查封、扣押、冻结,造成财产损坏或者灭失的,依照本条第(三)、(四)项的规定赔偿;(三)应当返还的财产损坏的,能够恢复原状的恢复原状,不能恢复原状的,按照损害程度给付相应的赔偿金……(七)对财产权造成其他损害的,按照直接损失给予赔偿……"最高人民法院《关于人民法院民事执行中查封、扣押、冻结财产的规定》第12条规定:"查封、扣押的财产不宜由人民法院保管的,人民法院可以指定被执行人负责保管;不宜由被执行人保管的,可以委托第三人或者申请执行人保管。"

本案中,2009年南召县人民法院将工艺画退还给王付营时,王付营备注工艺画木框有腐朽情况,且镶嵌铜丝氧化变质,大理石面与扣押时无异,造成工艺画亮度与光洁度降低,刘伟、刘强据此提出南召县人民法院的执行行为造成了2人的损失。然而,就被查封扣押财产出现的损坏,需要区分两个时间点:一为南召县人民法院交由利达通信公司保管期间出现的损坏;二为2009年后王付营保管期间出现的损坏。

首先,南召县人民法院1998年6月18日裁定变更执行措施为扣押,将工艺画交由利达通信公司保管,利达通信公司负责人接收后出具收条,并愿承担损坏、丢失等责任,如因风化出现裂纹利达公司不负责任。然而,由于南召县人民法院将工艺画交由利达通信公司保管,本质上仅为变更执行措

施,并未改变被查封扣押财产的本质属性,应当认为,在工艺画由法院1997年查封,直至1998变更为扣押并交由利达通信公司保管期间,法院对于财产的查封、扣押期间的义务并未发生实质性的变更,根据最高人民法院《关于人民法院民事执行中查封、扣押、冻结财产的规定》第12条的规定,法院与利达通信公司之间仅存在委托保管关系,而法院声称"该工艺画系在保管人利达通信公司保管期间出现腐朽、变质等情况,所造成的损失不应由南召县人民法院赔偿"。于理无据,就财产在查封、扣押期间损坏产生的财产损失,南召县人民法院需承担相应的赔偿责任,具体而言,根据相应规定,应当返还的财产损坏的(工艺画木框腐朽、镶嵌铜丝氧化变质、工艺画亮度与光洁度降低),能够恢复原状的恢复原状,不能恢复原状的,按照损害程度给付相应的赔偿金。

其次,2009年以后,南召县人民法院解除扣押,工艺画由王付营保管,作为工艺画的所有者之一,王付营负有保管、养护的责任,在此期间造成的扩大损失,南召县人民法院无须承担赔偿责任。

(四)《清明上河图》工艺画贬值损失是否属于直接损失、法院是否有赔偿责任

最高人民法院《关于民事、行政诉讼中司法赔偿若干问题的解释》第12条规定:"国家赔偿法第二十八条第(七)项规定的直接损失包括下列情形:(一)保全、执行过程中造成财物灭失、毁损、霉变、腐烂等损坏的……(五)法律规定的其他直接损失。"《国家赔偿法》第28条(注:修正后为第36条,其中第7项改为第8项)规定:"侵犯公民、法人和其他组织的财产权造成损害的,按照下列规定处理……(二)查封、扣押、冻结财产的,解除对财产的查封、扣押、冻结,造成财产损坏或者灭失的,依照本条第(三)、(四)项的规定赔偿;(三)应当返还的财产损坏的,能够恢复原状的,恢复原状,不能恢复原状的,按照损害程度给付相应的赔偿金;(四)应当返还的财产灭失的,给付相应的赔偿金……(七)对财产权造成其他损害的,按照直接损失给予赔偿……"

本案中,刘伟、刘强称在2009年以前,系该工艺画的旺季,曾有多名商人愿意出高价购买,但之后工艺画进入淡季,已卖不了当时的高价,贬值损失应当由南召县人民法院赔偿。首先,工艺画的价格受市场因素的影响,还依

赖于评估人员的经验判断,市场因素的多变性和不可控性,加上评估人员的主观因素,使得“贬值损失”很难形成各方一致认可的意见。其次,工艺画的贬值损失并非即时发生的直接损失,而是在未来可能发生的间接损失。商人购买该工艺画仅是表示了意向,并未签订有效的买卖合同,而贬值损失是工艺画在退还给王付营之后的价值与未遭受损害前的价值比较后的差额,这种差额只有在交易过程中才会产生,若无交易,就无法认定。本案中,法院的查封、扣押行为并非价值减损的直接的、决定性因素。此外,根据最高人民法院《关于民事、行政诉讼中司法赔偿若干问题的解释》第12条的规定,贬值损失不属于该条“直接损失”范畴之内,且根据该条第5款“法律规定的直接损失”,可以认为,此处的直接损失需以法律明文规定为前提。因此,《清明上河图》工艺画损失不是直接损失,不属于《国家赔偿法》的赔偿范围,因此,南召县人民法院无须对《清明上河图》工艺画的贬值损失承担赔偿责任。

(五)如何确定《清明上河图》工艺画的直接价值

《清明上河图》工艺画缺乏参照物,且无交易价格记录,因此价值难以确定。虽然2008年曾由郑州市绿城典当有限公司对工艺画进行了评估,价值为34万元,但并不能代表工艺画当前或过去的价值。由于该工艺画是现代工艺品,其材料、工艺可以复制,利用成本法进行评估是比较直接和最易实现的方法。

本案中,可以先确定汉白玉大理石的质量好坏,然后估算原料的重量和价值,计算工艺画的设计成本、加工成本以及相关其他费用,最终得出工艺画的制作成本价值。但该方法的不足之处在于,仅反映制作成本,不包括该工艺画的艺术价值、收藏价值等附加价值,但在缺乏资料和参照物的前提下,成本法测算出的价格应该是最有依据和说服力的工艺画的直接价值。

然而,尽管工艺画作为现代工艺品,成本法评估是较为稳妥的估值方法,但是,作为工艺品,其艺术价值本身也是作品价值的重要组成部分,对于工艺品的估值,需要结合市场、作者艺术造诣、原材料、设计等多方因素展开综合考虑,成品测算法虽然是较有说服力的方法,但无法真实反映工艺品的直接价值。较为稳妥的方式是委托专业第三方评估机构,对工艺画进行估值,将之作为确定工艺画直接价值的重要依据。

（六）是否应准许赔偿请求人与赔偿义务机关达成息诉协议后，撤回国家赔偿申请

最高人民法院办公厅《关于国家赔偿法实施中若干问题的座谈会纪要》第21条规定："人民法院赔偿委员会审理国家赔偿案件期间，赔偿请求人与赔偿义务机关达成赔偿协议，人民法院赔偿委员会经审查认为该协议不违反法律规定，应当根据协议内容制作国家赔偿决定书，并撤销原赔偿决定、复议决定。"最高人民法院《关于人民法院赔偿委员会审理国家赔偿案件程序的规定》第16条规定："赔偿委员会作出决定前，赔偿请求人撤回赔偿申请的，赔偿委员会应当依法审查并作出是否准许的决定。"

本案中，南阳市中级人民法院赔偿委员会经过主持协调，促使双方达成了协议，从根本上解决了赔偿请求人和赔偿义务机关之间多年来的争议。在赔偿委员会作出决定前，由于当事人自愿撤回国家赔偿申请，因此，赔偿委员会可以根据依法作出准许刘伟、刘强撤回国家赔偿申请的决定。

西安市自力建筑安装工程有限责任公司申请西安市长安区人民法院错误执行国家赔偿案

陕西省高级人民法院　焦玉珍

一、案件类型

司法赔偿

二、判决要旨

人民法院在民事案件执行中,作出扣押裁定和发出查封公告后,未尽监管职责,致查封财产流失的,构成执行违法。因违法行为给赔偿请求人财产造成损失的,以赔偿直接损失为原则,请求赔偿货款利息的,不予支持。

三、关键词

错误执行　赔偿范围　直接损失

四、涉案主体及司法文书

赔偿请求人:西安市自力建筑安装工程有限责任公司

赔偿义务机关:西安市长安区人民法院

裁决机关及司法文书:

1. 西安市中级人民法院作出(2008)西赔确字第03号裁定;

2. 陕西省高级人民法院作出(2009)陕确申字第1号裁定书;

3. 陕西省西安市中级人民法院赔偿委员会2012年11月23日作出(2012)西委赔字第00003号国家赔偿决定书。

五、赔偿请求

申请人请求西安市长安区人民法院赔偿损失(设备款)14.5万元及利息。

六、赔偿决定

根据《国家赔偿法》第18条、第36条,最高人民法院《关于人民法院赔偿委员会审理国家赔偿案件程序的暂行规定》第16条第1款第3项之规定,西安市中级人民法院赔偿委员会决定:

1. 赔偿义务机关西安市长安区人民法院支付赔偿请求人西安市自力建筑安装工程有限责任公司赔偿金145000元;

2. 赔偿请求人要求赔偿的14.5万元的利息不予支持。

七、基本案情

西安市自力建筑安装工程有限责任公司(以下简称自力公司)诉兰州军区雨林基地石渣厂(以下简称石渣厂)联营合同纠纷一案,1997年10月20日西安市长安区人民法院作出(1997)长经初字第37号民事判决:(1)确认自力公司与石渣厂签订的联营协议无效;(2)石渣厂返还自力公司设备款、维修款及借款171000元,并支付自力公司电费115356.80元;(3)附表一所列财产归自力公司;(4)附表二所列财产归石渣厂,石渣厂酌情支付自力公司价款34900元;(5)附表三所列财产归石渣厂;(6)石渣厂支付自力公司工程款45098.16元,曲江分厂工程款75747.75元;(7)以上(2)、(3)、(4)、(5)、(6)项在判决生效后10日内执行完毕,逾期加倍支付迟延履行期间的利息;(8)驳回自力公司其余诉讼请求。上述判决发生法律效力后,自力公司申请执行。1998年3月4日西安市长安区人民法院给石渣厂送达执行通知书。1998年12月29日,西安市长安区人民法院向石渣厂的主管单位兰州军区雨林基地留置送达扣押裁定及执行通知,但未对扣押裁定中涉及的砸石设备等财产实施具体的查封措施。1999年1月4日,西安市长安区人民法院作出查封公告:(1)查封石渣厂在长安县滦镇沣峪口的所有房地产及采石设备;(2)从公告之日起该厂房地产及采石设备不得转让、变更、变卖和抵押;(3)对该厂土地使用权有异议,可在公告之日起7日内向西安市长安区人民法院提出书面异议,逾期依法处理。1999年11月3日自力公司王文杰向西安市长安区人民法院反映有人私拆法院查封的设备,西安市长安区人民法院派员赶到现场,制止了拆除行为。之后,西安市长安区人民法院对查封的财产再未采取任何措施,查封财产流失。2001年9月20日西安市长安区人民法院作出(2001)长执字第217号民事裁定,变更被执行主体为兰州军区雨林基地。2006年9月7日西安市中级人民法院因自力公司反映案件长期未能执结,作出(2006)西中法执他字第113号民事裁定,将该案指令西安市临潼区人民法院执行。西安市临潼区人民法院在执行中因兰州军区雨林基地提出书面异议,称其在长安区沣峪口石渣厂的设备(价值50余万元)被西安市长安区人民法院查封但未做处理,西安市临潼区人民法院遂请求将该案退回西安市长安区人民法院。2008年2月27日,西安市中级人民法院作出(2008)西中法执他字第09号指令函,指令西安市临潼区人民法院将该案退回西安市长安区人民法院继续执行。2009年3月24日,自力公司与兰州军区雨林基地经协商,除设备款外的其余案件款达成协议并已履行,西安市长安区人民法院遂作出裁定:除设备款(14.5万元)外其余案件款执行终结。

2007年7月2日,自力公司向西安市中级人民法院申请确认长安区法院执行行为违法,西安市中级人民法院作出(2008)西赔确字第03号裁定不予确认,自力公司不服,向陕西省高级人民法院提出申诉,陕西省高级人民法院作出(2009)陕确申字第1号裁定书,确认西安市长安区人民法院在执行(1997)长经初字第37号民事判决中对查封、扣押的财物故意不履行监管职责,及对已经发现的被执行人财产故意不执行的行为违法。据此,自力公司向西安市长安区人民法院申请国家赔偿称:申请人与兰州军区雨林基地石渣厂联营合同纠纷一案,1997年10月20日经西安市长安区人民法院判决,并已发生法律效力。被告兰州军区雨林基地石渣厂不主动履行生效判决,申请人申请长安区人民法院强制执行。1998年12月29日,西安市长安区法院向被申请人送达了扣押裁定,1999年1月4日发出查封公告,2001年西安市长安区法院以(2001)长执字第217号民事裁定书变更执行主体为兰州军区雨林基地。但西安市长安区法院查封、扣押的以上财产被变卖,西安市长安区法院不予处理,导致被执行财产流失。此行为已被陕西省高级人民法院裁定确认违法。故依据《国家赔偿法》的规定,请求西安市长安区人民法院赔偿损失14.5万元及利息。西安市长安区人民法院逾期未作出赔偿决定。

西安市中级人民法院赔偿委员会认为,西安市长安区人民法院在执行(1997)长经初字第37号民事判决中对查封、扣押的财物故意不履行监管职责,及对已经发现的被执行人财产故意不执行的行为违法的事实已经陕西省高级人民法院以(2009)陕确申字第1号裁定书确认,故对于受害人自力公司遭受的损失应当予以赔偿。因自力公司与兰州军区雨林基地经协商,除设备款外的其余案件款达成协议并已履行,西安市长安区人民法院作出裁定:除设备款(14.5万元)外其余案件款执行终结。故赔偿申请人的经济损失应为14.5万元,应予赔偿。根据《国家赔偿法》第36条第1款第2、3、4、7、8项的规定,赔偿申请人要求西安市长安区人民法院赔偿14.5万元的利息,而利息既不属于直接损失,也不属于执行的罚款、罚金、追加或者没收的金钱、解除冻结的存款或者汇款,所以赔偿申请人要求赔偿利息的请求,不予支持。

八、适用争点及裁决理由

(一)错误执行

本案中,判断执行法院是否存在错误执行取决于两个因素:第一,执行法院是否已经启动了对砸石设备的查封程序;第二,已经启动的查封程序是否存在瑕疵。针对这两个问题,本案二审法院内部曾经形成两种意见:一种意见认为,执行法院在执行过程中,虽然于1998年12月29日向被执行人石渣厂上级主管单位留置送达了扣押裁定及执行通知,但并未对扣押裁定中涉及的砸石设备等财产实施具体的查封措施。因此,不能认为执行法院已经对本案涉及的砸石设备启动了查封程序。既然查封程序并未真正启动,砸石设备的灭失也就不够成执行法院错误执行的理由。另一种意见认为,本案执行法院在执行程序中,针对砸石设备发出了扣押裁定,并依法作出查封公告,应当认为执行法院已经启动了对砸石设备的查封程序。但是,由于法院在启动查封程序之后,既没有加贴封条或者张贴公告,也没有就查封财产指定保管人,甚至在申请执行人向执行法院报告被执行人拆卸该砸石设备时,也未采取加贴封条或者张贴公告等补救措施,最终导致查封财产流失。执行法院的前述行为构成错误执行。

我国《民事诉讼法》第220条(1998年当时的条文编号)规定,"被执行人未按执行通知履行法律文书确定的义务,人民法院有权查封、扣押、冻结、拍卖、变卖被执行人应当履行义务部分的财产","采取前款措施,人民法院应当作出裁定"。也就是说,人民法院作出裁定的行为,产生了查封、扣押、冻结的法律效果。本案中,执行法院已经针对砸石设备作出扣押裁定,并送达被执行人的主管机关,应当认为查封程序已经启动。[①] 另外,本案中执行法院曾经向被执行人的主管单位送达扣押裁定及执行通知。此时,扣押裁定和执行通知应当分别理解。根据我国通说,执行通知制度的设立目的,在于保障被执行人的知情权,给予其最后一次自动履行债务的机会,避免不必要的矛盾激化[②],即执行通知本身不意味着法院已经采取了具体的执行措施。此时,虽然执行通知和扣押裁定一并送达,但二者具有不同的制度意义。

同时,1998年7月18日起施行的最高人民法院《关于人民法院执行工作若干问题的规定》(试行)(以下简称《执行规定》)第41条第1款规定,"对动产的查封,应当采取加贴封条的方式。不便加贴封条的,应当张贴公告。"法律之所以要求执行法院加贴封条或者张贴公告,旨在限制被执行人和其他人对查封、扣押、冻结标的物的处分,通过一定形式予以公示,对公权力的效果进行明示。[③] 本案中,执行法院没有遵循《执行规定》第41条第1款之规定,客观上纵容了被执行人拆除执行标的物的行为,造成了执行标的物的灭失,理应构成错误执行。

最终,本案二审法院采纳了第二种意见,即执行法院的执行行为构成错误执行。

(二)货款利息的赔偿

关于赔偿请求人自力公司申请赔偿的数额主要是设备款利息的损失应否支持,是赔偿案件涉及的一个主要问题。根据修正前的《国家赔偿法》的规定,对财产造成的损害,只赔偿直接损失。所谓直接损失,是指基于被侵权的事由所造成之实际损失和现有财产的直接减少;所谓间接损失,是指基于被侵权的事由可能发生之可得财产利益之损失。利息是依一定民事法律

---

① 查封、扣押、冻结三种控制类执行措施之间的区别,主要表现在被执行人、第三人处分查封、扣押、冻结财产所采取的方式尤其是是否转移占有上有所不同。但是,区分三种执行措施并无实际意义,反而徒增烦琐。因此,我国通说认为三种执行措施并无实际区别,可统称"查封"。参见肖建国编:《民事执行法》,中国人民大学出版社2014年版,第227页。

② 肖建国编:《民事执行法》,中国人民大学出版社2014年版,第145页。

③ 肖建国编:《民事执行法》,中国人民大学出版社2014年版,第230页。

关系所产生的财产收益,实质上是利润的一部分,是利润的特殊转化形式。因此,利息属于可得财产之利益。依照修正前的《国家赔偿法》,利息之损失,国家不承担赔偿责任。而修正后的《国家赔偿法》突破了原有的规定,新增了对相关利息赔偿的规定,这表明修正后的《国家赔偿法》在保护赔偿请求人合法权益方面力度的加大和进步,契合我国经济实力发展的状况,使得《国家赔偿法》更具有一定的前瞻性。修正后的《国家赔偿法》第36条第7项规定,"返还执行的罚款或者罚金、追缴或者没收的金钱,解除冻结的存款或者汇款的,应当支付银行同期存款利息"。根据上述规定,涉及利息赔偿的范围只限于返还的财产为执行的罚款或者罚金、追缴或者没收的金钱,解除冻结的存款或者汇款,本案中赔偿请求人请求的利息,系设备款的利息,既不属于以上法律规定的范围,也不属于直接损失,所以该项赔偿请求依法不应支持。西安市中级人民法院赔偿委员会决定只对赔偿申请人的直接损失即未能执行的14.5万元设备款进行赔偿是正确的。

附表:(略)

图书在版编目(CIP)数据

国家赔偿办案指南.2015年.第4辑:总第14辑/陶凯元,柯汉民主编.—北京:法律出版社,2016.6
ISBN 978-7-5118-7635-5

Ⅰ.①国… Ⅱ.①陶…②柯… Ⅲ.①国家赔偿法—中国—指南 Ⅳ.①D922.11-62

中国版本图书馆CIP数据核字(2015)第045346号

国家赔偿办案指南
2015年第4辑(总第14辑)
GUOJIA PEICHANG BANAN ZHINAN
2015 NIAN DI-4 JI(ZONG DI-14 JI)

陶凯元 柯汉民 主编

策划编辑 薛 晗
责任编辑 慕雪丹
装帧设计 李 瞻

出版 法律出版社
总发行 中国法律图书有限公司
经销 新华书店
印刷 固安华明印业有限公司
责任印制 胡晓雅

编辑统筹 法商出版分社
开本 710毫米×1000毫米 1/16
印张 12.75
字数 182千
版本 2016年6月第1版
印次 2016年6月第1次印刷

法律出版社/北京市丰台区莲花池西里7号(100073)
网址/www.lawpress.com.cn
投稿邮箱/info@lawpress.com.cn
举报维权邮箱/jbwq@lawpress.com.cn
销售热线/010-63939792/9779
咨询电话/010-63939796

中国法律图书有限公司/北京市丰台区莲花池西里7号(100073)
全国各地中法图分、子公司销售电话:
统一销售客服/400-660-6393
第一法律书店/010-63939781/9782 西安分公司/029-85330678 重庆分公司/023-67453036
上海分公司/021-62071010/1636 深圳分公司/0755-83072995

书号:ISBN 978-7-5118-7635-5 **定价**:68.00元

《国家赔偿办案指南》

全国人大常委会法制工作委员会国家法室、最高人民法院赔偿委员会办公室、
最高人民检察院刑事申诉检察厅、公安部法制局、司法部法制司、财政部条法司、
国务院法制办政府法制研究中心、中国人民大学法学院/编

2010年起，配合修改后的《中华人民共和国国家赔偿法》的贯彻实施，全国人大常委会法制工作委员会国家法室、最高人民法院赔偿委员会办公室等七部委职能部门决定共同编写《国家赔偿办案指南》。7年来，本书在各部委的共同努力下，凝聚核心力量、紧扣时代脉搏、围绕问题导向，砥砺前行、风雨无阻，成为国家赔偿理论与实务交流的重要渠道，为相关部门统一认识、促进共识搭建了重要平台，亦成为国家赔偿前沿问题的核心研讨基地。

近年来，最高人民法院在中央政法委员会的牵头下，会同财政部、最高人民检察院、公安部联合出台了《关于建立完善国家司法救助制度的意见（试行）》，全面开启“一头前者百姓疾苦，一头系着司法关爱”的司法民心工程。最高人民法院出台的《关于加强和规范人民法院国家司法救助工作的意见》，确立了“救助制度法治化，救助案件司法化”的目标，并明确“人民法院设立司法救助委员会具体负责国家司法救助工作”，由“人民法院赔偿委员会办公室作为司法救助委员会的日常工作部门”“基层人民法院由负责国家赔偿工作的职能机构承担司法救助委员会办公室工作职责”，从而统一了司法救助工作机构，厘清了工作职责，推动了国家司法救助工作的法治化进程。

国家赔偿、国家司法救助工作的全面开展，将更大维度的法律命题——国家责任，展现在法律人面前。为提高认识水平、加强理论对实践的指引，促进以国家赔偿、国家司法救助为核心的国家责任问题得到进一步的深入研究，最高人民法院赔偿办与中国人民大学联合创建的国家责任研究基地于2017年正式成立。国家责任研究基地将以《国家赔偿办指南》为平台，强化理论界与实务界的全方位合作，推动国家责任体系的发展完善。

以此为基，全新改版的《国家赔偿办指南》在国家赔偿研究基础上，增加国家司法救助、国家责任研究专题，以专辑或专题栏目的形式，覆盖国家赔偿、国家司法救助和国家责任问题的理论研究与司法实践，规范与案例指导，调研实证与比较研究等。每辑25万字左右，对各级各部门国家赔偿、国家司法救助工作具有权威的指导作用，对从事国家赔偿、国家司法救助、国家责任研究的的专家学者也具有较强的参考作用。

《国家赔偿办案指南》

征　订　单

年　月　日

单位名称（发票抬头）		联系人		订购单位章
详细地址（邮编）		联系电话（必填）		
说明	**2013年-2016年每年4辑，定价272元，邮购价290元； 2017年3辑，定价204元，邮购价220元。 累计4套（任何年份套数之和）以上免收邮费。**			

书　名	邮购价	套数	书款金额
《国家赔偿办案指南》（2013年，总第3-6辑）	290		
《国家赔偿办案指南》（2014年，总第7-10辑）	290		
《国家赔偿办案指南》（2015年，总第11-14辑）	290		
《国家赔偿办案指南》（2016年，总第15-18辑）	290		
《国家赔偿办案指南》（2017年，总第19-21辑）	220		
总金额（大写）：			

汇款方式	邮局汇款：（　）	银行汇款：单位（）　个人（）	
个人汇款姓名		★联系电话(务必写清)	

注：1. 此征订回执可根据需要复印。填写时请注意字迹清楚、书写工整。以便及时准确邮寄图书、发票。
2. 请先往出版社汇款，汇款后，请务必将本回执与汇款凭证复印件一同传真至法律出版社（传真号：010-63939779）或者发至2641702055@qq.com

免费咨询电话：4000 617 265

法律出版社联系方式：

发行部：郭孟　电话：010-63939806，李世强 010-63939830，传真：010-63939779

编辑部：慕雪丹　电话：010-63995053，章雯　电话：010-63938791

付款方式：

银行汇款：
开户行：工行北京六里桥支行
户　名：中国法律图书有限公司
账　号：0200281009020403623

邮局汇款：　商务客户号 111330032（必填）
地　址：北京市丰台区莲花池西里7号
邮　编：100073
收款人：中国法律图书有限公司